westermann

ZEIT FÜR GESCHICHTE

Krisen, Umbrüche und Revolutionen

Pflichtmodul erarbeitet von
Dr. Wolfgang Piereth

Wahlmodule erarbeitet von
Iris Hausberger
Pof. Dr. Klaus Scherberich

Kernmodule erarbeitet von
Prof. Dr. Ulrich Baumgärtner
Dr. Wolfgang Piereth

Mit Beiträgen von
Frank Bahr
Utz Klöppelt
Dr. Wolfgang Woelk

Herausgeber der Reihe
Prof. Dr. Ulrich Baumgärtner

ZEIT FÜR
GESCHICHTE

Krisen, Umbrüche und Revolutionen

Niedersachsen
Qualifikationsphase

Druck A[1] / Jahr 2023
Alle Drucke der Serie A sind inhaltlich unverändert.

Redaktion: Christoph Meyer, Annika Hatke
Druck und Bindung: Westermann Druck GmbH, Georg-Westermann-Allee 66, 38104 Braunschweig

ISBN 978-3-507-**36888**-0

INHALT

M1 ***„Der Bolschewik“***
Ölgemälde von Boris Michailowitsch Kustodijew, 1920

Die russischen Revolutionen

Der revolutionäre Umsturz in Russland 1917 zählt zu den bedeutendsten und vor allem folgenreichsten Ereignissen des 20. Jahrhunderts. Das beginnt schon mit seinen Dimensionen: Innerhalb weniger Jahre wurde ein jahrhundertealtes und riesiges von Europa bis Ostasien reichendes Imperium auseinandergerissen und wieder neu zusammengefügt. Straßenkämpfe, Terror und Bürgerkrieg, Hunger und Seuchen kosteten wohl mehr als zehn Millionen Menschen das Leben.

Aber dieser Umbruch war auch inhaltlich etwas vollkommen Neues in der Weltgeschichte: Mit der bolschewistischen Oktoberrevolution begann nicht nur eine radikale politische, wirtschaftliche, soziale und kulturelle Umwälzung Russlands, die aus dem Land den ersten kommunistisch regierten Staat der Erde machte. Vielmehr verstanden die siegreichen Revolutionäre ihre Revolution auch als den Beginn eines unaufhaltsamen Prozesses, den sie als Weltrevolution über die Grenzen der 1924 gegründeten Sowjetunion (UdSSR) hinaus verbreiten und durchsetzen wollten.

Gerade wegen dieses Ziels schieden sich an der bolschewistischen Revolution und ihren Vertretern auch weltweit schnell und dauerhaft die Geister: Für die einen war sie ein dunkler Irrweg in Terror und Gewalt, das „Reich des Bösen“ (diese berühmt gewordene Formulierung verwendete der US-amerikanische Präsident Ronald Reagan erstmals 1983) und der größte Feind der „freien Welt“, für die anderen war sie ein hell leuchtender Wendepunkt der Mensch-

heitsgeschichte, der zu sozialer Gerechtigkeit und Teilhabe, Frieden und Freiheit führen werde. Tatsächlich übte das sowjetische Modell insbesondere auf Unabhängigkeitsbewegungen in den Kolonien Afrikas und Asiens, aber beispielsweise auch auf China, eine große Faszination und Wirkungsmacht aus.
Die UdSSR selbst spielte bis zu ihrer Auflösung 1991 eine zentrale Rolle in der Weltpolitik, die gekennzeichnet war vom „Ost-West-Gegensatz" und von der „Systemkonkurrenz" zwischen der von der Sowjetunion geführten kommunistischen, planwirtschaftlichen Welt auf der einen und der von den USA geleiteten demokratischen, kapitalistischen Welt auf der anderen Seite.

Auch wenn der „Kalte Krieg" mit den Umbrüchen von 1989/90 endete und damit auch die scharfen ideologischen Debatten über den Charakter der Oktoberrevolution ihre Basis verloren, bleibt uns der revolutionäre Umbruch von 1917 politisch nah: Als der russische Präsident Wladimir Putin im Jahr 2005 den Zusammenbruch der Sowjetunion 1991 als das „größte geopolitische Unglück des 20. Jahrhunderts" bezeichnete, sprach er nicht als überzeugter Kommunist, sondern als imperialer Machtpolitiker, orientiert an den Einflusssphären des russländischen Zarenreiches und der Sowjetunion. Dass er bereit ist, für das Erreichen dieses Ziels auch Gewalt und Krieg einzusetzen, hat die Welt und hat insbesondere die Ukraine inzwischen bitter erfahren müssen. Und gerade hier gibt es noch einen weiteren wichtigen Bezug zu 1917: Die von Putins Russland im Februar 2022 militärisch überfallene Ukraine hat nämlich – wie auch andere Regionen des sich auflösenden zarischen Vielvölkerreiches – gerade in der Revolutionszeit zwischen 1917 und 1922 wesentliche Schritte hin zu nationaler Autonomie und Staatlichkeit gemacht. Genau an diesen Prozess knüpfte sie 1991 mit ihrer Unabhängigkeitserklärung an.

Dieser Abschnitt behandelt die „russischen Revolutionen", also eine Mehrzahl, nicht eine. Dieser Plural ist in doppelter Hinsicht zu verstehen: Erstens vollzog sich der Umbruch im Zarenreich nicht als Einzelereignis, sondern in einer Reihe aufeinander folgender eruptiver Erhebungen, anhaltender Proteste und allmählicher Veränderungen, wobei die Revolutionen von 1905, vom Februar 1917 und schließlich die Oktoberrevolution 1917 herausragen. Zweitens erfuhren und erlebten die damals Beteiligten aber auch nicht ein und dieselbe Revolution. Im riesigen russländischen Reich lebte ein kaum überschaubares Gemenge an Völkerschaften und Nationen mit unterschiedlichsten Sprachen, Religionen und Kulturen, und das wiederum in verschiedensten wirtschaftlichen und sozialen Lebenslagen. Der muslimische Hilfsarbeiter auf den Ölfeldern von Baku, die Bauernfamilie in einem Weiler in den Nadelwäldern Nordrusslands, der jüdische Student oder die Adlige in Moskau, der Arbeiter in den Putilov-Metallwerken in Petrograd oder der Soldat in einem Schützengraben in Galizien – sie alle erlebten auch ihre eigene Version „der Revolution".

Info

Oktoberrevolution oder Novemberrevolution?

In Russland galt bis Anfang 1918 noch der Julianische Kalender. Er lief dem in West- und Mitteleuropa gebräuchlichen Gregorianischen Kalender im 20. Jahrhundert um 13 Tage nach. Die „Oktoberrevolution" fand daher nach russischem Kalender am 25. Oktober 1917 statt, in Westeuropa war das der 7. November 1917. Die sowjetische Regierung wechselte am 31. Januar/1. Februar 1918 um Mitternacht zum Gregorianischen Kalender, der nächste Tag war daher der 14. Februar 1918. – In dieser Darstellung werden innerrussische Ereignisse, die vor dem Kalenderwechsel stattfanden, im alten Stil datiert. Nur wenn es zum Verständnis notwendig ist, wird zusätzlich in Klammern das jeweils geltende westeuropäische Datum mit angegeben. Am Beispiel der Oktoberrevolution: 25.10.1917 (7.11.1917).

Mögliche Leitfragen

- **Welche Ursachen und Folgen hatte die Russische Revolution? Welchen Verlauf nahm sie?**
- **Inwiefern stellte die Russische Revolution einen historischen Wendepunkt, ja eine Revolution dar?**
- **Inwieweit schuf die Russische Revolution Neues? Und inwieweit wirkte Altes fort?**
- **Wie ist die Russische Revolution aus damaliger und aus heutiger Sicht zu beurteilen?**

1. Russland vor den Revolutionen

Bevor in diesem Heft die russischen Revolutionen der Jahre 1905 und 1917 behandelt werden, soll hier ein kurzen Blick auf Staat, Politik, Wirtschaft und Gesellschaft des Landes geworfen werden.

Ein riesiges Weltreich

Das russländische Zarenreich war zu Beginn des 20. Jahrhunderts ein riesiges Weltreich, das sich von Ostmitteleuropa bis nach Ostasien erstreckte und etwa ein Sechstel der Erdoberfläche umfasste. In seinen Grenzen lagen neben Russland selbst die heutigen Staaten Ukraine, Weißrussland, Finnland, Georgien, Moldawien, Kasachstan, Kirgisistan, Tadschikistan, Turkmenistan, Usbekistan, Estland, Lettland und Litauen. Außerdem gehörten Teile Polens und der heutigen Türkei dazu.

Dieses gewaltige Reich war im Laufe der Jahrhunderte gewachsen. Als seine Keimzelle gilt das Großfürstentum Moskau, das im 13/14. Jahrhundert entstanden war. Vor allem im 16. und 17. Jahrhundert dehnte sich das Reich stark aus und stand fast permanent in kriegerischen Auseinandersetzungen mit den Nachbarstaaten. 1895 erreichte das Zarenreich mit 22,8 Millionen Quadratkilometern seine größte Ausdehnung. Es war damit – nach dem britischen Empire des 19./20. Jahrhunderts und dem mongolischen Reich des 14. Jahrhunderts – das drittgrößte Imperium der Weltgeschichte.

Ein Vielvölkerstaat

Es ist vor diesem Hintergrund nicht überraschend, dass das Zarenreich um 1900 ein Vielvölkerstaat war, in dem über hundert verschiedene Ethnien lebten, mit unterschiedlichen Sprachen, Kulturen und religiösen Bekenntnissen. Die ethnischen Russen hatten um 1700 noch etwa 75 Prozent der Einwohner ausgemacht, aber bei der großen Volkszählung von 1897 waren sie bereits in der Minderheit: Über 55 Prozent der Gesamtbevölkerung von rund

M1

Info

Russländisch oder russisch?

In der russischen Sprache existieren zwei Begriffe für das, was wir als „russisch“ bezeichnen: rossijskij sowie russkij. Das erste Wort, rossijskij, bezieht sich auf Russland als Reich oder Staat, in dem neben Russinnen und Russen auch viele andere Bevölkerungsgruppen lebten, etwa kasachische, ukrainische, tatarische, finnische oder polnische Menschen. Rossijskaja imperia, Russländisches Imperium, war der offizielle Name des Zarenreichs seit dem 18. Jahrhundert. Und das gilt auch heute wieder für die Rossijskaja Federacija, die Russländische Föderation, deren Bürger offiziell als rossijane, also Russländer, bezeichnet werden. Erst seit der Präsidentschaft Wladimir Putins beginnt der Begriff „Russe“ allmählich den Begriff „Russländer“ zu verdrängen. Das zweite Adjektiv, russkij, bezieht sich auf die sprachlich-kulturelle Volksgruppe der Russen, also ihre ethnische Herkunft. Insbesondere in wissenschaftlichen Werken wird inzwischen häufig versucht, den bedeutsamen Unterschied zwischen diesen beiden Begriffen kenntlich zu machen, indem man das Adjektiv „russländisch“ (rossijskij) verwendet, wenn man Russland als Vielvölkerreich oder Imperium beschreiben möchte. „Russisch“ (russkij) bezieht sich dann nurmehr auf die sprachlich-kulturelle Volksgruppe der Russen. Umgangssprachlich und auch im offiziellen Sprachgebrauch hat sich diese Variante im Deutschen aber bislang nicht durchgesetzt, es werden generell die Begriffe „russisch“ und „Russe“ verwendet. Man spricht vom „Russischen Kaiserreich“ oder der „russischen Armee“, obgleich „Russländisches Kaiserreich“ oder „russländische Armee“ treffender wären, um den multiethnischen Charakter des Landes und seiner Einrichtungen zu erfassen. – In dieser Darstellung bleiben wir überwiegend bei den eingeführten, gewohnten Begrifflichkeiten und verwenden „russländisch“ nur dann, wenn es darum geht, mögliche Missverständnisse zu vermeiden. Wir appellieren jedoch an alle Leserinnen und Leser, die zwei Bedeutungsebenen des deutschen Begriffs „russisch“ zu beachten.

125 Millionen Menschen waren Nichtrussen, also etwa Letten, Polen, Baschkiren, Kalmücken, Tataren oder Finnen.

Obrigkeitlicher Orientierungspunkt all dieser Völker sollte der Zar sein. Alle Einwohner des Landes waren zunächst und in erster Linie seine Untertanen. Widerstand gegen das Zarentum wurde rasch und energisch niedergeschlagen oder unterdrückt. Die Staatsidee des Reiches war also ganz auf die Person des Zaren bezogen, nicht etwa auf eine kulturelle, sprachliche, ethnische oder nationale Einheit. Erst im Laufe des 19. Jahrhunderts begann sich dies allmählich zu ändern. Nun entwickelten sich einerseits in den verschiedenen Bevölkerungsgruppen unterschiedliche nationale Ideen und Bewegungen, andererseits und gegenläufig dazu begannen die zarischen Regierungen damit, das Russische (Sprache, Kultur, Religion, Personal) zu bevorzugen und in den einzelnen Regionen durchzusetzen. Diese „Russifizierungsversuche“ stießen auf Widerstände und verstärkten die nationale Selbstbehauptung der einzelnen Volksgruppen noch zusätzlich.

Die autokratische Herrschaft des Zaren

Ein wichtiges Kennzeichen des Reiches war die autokratische Herrschaft des Zaren. Die gesamte Staatsgewalt lag seinen Händen, es gab keinerlei Kontrollen oder Bindungen. Seit 1721 nannten sich die Zaren denn auch „Selbstherrscher von ganz Russland“. Die politische Entwicklung des Reiches war daher ungewöhnlich eng verbunden mit den persönlichen Vorstellungen des jeweiligen Zaren und natürlich auch mit seinen Fähigkeiten, diese machtvolle Position auszufüllen.

Die Zaren-Dynastie der Romanows

Seit 1613 hatte das Adelsgeschlecht der Romanows den Zarenthron inne. Aus ihm stammen bekannte Herrscher wie Peter I., „der Große“ (1672–1725, Zar ab 1682), und Katharina II., „die Große“ (1729–1796, Zarin ab 1762), aber auch der bei uns kaum bekannte „Befreierzar“ Alexander II. (1818–1881, Zar ab 1855), dessen „Große Reformen“ Russland seit den 1860er-Jahren modernisieren sollten. Alexander II. stieß damit – auch unbeabsichtigt – Veränderungen in Staat und Gesellschaft an, die schließlich in die revolutionäre Epoche des 20. Jahrhunderts führten. Der letzte Romanow-Zar, Nikolaj II. (1868–1918, Zar ab 1894), feierte im Jahr 1913 noch pompös das 300jährige Thronjubiläum seiner Dynastie, bevor er in der Revolution zuerst den Thron und dann mit seiner gesamten Familie das Leben verlor.

M2 ***Zar Peter der Große (1672–1725)***
Zeitgenössisches Gemälde von Pierre Gobert (1662–1744)

Das Herrschaftssystem, das sich seit dem 16. Jahrhundert herausgebildet hatte, bestand also an der Wende zum 20. Jahrhundert noch immer. Es war zentralistisch, bürokratisch, autokratisch, und es wurde gestützt von einem sich mehr und mehr ausdehnenden Überwachungs- und Unterdrückungsapparat. Zwar hatten sich im russländischen Reich wie in West- und Mitteleuropa „Stände“ herausgebildet, also erblicher und persönlicher Adel, städtische Bürger, Geistliche, Kaufleute, Militärs und Bauern. Diese „Stände“ hatten indes nur – unterschiedliche – Pflichten gegenüber dem Zarenstaat, aber keinerlei Mitwirkungsmöglichkeiten an den Angelegenheiten des Staates.

M3 ***Die Krönung der Zarin Katharina II. (1729–1796) von Russland am 22. September 1762***
Gemälde, 1777

Info

Zarisch oder zaristisch?

Oberhaupt des Russischen Kaiserreichs war der Zar oder die Zarin. Diese Bezeichnung wurde 1547 mit der Krönung Ivan IV. offiziell und sie hat sich erhalten, obgleich bereits Zar Peter I. (der Große) 1721 den Titel „allrussischer Kaiser" angenommen hatte. Das passende Adjektiv dazu ist „zarisch" (wie auch „kaiserlich" oder „königlich"). Man spricht also von der „zarischen Regierung" oder von der „zarischen Armee". Der häufig verwendete Begriff „zaristisch" bezieht sich auf die Ideologie oder das Herrschaftssystem des Zarismus und endet wie andere Ideologien auf „-ismus" und „-istisch", wie zum Beispiel „Sozialismus" / „sozialistisch" oder „Kommunismus" / „kommunistisch". Eine „zaristische Partei" wäre demnach eine Gruppierung, die den Zarismus, die Selbstherrschaft des Zaren im Staatswesen, durchsetzen oder erhalten möchte.

Die russisch-orthodoxe Kirche

Auch die russisch-orthodoxe Kirche stand ganz im Dienst der bestehenden autokratischen Ordnung. Sie hielt sich bewusst aus politischen Angelegenheiten heraus und lehnte politische Reformen oder gesellschaftliche Veränderungen rundweg ab.

Die russische Gesellschaft

Die russische Gesellschaft war wirtschaftlich und kulturell tief gespalten. Während sich die Adelselite und das Bürgertum in den Großstädten des Reiches seit den Reformen Zar Peters des Großen und Zarin Katharinas der Großen am Lebensstil Westeuropas orientierten, lebten weit über drei Viertel der Bevölkerung, also über 100 Millionen Menschen, als leibeigene Bauern in Rechtlosigkeit, Armut und Rückständigkeit auf dem flachen Land. Die landwirtschaftliche Produktivität litt unter veralteten Anbaumethoden, gerade in den nördlichen Landesteilen waren zudem die Vegetationsverhältnisse oftmals schwierig, und in den Dörfern herrschte generell ein gegenüber jeder Reform skeptisches Klima. Immer wieder kam es zu schweren Hungersnöten. Zugleich wuchs insbesondere die Landbevölkerung im 19. Jahrhundert sprunghaft an. Während der für diese Zeit typische Bevölkerungsanstieg in West- und Mitteleuropa in eine dynamische Verstädterung und Industrialisierung mündete, blieb das Zarenreich auch auf diesem Gebiet zurück. Die Industrialisierung begann dort vergleichsweise spät, und der Bedarf an industriellen Arbeitskräften war zunächst eher niedrig.

Zu Beginn des 20. Jahrhunderts kam eine russische Studie zu dem Ergebnis, dass mehr als die Hälfte aller ländlichen Arbeitskräfte eigentlich überflüssig seien. Was die Studie freilich nicht berechnen konnte, war das enorme revolutionäre Potenzial dieser Konstellation. Mit der schwierigen Lage der Bauern beginnt nun unsere Darstellung und Analyse der russischen Revolutionen von 1905 und 1917.

1. a) ●●○ Erläutern Sie die in den Info-Kästen erklärten Begrifflichkeiten.
b) ●●● Untersuchen Sie, ob und inwieweit die Begriffsverwendung vom alltäglichen Sprachgebrauch abweicht.
→ Text, Info-Kästen

2. ●●○ Werten Sie den Darstellungstext im Hinblick auf folgende Fragestellung aus: Welche Merkmale kennzeichnen die geschichtliche Entwicklung Russlands bis zum Beginn des 20. Jahrhunderts? Berücksichtigen Sie dabei auch die Abbildungen. Fassen Sie Ihre Ergebnisse in geeigneter Form zusammen (z. B. Thesen, Schaubild).
→ Text, M1 – M3

2. Das Zarenreich in der Krise – Einführung

„Am Anfang war nicht Lenin. Am Anfang war die Krise." So beginnt der Historiker Helmut Altrichter seine große Geschichte der russischen Revolution von 1917. Tatsächlich hat nicht ein entschlossener Berufsrevolutionär den Umsturz in Russland herbeigeführt, auch wenn er später in aller Munde war. Vielmehr hatten die russischen Revolutionen neben einigen kurzfristigen Auslösern mehrere langfristige strukturelle Ursachen, die das Zarenreich seit Beginn des 20. Jahrhunderts in eine sich zuspitzende Krise führten, die sich schließlich 1905 und vor allem 1917 revolutionär entlud.

Im Rückblick lassen sich vier große Krisenherde erkennen: Sie betrafen

- erstens die schwierige Lage der Bauern, die den allergrößten Teil der Bevölkerung des Landes bildeten,
- zweitens den Weg des Zarenreichs in die Industriemoderne und damit verknüpft die oftmals prekäre Situation der Arbeiterschaft in den Städten,
- drittens das Verhältnis und die Stellung der zahlreichen Nationalitäten im russländischen Vielvölkerreich, insbesondere die Beziehung zwischen dem russisch dominierten Zentrum und der nicht-russischen Peripherie des Reiches
- und viertens schließlich das Herrschaftssystem des Reiches, das auch im frühen 20. Jahrhundert immer noch auf der Alleinherrschaft des Zaren aufgebaut war.

In den folgenden Abschnitten werden diese vier Problemfelder näher untersucht und dabei vor allem analysiert, welche Rolle sie beim Ausbruch der Revolutionen von 1905 und 1917 jeweils gespielt haben.

M1 ***Schaubild: Das Zarenreich in der Krise***

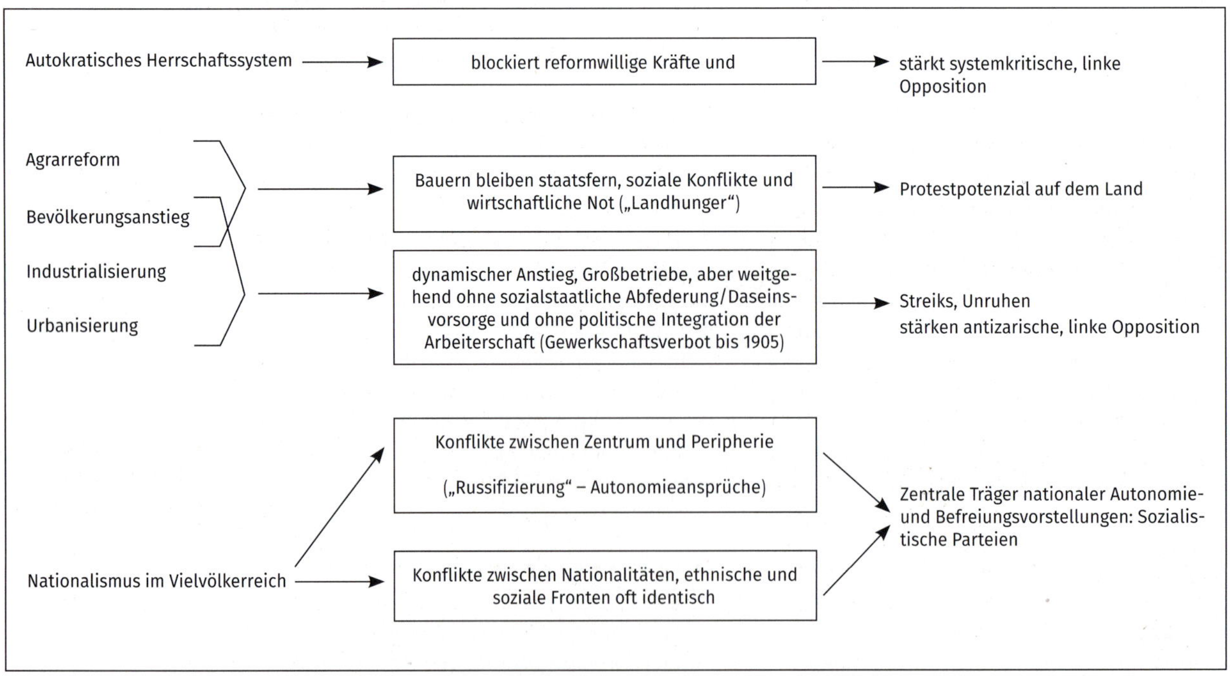

1. a) ●●○ Erläutern Sie die Grafik M1 und bestimmen Sie die wesentlichen Krisenherde.
b) ●●○ Benennen und klären Sie unklare Begriffe.
c) ●●● Formulieren Sie Fragen, die Ihrer Meinung nach noch klärungsbedürftig sind.
→ M1, Internet

2.1 Das Zarenreich in der Krise: Die Bauern

Aufhebung der Leibeigenschaft

Zu den dringendsten strukturellen Problemen des Zarenreiches gehörte zweifellos die in mehrfacher Hinsicht schwierige Lage der Bauern. Die enorme Bedeutung dieses Problemfelds wird schnell klar, wenn man einen Blick auf die einschlägigen Daten wirft: Um die Jahrhundertwende (19./20.) lebten 80–85% der russischen Bevölkerung auf dem Land, mehr als drei Viertel aller Beschäftigten waren Bauern. Auch wenn Russlands Industrie seit den 1890er-Jahren stetig und vor allem in der Hochkonjunktur ab 1908 rasch anwuchs, blieb der Agrarsektor der mit Abstand wichtigste Bereich der russischen Volkswirtschaft. Er trug noch 1914 mehr als die Hälfte zum Volkseinkommen bei, das war dreimal mehr als die Industrie. Russland war also bei Ausbruch des Ersten Weltkriegs 1914 und beim Umsturz von 1917 noch immer ein Agrarland. Deswegen waren die Landwirtschaft und die Bauern vor und in den Revolutionen auch von so großer Bedeutung.

Die Bauern waren erst 1861 aus der Leibeigenschaft entlassen worden, das war im europäischen Vergleich sehr spät. Damals hatte Zar Alexander II. (1818–1881, Zar ab 1855) nach der desaströsen Niederlage Russlands im Krimkrieg (1853–1856) ein ganzes Bündel von Maßnahmen in die Wege geleitet, um Staat, Wirtschaft und Gesellschaft zu modernisieren. Es ging als „die Großen Reformen" in die Geschichte ein und die Aufhebung der Leibeigenschaft war der zentrale Baustein in diesem Reformwerk.

Die Bauern hatten bis dahin als Leibeigene auf den Gütern der Krone („Kronbauern") oder des Adels („Gutsbauern") gelebt und gearbeitet, meist unter außerordentlich elenden Bedingungen. Sie waren rechtlos, das Eigentum ihrer Herren, unterstanden deren Gerichtsbarkeit. Sie konnten verkauft, getauscht, verschickt und auch als Soldaten in die Armee gegeben werden. Tatsächlich waren die Soldaten der russländischen Armee – noch im Ersten Weltkrieg – ganz überwiegend Bauern in Uniform, die dort dann oftmals den Schikanen ihrer meist adligen Offiziere ausgesetzt waren.

Die Aufhebung der Leibeigenschaft wurde am 19. Februar 1861 verkündet und umfasste folgende wichtige Bestimmungen:

- Die Bauern erhielten ihre persönliche Freiheit (nicht Freizügigkeit!), sie wurden vom lebenden Privateigentum ihrer Herren zu rechtsfähigen Personen. Die Gutsherrn erhielten für diesen „Eigentumsverlust" keine Entschädigung.

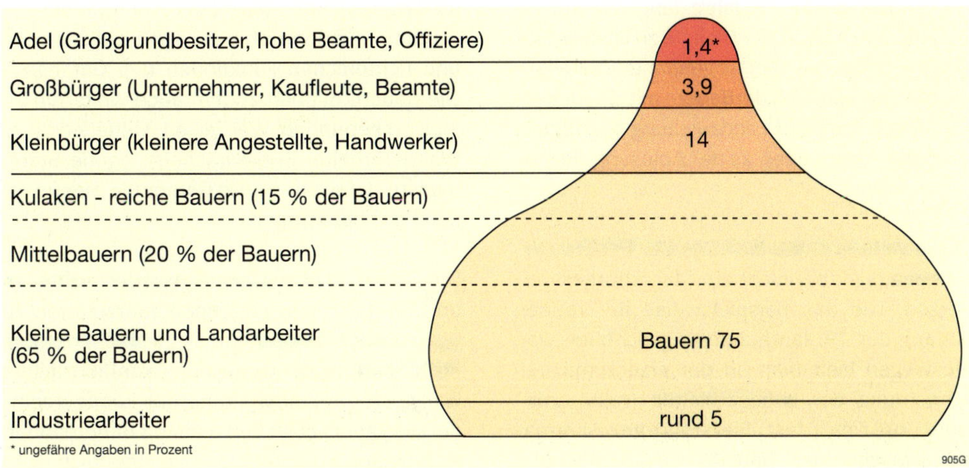

M1 *Soziale Schichtung in Russland um 1913*

M2 Russische Leibeigenschaft
Russische Großgrundbesitzer bezahlen Spielschulden mit Ländereien und Leibeigenen. Aus: Gustave Doré: „Die Geschichte des Heiligen Russland", 1854, Deutsche Ausgabe, Seite 151

- Das Land wurde zwischen Gutsherrn und Landgemeinde (nicht dem einzelnen Bauern!) aufgeteilt. Die Landgemeinde war das Kollektiv der Bauern eines Dorfes. Die genaue Aufteilungsquote war u.a. abhängig von der Lage und Beschaffenheit des Bodens. Welchen Boden die Gemeinde zur Nutzung erhielt, entschied der Gutsherr.

- Die Landgemeinde bekam ihren Landanteil zur Nutzung überlassen. Um das Land tatsächlich zu erwerben, hatten die Bauern (als Landgemeinde) 49 Jahre lang Ablösungszahlungen und/oder Dienste zu leisten. Eine Alternative war der sogenannte „Bettelanteil", bei dem sich die Bauern mit einem Viertel der normalen Landzuteilung begnügten, dafür dann aber keine Ablösung leisten mussten.

Diese Reform sollte die Lage der Bauern verbessern, sie aber nicht als Staatsbürger freisetzen, wie das beispielsweise in Preußen Anfang des 19. Jahrhunderts geschehen war. Deswegen hielt man an der eigentümlichen Einrichtung der Landgemeinde (russ. „mir" oder „obščina") fest. Sie stand gewissermaßen zwischen dem bäuerlichen Untertan und der zentralstaatlichen Gewalt. Sie bekam nicht nur den bäuerlichen Boden übereignet, sondern sie als Ganzes war (bis 1902) haftbar für Steuern und Ablösezahlungen, aber auch für das Stellen von Rekruten und (ab 1874) für die Umsetzung der allgemeinen Wehrpflicht vor Ort. Außerdem sollte sie – wie bisher schon – die zum Dorf gehörenden Felder und Äcker an die einzelnen Bauernfamilien zur Bewirtschaftung (um)verteilen. Die Versammlung der Landgemeinde hatte noch eine Vielzahl weiterer Aufgaben, sie war gewissermaßen das Organ der bäuerlichen Selbstverwaltung und übernahm auch die polizeilichen und richterlichen Funktionen des Gutsherrn. Die Bauern blieben zudem auch weiterhin an ihr Dorf gebunden. Wer reisen wollte, etwa als Wanderarbeiter in die nächstgelegene Stadt, musste dafür bei seiner Gemeinde eigens einen Pass beantragen.

Die Reform stellte (fast) niemanden zufrieden und führte in den folgenden Jahrzehnten zu wachsendem Unmut und sich verschärfenden Problemen. Am wenigsten konfliktträchtig war noch die Beibehaltung der Landgemeinde. Dies gefiel auch den meisten Bauern, denn es hielt den Staat fern, der sie eigentlich nicht

M3 ***Zar Kaiser Alexander II. verkündet die Aufhebung der Leibeigenschaft 1861***
Historiengemälde von Danilowitsch Kiwschenko (1851–1895), Standort: Staatliches Zentrales Marinemuseum, St. Petersburg (Russland)

interessierte. Die langfristig fatale Folge war freilich, dass sich staatliche und bäuerliche Welt weitgehend fremd blieben, erst recht, als Zar Alexander III. 1889 und 1890 die Kompetenzen der Landgemeinden wieder einschränkte und bei den Bauern das Gefühl verstärkte, dass die Leibeigenschaft eigentlich fortdauere und sie keine vollwertigen Bürger seien.

Staatsferne Landbevölkerung

Das zarische Herrschaftssystem wiederum hatte für die lokale Ebene nur wenig übrig: Für eine Landbevölkerung von über 100 Millionen Menschen waren um 1900 gerade einmal 1852 Wachtmeister und 6874 Polizisten zuständig. „Wir wussten soviel über das Gebiet von Tula wie über Zentralafrika", gestand der Fürst Georgi Lwow (1861–1925) in den 1890er-Jahren – Tula ist eine Stadt nur 200 Kilometer südlich von Moskau, und Lwow stand dem dortigen Semtsvo, einer regionalen Selbstverwaltungseinrichtung, vor. „Diese Kluft bestimmte den gesamten Verlauf der Revolution", schreibt dazu der britische Historiker Orlando Figes, und er fährt fort: „Da die Bauern am alten Herrschaftssystem nicht beteiligt waren, zögerten sie 1917 nicht, den gesamten Staat hinwegzufegen, womit sie das politische Vakuum für die bolschewistische Machtergreifung schufen."

Vom Erhalt der Landgemeinden abgesehen, waren die meisten Bauern unzufrieden mit den Modalitäten der Ablösung. Aus ihrer Sicht hatten sie zu wenig und oft auch nur minderwertiges Land erhalten, für das sie nun auch noch bezahlen sollten. Tatsächlich stellte sich bei der Landvermessung heraus, dass die Bauern durchweg kleinere Bodenstücke erhalten hatten, als sie in der Zeit der Leibeigenschaft bewirtschaftet hatten. Und insgesamt war der überwiegende Teil des Landes auch nach 1861 nicht in der Hand der Bauern, sondern gehörte weiterhin dem Staat und dem Zaren sowie Adligen, Bürgern, Klöstern und Kirchen. Dagegen stand die bäuerliche Auffassung, dass das Land jenen gehören sollte, die es mit ihren Händen bewirtschaften. „Jeder einzelne Bauer", schrieb der eben schon erwähnte Fürst Lwow im Rückblick, „glaubte in der Tiefe seiner Seele, dass eines Tages, früher oder später, das Land des Grundbesitzers ihm gehören würde".

„Landhunger“ der Bauern

Auch der Großteil der adligen Gutsherren war unzufrieden mit der Reform. Sie hatten ihr lebendes Eigentum verloren und mussten sich, so sie denn weiter in der Landwirtschaft aktiv bleiben wollten, auf dem Markt behaupten. Das gelang nicht jedem. Schon vor der Reform, in der Mitte des 19. Jahrhunderts, waren viele Gutsbesitzer extrem überschuldet. 1859 waren ein Drittel der Güter und zwei Drittel der Leibeigenen des Landadels an Staat und Banken verpfändet. Wer in die russische Literatur des 19. und beginnenden 20. Jahrhunderts blickt, findet daher auch immer wieder die geradezu klassische Figur des verarmten Landadligen, sei es in Anton Tschechows (1860 – 1904) „Kirschgarten“ (1903), sei es in Nikolai Gogols (1809 – 1852) „Toten Seelen“ (1842).

Um an Geld zu kommen, konnten die adligen Gutsherren weiteren Boden an die Bauern verpachten, die dadurch aber in eine neue, nun wirtschaftliche Abhängigkeit vom landbesitzenden Adel gerieten, sei es durch Pachtzahlung, sei es durch Arbeitsdienste. Genau darauf hatte die Reform mit ihren für die Bauern eher ungünstigen Aufteilungsregeln übrigens auch abgezielt. Gleichwohl nahmen die meisten Bauern dies in Kauf, denn ihr Landbedarf, ihr „Landhunger“, war in der zweiten Hälfte des 19. Jahrhunderts außerordentlich groß. Um die Dimension dieses Problems zu verstehen, muss man sich den Teufelskreis vor Augen führen, in den die russische Bauernschaft und mit ihr der russische Staat gerieten: Die Landgemeinde verteilte den Boden des Dorfes in der Regel nach der Zahl der Esser und Arbeitskräfte in den einzelnen Familien. Es war schon deswegen von Vorteil, viele Kinder in die Welt zu setzen – die nun allerdings auch mit ernährt werden mussten. Und sobald diese Kinder erwachsen und selbstständig waren, nahmen sie ebenfalls an der Verteilung des immer knapper werdenden Bodens teil. Die Folgen sind in der Bevölkerungsstatistik des Zarenreiches zu besichtigen: Von 1858 bis 1914, also in nicht einmal 60 Jahren, wuchs die Bevölkerung von 67 auf 163 Millionen Menschen. Die Geburtenrate war fast doppelt so hoch wie der europäische Durchschnitt in dieser Zeit – und die höchsten Raten gab es dort, wo die Gemeinden das Land entsprechend der Familiengröße zuteilten.

Hinzu kam aber noch etwas anderes: Die Produktivität der landwirtschaftlichen Arbeit war in Russland geringer als in den west- und mitteleuropäischen Ländern. Das lag am allgemeinen technischen Rückstand, aber auch an der Art und Weise, wie die Landgemeinden den Boden verteilten: Die einzelne Bauernfamilie erhielt nicht etwa ein großes oder mehrere größere Felder dauerhaft zur Bewirtschaftung; das Land wurde vielmehr immer wieder neu umverteilt und dabei auch

M4 ***Die russische Gesellschaft in einer Karikatur***
Um 1900 von der „Union russischer Sozialisten“ als Flugblatt im Ausland veröffentlichte Karikatur; die Inschriften lauten: „Wir regieren euch“, „Wir schießen auf euch“, „Wir arbeiten für euch“, „Es wird die Zeit kommen, in der das Volk sich erheben wird, und es wird seine Ausbeuter auseinanderjagen“, „Wir ernähren euch“, „Wir trinken auf/für euch“, „Wir führen euch hinters Licht“.

nur in schmalen, teilweise weit auseinander liegenden Streifen vergeben. So konnte eine Bauernfamilie schon einmal 50 Landstreifen erhalten; ihr Ehrgeiz, den Boden dort nachhaltig zu verbessern, hielt sich aber in Grenzen, wusste sie doch, dass sie schon bald wieder auf andere Feldstreifen umgesetzt werden würde.

Auch wenn die neuere historische Forschung gezeigt hat, dass sich auf den russischen Dörfern nach 1861 keine Dauerkrise und kollektive Verelendung abspielte und zahlreiche Bauern durchaus anpassungsfähig genug waren, um sich auf die neuen Marktverhältnisse einzustellen, muss man festhalten: Viele Bauern kamen mit dem Land, das sie zur Verfügung hatten, nicht mehr über die Runden. Die Armut in vielen Dörfern war unbeschreiblich groß. Einer von drei bäuerlichen Haushalten hatte nicht einmal ein Pferd, um den Pflug zu ziehen; die Männer selbst zogen den Holzpflug übers Feld. Um die Jahrhundertwende hatten 7 % der bäuerlichen Haushalte überhaupt kein Land mehr, 20 % besaßen nur noch einen Hektar oder weniger (das ist etwa die Größe eines Fußballfeldes und klingt deswegen nach viel, aber: die Fläche war nicht geschlossen, sondern vielfach zersplittert, hatte teils schlechte Böden und war die wichtigste Einkommensgrundlage für die gesamte, oft vielköpfige Familie). Die Konkurrenz um Felder und Äcker stieg und mit ihr stiegen schon seit den 1870er-Jahren die Pacht- und Kaufpreise. Als sich die Weltkonjunktur für landwirtschaftliche Produkte nach einer langen Flaute ab 1896 belebte, entschlossen sich viele adlige Gutsbesitzer, ihr Land selbst zu nutzen. Sie kündigten nun die Pachtverträge mit den Bauern, was deren Probleme weiter steigerte. 1891 kam es in der Wolgaregion zwischen Ural und Schwarzem Meer zu einer katastrophalen Hungersnot, gefolgt von Cholera und Typhus. Über eine halbe Million Menschen kamen ums Leben, die staatlichen Behörden hatten bei der Bekämpfung der Not vollkommen versagt. Nach dem Urteil von Manfred Hildermeier markierte diese Hungerkatastrophe auch eine politische „Wasserscheide“: Sie „gab der Bereitschaft wacher Zeitgenossinnen und Zeitgenossen zum öffentlichen Engagement einen enormen Schub, der nach der Jahrhundertwende in die förmliche Gründung von Parteien überging“.

Flucht in die Städte

In dieser Situation machten sich viele Bauern in die Städte auf, um sich dort in den Fabriken und Industrieanlagen als Arbeiter zu verdingen. Diese Wanderung ist statistisch gut zu erfassen, denn jeder Bauer musste ja einen Pass beantragen, bevor er sich auf den Weg machen konnte. Während Mitte des 19. Jahrhunderts noch etwa eine Million Pässe jährlich ausgegeben wurden, waren es zwischen 1900 und 1910 bereits 9 bis 9,5 Millionen Pässe jährlich. Das bedeutet, dass im europäischen Teil Russlands aus fast jeder Bauernfamilie ein Mitglied (meist ein Sohn oder jüngerer Bruder) auf Wanderarbeit ging. Das wiederum erklärt auch die auf den ersten Blick erstaunlichen Einwohnerzahlen russischer Städte: In Sankt Petersburg (1914 umbenannt in Petrograd) lebten 1914 2,3 Millionen Menschen, davon waren fast 75 % Bauern. Folgt man dieser massenhaften Wanderbewegung, stößt man auf die zweite große Krise des Zarenreiches: die Lage der Arbeiterschaft in der entstehenden Industriemoderne.

1. ●●○ Erläutern Sie, wodurch die Lage der Bauern im Zarenreich gekennzeichnet war. Werten Sie dafür den Darstellungstext aus.
→ Text

2. a) ●●● Analysieren und deuten Sie die Karikatur M2.
b) ●●● Stellen Sie das Werk, aus dem die Karikatur entnommen ist, und dessen Autor in einem Kurzvortrag vor.
→ M2, Internet

3. ●●○ Analysieren Sie das Historiengemälde M3 und ermitteln Sie dessen politische Botschaft.
→ Text, M3

4. a) ●●○ Vergleichen Sie das Schaubild M1 mit der Karikatur M4. Benennen Sie Gemeinsamkeiten und Unterschiede.
b) ●●● Beurteilen Sie, inwieweit die Karikatur M4 die Verhältnisse in Russland treffend widerspiegelt.
→ Text, M4

5. a) ●●○ Fassen die in M5 (auf Seite 16) dargestellten Ereignisse mit eigenen Worten zusammen und erklären Sie, warum der Vorschlag von den Bauern nicht angenommen wurde.
b) ●●○ Arbeiten Sie die Mentalitäten der Bauerngruppen heraus.
→ Text, M5

6. a) ●●● Fassen Sie die in M6 dargestellten Ereignisse mit eigenen Worten zusammen und beurteilen Sie die Reaktion der Obrigkeit.
b) ●●● Erörtern Sie, inwieweit darin die Krise des Zarenreichs zum Ausdruck kommt.
c) ●●● Vergleichen Sie die beiden Quellen. Erarbeiten Sie, welche Probleme der Bauernschaft sich darin spiegeln – und welche nicht. Berücksichtigen Sie dabei die Urheber der beiden Quellen.
→ Text, M5, M6

2.2 Das Zarenreich in der Krise: die Lage der Arbeiterschaft

Russlands Weg in die Industriemoderne

Auch wenn Russland Anfang des 20. Jahrhunderts noch überwiegend agrarisch geprägt war: Das Land war auf einem zunehmend dynamischeren Kurs in die Industriemoderne. Auch dies hatte mit den schon erwähnten „Großen Reformen" Alexander II. zu tun, denn sie lösten Fortschrittsbremsen, hoben das Bildungsniveau und machten das Zarenreich attraktiv für ausländische Investitionen. Ein paar Zahlen genügen zur Verdeutlichung: Im Baumwollgewerbe, das in der Startphase industrieller Entwicklung häufig den Leitsektor bildet, wuchs die Zahl der Spinn- und Webmaschinen von 1879 bis 1913 um mehr als das Dreifache. Die Kohleförderung erhöhte sich zwischen 1869 und 1913 von 300000 auf 36 Millionen Tonnen, die Stahlproduktion von 200000 auf fast fünf Millionen Tonnen. Auch das Eisenbahnnetz wuchs in der gleichen Zeit beträchtlich, von 1626 auf über 70000 Kilometer; technisches Glanzstück war die Transibirische Eisenbahn, deren Bau 1891 begonnen wurde und die mit über 9000 Kilometern die längste Bahnstrecke der Welt werden sollte. Die Zahl der Industriearbeiter im engeren Sinne stieg von 1,6 Millionen 1850 auf 6,1 Millionen 1913.

Reformen im Bildungsbereich

In den großen Städten entfalteten sich ein lebendiges Kulturleben und eine breiter und bunter werdende Presselandschaft. Einen wesentlichen Impuls dafür lieferten die Reformen im Bildungsbereich. Die Zahl der Studierenden und Hochschulabsolventen stieg stark an. Viele von ihnen fanden später ihr Auskommen als „Volkslehrer" im expandierenden Schulwesen: 1856 waren in 8227 Schulen knapp 450000 Schüler unterrichtet worden; 1911 gab es schon über 100000 Schulen mit rund 6,6 Millionen Schülern. Auf diese Weise gelang es dem russischen Staat auch, die hohe Zahl der Analphabetinnen und Analphabeten zu reduzieren: Bei der Volkszählung 1897 hatte man festgestellt, dass nur 30 % der Männer und 13 % der Frauen lesen und schreiben konnten; 1914 lag die Gesamtrate in

M1 *Die industrielle Entwicklung Russlands von 1800–1914*

den Großstädten schon bei über 50 %, in einigen Regionen des Baltikums bei weit über 80 %.

In Zusammenhang mit den Revolutionen ist es vor allem wichtig festzuhalten, dass diese umfassende Modernisierung im Zarenreich neue sozioökonomische Milieus hervorbrachte, neue individuelle und gesellschaftliche Ansprüche, aber auch neue politische, wirtschaftliche und kulturelle Konfliktlagen, etwa zwischen den Vertretern der alten Eliten und den Repräsentanten der jungen Industriemoderne. Diese wachsenden Spannungen ließen sich innerhalb des bestehenden zarischen Herrschaftssystems nicht auflösen.

Ungeregelte Urbanisierung

Besonders explosives Konfliktpotenzial bildete sich am Schnittpunkt der stürmischen Industrialisierung und der weitgehend ungeregelten Urbanisierung. Aufs gesamte Zarenreich gesehen vervierfachte sich die städtische Bevölkerung innerhalb von 50 Jahren von sieben auf 28 Millionen Menschen. Betroffen waren namentlich Sankt Petersburg/Petrograd und Moskau, die an der Wende zum 20. Jahrhundert zu den weltweit am schnellsten wachsenden Großstädten zählten; 1914 lebten dort 2,3 bzw. zwei Millionen Einwohner, damit hatte sich ihre Einwohnerzahl innerhalb von nur 20 Jahren verdoppelt. Dieser gewaltige Zuwachs ging größtenteils auf die Zuwanderung von Bauern (Männer, Frauen und Kinder) zurück, die der Not in ihren Dörfern entflohen und ihr Glück in den boomenden Städten suchten. Weite Teile der Städte bekamen nun ein ländliches Gepräge, mit Vieh auf den ungepflasterten Straßen, offenen Märkten und Holzhütten. Die Wohnungsnot der Zugewanderten und die hygienischen Verhältnisse in vielen städtischen Vierteln spotteten jeder Beschreibung. Sechs und mehr Personen teilten sich ein Zimmer, 1904 durchschnittlich 16 eine Wohnung, häufig auch mehrere eine Schlafliege. In eilends errichteten Fabrikbaracken schliefen Hunderte Männer, Frauen und Kinder in langen Reihen nebeneinander, in ihren schmutzigen Kleidern und ohne Bettzeug. Noch unglücklicher waren jene, die direkt neben ihren Maschinen in der Fabrik hausen mussten. Industrieabfälle und Fäkalien flossen unkontrolliert in die Bäche und Flüsse, und weil nichts unternommen wurde, starben noch 1908/09 etwa 30000 Einwohner Sankt Petersburgs in einer Choleraepidemie.

Die zugewanderten Bauern lebten separiert von der übrigen städtischen Bevölkerung und hielten, insbesondere in den ersten Jahren nach ihrer Zuwanderung, auch engen Kontakt in ihre Dörfer; Fabrikarbeiter kehrten häufig zur Erntezeit dorthin zurück. Sie lebten sozusagen „zwischen Feld und Fabrik“ (Theodore von Laue). Die wenigsten wollten ihre Ansprüche auf dörflichen Boden aufgeben, und es war klar, dass viele von ihnen sofort dauerhaft zurückkehren würden,

M2 ***Arbeitslose bei ihrer täglichen Portion Buchweizengrütze in einer Petersburger Suppenküche***
Foto, 1911

wenn die Situation es ermöglichte – etwa, wenn nach einer Revolution endlich das gutsherrliche Land zur Verteilung gebracht werden würde.

Arbeit in den Fabriken

In den Fabriken und Betrieben der Großstädte waren die Arbeitsbedingungen für die allermeisten Arbeiterinnen und Arbeiter schlecht und ausbeuterisch. Das begann schon beim Lohn, der noch um die Jahrhundertwende nicht einmal das Niveau erreichte, das britische Arbeiter schon in den 1840er-Jahren erhielten; Regierung und Fabrikbesitzer fürchteten nämlich, dass ein höheres Lohnniveau ausländische Investoren abschrecken würde. Die beiden wichtigsten Fabrikgesetze erließ die Regierung erst nach Streiks (die illegal waren) und Unruhen: 1885 wurde die Nachtarbeit für Kinder und Frauen verboten, 1897 der Arbeitstag auf elfeinhalb Stunden begrenzt. Aber selbst diese Regelungen ließen sich durch Privatverträge unterlaufen. Die Lebenslage der meisten Arbeiter und der (noch massiver ausgebeuteten) Arbeiterinnen war und blieb prekär. „Man kann nicht umhin, die vorzeitige Hinfälligkeit der Fabrikarbeiterinnen zur Kenntnis zu nehmen", notierte ein Arzt 1913. „Eine fünfzigjährige Arbeiterin sieht und hört schlecht, ihr Kopf zittert, ihre Schultern sind stark vorgebeugt. Sie sieht wie etwa siebzig aus. Es ist offensichtlich, dass nur die blanke Not sie in der Fabrik hält und zwingt, über ihre Kräfte zu arbeiten. Während im Westen ältere Arbeiter Rente bekommen, können unsere Arbeiterinnen nichts Besseres erwarten, als ihre letzten Tage noch als Klofrauen zu fristen."

Reaktionen der Obrigkeit

Die zarische Obrigkeit hatte erkennbar wenig Interesse, die Lebensbedingungen der Arbeiter zu verbessern und generell die Folgen von Industrialisierung und Urbanisierung abzufedern, etwa durch Maßnahmen der öffentlichen Daseinsvorsorge oder sozialstaatliche Instrumente. Jeder Streik, sogar die Organisation einer Streikkasse galt als illegal, auch Gewerkschaften waren bis 1905 verboten. Die Regierung weigerte sich schlichtweg, überhaupt die Existenz einer „Arbeiterfrage" zu akzeptieren, denn sie fürchtete, dies würde die Erwartungen der Arbeiter erst recht steigern und sie zudem als Großgruppe (als „Klasse") fassbar machen und zusammenschweißen. Das war freilich ein fataler Irrtum.

Proteste und Streikwellen

Während im westlichen Europa die gut ausgebildeten und besser bezahlten Arbeiter meist eine eher geringe Neigung zu politischer Revolution hatten und lieber auf gewerkschaftlichem Weg ihre wirtschaftlichen Interessen verfolgten, trieb in Russland das Verbot von Gewerkschaften eben diese wichtige Gruppe der Arbeiter zu den linken, antizaristischen Parteien, wo sie sich erst recht radikalisierten – aber wie sonst hätten sie ihre Interessen artikulieren sollen? Gerade unter ihrer Führung gelang es den Beschäftigten der großstädtischen Mittel- und Großbetriebe seit den 1890er-Jahren zunehmend besser, Arbeitsniederlegungen, Versammlungen und Beschwerden zu organisieren und ihnen auch eine politische Stoßrichtung gegen das zarische Regime zu verleihen. Seit der Jahrhundertwende hatten die russischen Fabrikarbeiter die höchste Streik- und Protestbereitschaft in ganz Europa. Und dieser Lern- und Entwicklungsprozess führte sie am Ende in den revolutionären Aufstand.

1. ●●○ Beschreiben Sie mithilfe der Karte M1 und des Darstellungstextes den Verlauf der Industrialisierung Russlands. Arbeiten Sie dabei die Besonderheiten heraus.
→ Text, M1

2. **a)** ●●○ Stellen Sie zusammenfassend die Situation der Arbeiterinnen und Arbeiter im Zarenreich dar.
b) ●●● Erörtern Sie, inwieweit diese Lage eine Revolution begünstigte.
→ Text

Zur Lage der Arbeiter – Statistik und Quelle

M3 Die Situation der Arbeiter

Leo Trotzki (1879–1940) war ein wichtiger Akteur der Oktoberrevolution. 1930 verfasste er eine Darstellung der damaligen Ereignisse. In seiner „Geschichte der Russischen Revolution" schreibt er:

Das russische Proletariat machte seine ersten Schritte unter den politischen Bedingungen eines despotischen Staates. Gesetzlich verbotene Streiks, unterirdische Zirkel, illegale Proklamationen, Straßendemonstrationen, Zusammenstöße mit Polizei und Truppen – das war eine Schule, geschaffen aus der Verquickung der Bedingungen des sich schnell entwickelnden Kapitalismus und des seine Positionen langsam räumenden Absolutismus. Die Zusammenballung der Arbeiter in Riesenbetrieben, der konzentrierte Charakter des staatlichen Druckes, schließlich die Impulsivität des jungen und frischen Proletariats führten dazu, dass der politische Streik, im Westen so selten, in Russland die Hauptmethode des Kampfes wurde. Die Zahlen der Arbeiterstreiks seit Beginn dieses Jahrhunderts bilden den lehrreichsten Index der politischen Geschichte Russlands. [...] Wir haben vor uns eine in ihrer Art einzig dastehende Kurve der politischen Temparatur einer Nation, die eine große Revolution in ihrem Schoße trägt. In einem rückständigen Lande mit einem an Zahl geringen Proletariat [...] nimmt die Streikbewegung ein solches Ausmaß an, wie es vorher die Welt nirgendwo gekannt hatte. Bei der Schwäche der kleinbürgerlichen Demokratie, der Zersplitterung und politischen Blindheit der Bauernbewegung wird der revolutionäre Arbeiterstreik zu einem Mauerbrecher, den die erwachende Nation gegen das Bollwerk des Absolutismus richtet.

Leo Trotzki, Geschichte der russischen Revolution (übers. v. Alexandra Ramm), Berlin/Frankfurt a.M.: S. Fischer 1960, S. 44ff.

M4 Streiks und Streikende 1845–1916 in Betrieben unter Aufsicht der Fabrikinspektion*

Jahr	Streiks	Streikende
1895	68	31.195
1896	118	29.529
1897	145	59.870
1898	215	43.150
1899	189	57.498
1900	125	29.389
1901	164	32.218
1902	123	16.671
1903	550	86.832
1904	68	24.904
1905	13.995	2.863.173
1906	6.114	1.138.435
1907	3.575	743.074
1908	892	176.101
1909	342	64.766
1910	222	46.623
1911	466	105.110
1912	2.032	725.491
1913	2.424	887.062
1914 (Januar–Juli)	3.493	1.327.897
1914 (August–Dezember)	41	9.561
1915	928	539.528
1916	1.288	957.075

** Die Kriterien für die Unterstellung unter die Fabrik-, Bergbau- und Hütteninspektion wechselten. Seit 1901 beaufsichtigte sie alle Unternehmen mit mehr als 20 Beschäftigten. Staatsbetriebe waren davon ausgenommen.*

nach: Diane P. Koenker/William G. Rosenberg, Strikes and Revolution in Russia 1917, Princeton: Princeton University Press 1989, S. 348.

1. a) ●●○ Erstellen Sie aus der Tabelle M4 ein Kurvendiagramm.

b) ●●○ Analysieren Sie die Daten und bestimmen Sie die markanten Veränderungen bei den Streiks und den Streikenden.

c) ●●● Formulieren Sie Hypothesen für die Entwicklung der Streikbewegungen.

d) ●●● Überprüfen Sie die Interpretation von Leo Trotzki (M3). Berücksichtigen Sie dabei seine politische Position.

e) ●●● Erörtern Sie das revolutionäre Potenzial der Streikbewegungen.

→ Text, M3, M4

Zur Lage der Arbeiter – mit einer Textquelle arbeiten

M5 Eine Rede vor Gericht

Der Textilarbeiter Pjotr Alexejew war mit 49 weiteren Revolutionären aus Arbeiterschaft und Intelligenzija der staatsfeindlichen Propaganda angeklagt. Seine Rede vor Gericht, die er im Jahr 1877 hielt, erlangte weit über Russland hinaus große Aufmerksamkeit. Alexejew starb 1891 in der Verbannung in Sibirien:

ANGEKLAGTER ALEXEJEW. Wir, das nach Millionen zählende Arbeitervolk, werden schon in frühester Kindheit von Vätern und Müttern unserem Schicksal überlassen. Es wird uns keine Bildung zuteil, weil es keine Schulen gibt und weil wir für kargen Lohn über unsere Kräfte arbeiten müssen. Wenn wir als neunjährige Knaben zur Fabrikarbeit getrieben werden, was erwartet uns da? Wir verkaufen uns dem Kapitalisten für ein Stück Schwarzbrot; Aufseher prügeln uns mit Ruten und mit Fäusten, um uns an die schwere Arbeit zu gewöhnen; wir werden unzureichend ernährt, wir ersticken in Staub und verdorbener Luft, wir schlafen auf dem nackten Boden, ohne Kissen, ohne Decke, eingehüllt in wenige Lumpen, von zahllosem Ungeziefer geplagt. Unter solchen Verhältnissen werden in vielen von uns alle geistigen Fähigkeiten für immer abgestumpft, die in der Kindheit anerzogenen sittlichen Maßstäbe für immer zerbrochen. Wir versinken im grauen und rohen Milieu der von allen vergessenen, von der Kultur isolierten Lohnarbeiterexistenz. All das erleiden wir schon als Kinder unter dem Joch der Kapitalisten. Wie sollten wir den Kapitalisten gegenüber etwas anderes empfinden als Hass? Unter dem Einfluss solcher Lebensbedingungen reift in uns von früher Kindheit an die Entschlossenheit, den Druck der Kapitalisten und die uns zugefügten Beleidigungen vorderhand zu ertragen, aber mit heimlichem Hass im Herzen.

Die Entlöhnung des erwachsenen Arbeiters hat man auf das äußerste Minimum reduziert; aber von diesem Verdienst trachten alle Kapitalisten, ohne jede Gewissensbisse, auf alle möglichen Arten auch die letzte Kopeke abzuziehen, und diesen Raub betrachten sie als „Einkommen"... Die Arbeiter beugen sich vor dem Kapitalisten, wenn man ihnen, zu Recht oder zu Unrecht, Bußen abzieht, weil sie doch Angst davor haben, jenes Stück Brot zu verlieren, das sie nach siebzehnstündiger Tagesarbeit erhalten. Übrigens wage ich es gar nicht, alle Missbräuche, die sich die Fabrikanten erlauben, detailliert zu beschreiben, da meine Worte denjenigen unglaubwürdig erscheinen müssen, die das Leben der Arbeiter nicht kennenlernen wollen und das Leben nicht gesehen haben [...]. [Ü]berall werden die Arbeiter auf das erbärmlichste Existenzniveau hinuntergedrückt. Für die siebzehn Stunden Arbeit kaum 40 Kopeken Lohn! Das ist doch furchtbar. Bei der heutigen Lebensmittelteuerung muss man doch auch für die Familie sorgen und die Steuern bezahlen. Nein, unter solchen Bedingungen können die Arbeiter selbst die elementarsten Bedürfnisse der menschlichen Existenz nicht befriedigen. Mögen sie denn eines langsamen Hungertodes sterben. Wir aber werden uns mit heißem Herzen für sie einsetzen, bis wir unsere eigene müde Hand aus den Ketten befreit haben, um sie dann andern hilfsbereit entgegenzustrecken. All dies klingt seltsam, unbegreifliche, dunkel und traurig. [...]

Die junge Intelligenz allein [...] bringt es nicht über sich, kalten Herzens auf den erschöpften, vom Absolutismus unterdrückten Bauern niederzublicken. Sie allein hat wie ein guter Freund sich vorgenommen, uns aus dem niederziehenden Strudel des Elends zu retten und auf einen guten Weg zu bringen. Sie allein lässt die Arme nicht untätig sinken, sondern sie führt uns, wie auch alle unsere Brüder, aus dieser perfid gebauten Falle heraus, und sie wird nicht ruhen, bis sie uns befähigt hat, selbstständig für das Wohl des ganzen Volkes zu kämpfen. Unzertrennlich wird sie mit uns marschieren, bis (Alexejew reckt den Arm empor) die wuchtige Faust des nach Millionen zählenden Arbeitervolkes ...

SENATOR PETERS, VORSITZENDER (springt in Erregung auf und schreit) Schweigen Sie! Schweigen Sie!

ANGEKLAGTER ALEXEJEW (mit noch lauterer Stimme) ... sich eines Tages erhebt und das von Bajonetten geschützte Joch der Tyrannei in Staub zerfällt!

Zit. nach: Valentin Gitermann, Geschichte Russlands Bd. 3, Hamburg: Europäische Verlagsanstalt 1949, S. 606, 608 f.

1. a) ●○○ Fassen Sie die zentralen Vorwürfe des Angeklagten (M5) zusammen.
b) ●●● Überprüfen Sie, ob er die Situation der Arbeiter zutreffend darstellt.
c) ●●○ Erklären Sie die Reaktion des vorsitzenden Richters.
→ Text, M5

2. ●●● Beurteilen Sie die Bedeutung der Situation der Arbeiterschaft für die Krise des Zarenreichs.
→ Text

2.3 Das Zarenreich in der Krise: Das Problem der Nationalitäten

Das Zarenreich war ein Vielvölkerreich mit einer kaum überschaubaren Fülle an Volksgruppen, Sprachen, Religionen und Kulturen. In der zweiten Hälfte des 19. Jahrhunderts setzten nun drei Entwicklungen ein, die sich teilweise überlagerten, teilweise gegeneinander liefen und sich bald krisenhaft zuspitzten.

Erstens begann die zarische Obrigkeit im Rahmen der „Großen Reformen" Mitte des 19. Jahrhunderts damit, das gesamte Imperium zentraler zu organisieren und zu durchdringen. Statt regionaler und ständischer Sonderrechte sollten nun einheitliche Gesetze und Einrichtungen sowie Russisch als Amtssprache in allen Teilen des riesigen russländischen Reiches gelten. Fachleute und Beamte, die an russischen Universitäten ausgebildet worden waren, entmachteten und ersetzten die Eliten vor Ort. Sie brachten neue, fremde Regeln in einer den Einheimischen oft fremden Sprache und mit ungewohnten bürokratischen Formeln und Formalitäten. Vielerorts wurde dieser Prozess als „Russifizierung" wahrgenommen und traf auf Widerstand der Bevölkerung vor Ort.

Zweitens und direkt gegenläufig zu diesem Vorgang entwickelten sich in den einzelnen Regionen des russländischen Reiches ebenfalls seit der Mitte des 19. Jahrhunderts allmählich Formen von nationalem Bewusstsein, die über die Pflege einer traditionellen Volkskultur hinausgingen und sich mehr und mehr politisch aufluden; in den europäischen Gebieten des Reiches und in den Städten geschah dies früher, in den nichteuropäischen Teilen und auf dem Land später. Diese Nationalbewegungen entstanden nicht in direkter Reaktion auf die in Sankt Petersburg eingeleitete Zentralisierungskampagne, sondern waren Teil eines gemeineuropäischen Prozesses, der im Westen schon Ende des 18. Jahrhunderts eingesetzt hatte. Aber es liegt auf der Hand, dass das russisch geprägte Zentrum des Reiches und die multiethnische Peripherie (also das Umfeld außerhalb des Zentrums) in einen wachsenden Gegensatz zueinander gerieten.

Drittens schließlich verschärften sich auch zwischen den einzelnen Volksgruppen und Nationalbewegungen die Konflikte. Das war nicht zuletzt eine Folge der einsetzenden Industriali-

	Gesamtbevölkerung 1897	
	absolut in Mio.	in %
Insgesamt	125,7	100
Russen	55,7	44,31
Ukrainer	22,4	17,82
Polen	7,9	6,29
Weißrussen	5,9	4,70
Juden	5,1	4,06
Tataren	3,7	2,95
Kasachen	3,1	2,47
Deutsche	1,8	1,43
Litauer	1,7	1,35
Letten	1,4	1,11
Georgier	1,4	1,11
Baschkiren	1,3	1,03
Armenier	1,2	0,95
Moldauer	1,1	0,87
Esten	1,0	0,79
weitere kleinere Ethnien	11,0	8,76

https://ome-lexikon.uni-oldenburg.de/laender/russland-russisches-reich

M1 Nationalitäten im Russischen Reich 1897

sierung. Sie erhöhte die Mobilität der Menschen und führte Arbeitskräfte aus allen Regionen des Reiches in die industriellen Zentren, wo sie untereinander um Arbeitsplätze, Wohngelegenheiten, Essen und überhaupt um Lebenschancen konkurrierten; die ethnische, „nationale" Herkunft diente dabei häufig als der wichtigste Faktor für Abgrenzung und Zusammenschluss.

Es wäre vermutlich durchaus möglich gewesen, die sich steigernden nationalen Spannungen im Zarenreich wieder abzubauen, indem man den einzelnen Teilgebieten mehr Autonomie eingeräumt hätte. Das war aber nicht vereinbar mit dem Selbstverständnis der beiden letzten Zaren, Alexander III. (1845–1894, Zar seit 1881) und Nikolaj II. (1868–1918, Zar seit 1894) und ihrer Regierungen. Die große Volkszählung von 1897 zeigte zudem, dass die ethnischen Russen im Zarenreich ihr demografisches Übergewicht verloren hatten (sie machten noch 44 % der Bevölkerung aus), und es war angesichts der Geburtenraten vorherzusehen, dass sich dieser Trend fortsetzen würde. Die von beiden Zaren intensivierten Russifizierungsmaßnahmen verschärften die Konflikte nun zusätzlich und trieben die nichtrussische Bevölkerung mehr und mehr in die Arme der antizarischen, linken Opposition.

Verhängnisvoll war vor allem das Verdrängen der nichtrussischen Landessprachen aus den Schulen, der Literatur, den Gerichten und Ämtern. Das verletzte und erniedrigte die nichtrussische Bevölkerung und versperrte ihr, wenn sie das vorgeschriebene Russisch nicht sprechen und verstehen konnte, den Zugang zu elementarer Information, zu bürgerlichen Rechten und sozialem Aufstieg. Ukrainische Bauern, die 1907 die russischsprachigen Warnschilder nicht lesen konnten, tranken verseuchtes Wasser und starben an der Cholera – das zuständige medizinische Komitee hatte sich geweigert, die Warnung auch auf Ukrainisch zu veröffentlichen. Wer in den vergangenen Jahrzehnten in seiner Landessprache Schule und Universität besucht hatte, konnte nun trotz bester Ausbildung keine öffentlichen Ämter und Positionen bekleiden, solange er nicht fließend Russisch sprach.

Es waren fast überall im Zarenreich nur die linken, sozialistischen, antizaristischen Parteien und Gruppierungen, die für nationale Autonomie und Unabhängigkeit der einzelnen Regionen stritten. Von Polen über Finnland, das Baltikum und Georgien, überall standen sozialistische Parteien im Zentrum der Unabhängigkeitsbewegungen. Und wenn ethnische und sozioökonomische Konflikte an derselben Frontlinie verliefen, untermauerte dies die Aktivitäten der sozialistischen Nationalbewegungen noch zusätzlich und vergrößerte ihren Wirkungskreis: In der Ukraine etwa waren die Gutsbesitzer ganz überwiegend polnisch und russisch, die Bauern dagegen ukrainisch. Es überrascht daher kaum, dass die ukrainische Nationalbewegung überwiegend bäuerlich geprägt und von sozialistischen Parteien dominiert war.

M 2 Einwohnerzahlen großer Städte des Zarenreiches (um 1897)

Stadt	Einwohner absolut	Russen in %	Ukrainer in %	Polen in %	Juden in %	Deutsche in %	Armenier in %	Muslime in %	unter Übrigen größter %-Satz
Charkow	173.989	63,17	25,92	2,28	5,66	1,35	0,27	0,5	0,35 Weißrussen
Kiew	247.723	54,2	22,23	6,69	12,08	1,76	0,03	0,8	1,13 Weißrussen
Kischinjow	108.483	27,01	3,13	2,99	45,93	1,17	0,34	0,2	17,59 Moldawier
Moskau	1.038.591	95,04	0,43	0,89	0,49	1,17	0,15	0,5	0,24 Franzosen
Odessa	403.815	49,09	9,39	4,31	30,83	2,54	0,35	0,5	1,26 Griechen
St. Petersburg	1.264.920	86,49	0,41	2,9	0,95	4,01	0,06	0,4	1,66 Finnen
Riga	282.230	15,75	0,1	4,75	6	23,84	0,01	0,2	45,02 Letten
Saratow	137.147	88,75	0,85	1,26	0,94	6,1	0,04	1,3	0,29 Mordwiner
Warschau	683.692	7,31	1,28	61,66	27,07	1,66	0,01	0,1	0,18 Moldawier
Vilnius	154.532	20,04	0,33	30,92	40,02	1,4	0,01	0,05	2,03 Litauer

nach: H. Bauer / A. Kappeler / B. Roth (Hg.), Die Nationalitäten des Russischen Reiches in der Volkszählung von 1897, Bd. 2, Stuttgart: Steiner 1991, S. 231ff. und Andreas Kappeler, Rußland als Vielvölkerreich. Entstehung, Geschichte, Zerfall, München: C.H. Beck 1992, S. 327.

Umgang mit Statistiken

Statistiken sind heute allgegenwärtig. Fast alles wird zahlenmäßig erfasst. Dies ist jedoch eine relativ junge Errungenschaft. Bei Statistiken handelt es sich um Daten, die nach bestimmten Gesichtspunkten ausgewählt und geordnet wurden. Sie werden meist in Tabellen zusammengestellt. Häufig veranschaulicht man statistische Ergebnisse auch grafisch in einem Diagramm.

Es gibt dabei verschiedene Formen: So informieren Kreisdiagramme, die wie eine Torte in Einzelstücke aufgeteilt sind, über die Anteile an einem Ganzen. Kurvendiagramme geben eine kontinuierliche Entwicklung wieder. Balken- oder Säulendiagramme sind sinnvoll, wenn Daten zu verschiedenen Zeitpunkten miteinander verglichen werden sollen.

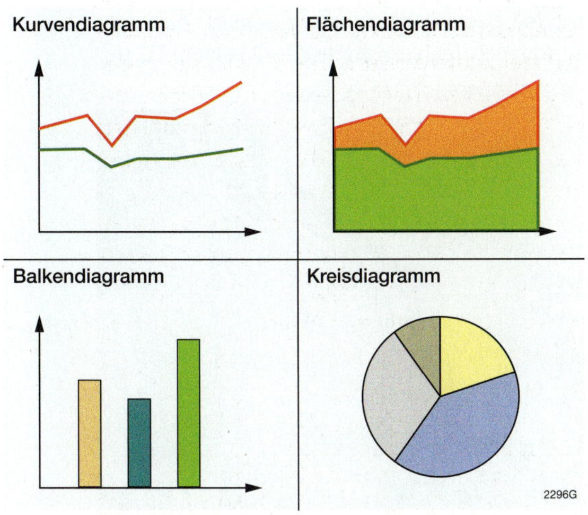

Arbeitsschritte zur Erschließung einer Statistik

1. Schritt: Beschreibung der Statistik

Formale Aspekte

- Art der Statistik,
- Datenquelle,
- Urheber der Statistik,
- Veröffentlichungsort und -zeitpunkt.
  (Zu diesen Fragen finden sich oft Angaben im Titel, in der Legende oder in Anmerkungen.)

Inhaltliche Aspekte

- Thema der Statistik,
- zeitlicher Rahmen der Statistik,
- geografischer Geltungsbereich,
- Messgrößen der Angaben,
- Art der Zahlenwerte (absolute Werte, Prozentangaben, Indizes),
- ggf. Bezugsgrößen, auf die sich Prozent- und Indexwerte beziehen,
- Vollständigkeit der Angaben,
- Entwicklung aufgrund der Zahlenwerte (Stagnation, Rückgang, Anstieg),
- Zusammenhänge zwischen einzelnen Werten und/oder Tendenzen.

2. Schritt: Erklärung und Deutung der Ergebnisse

- Schlussfolgerungen, die sich aus den Ergebnissen der Analyse ziehen lassen;
- begründete Vermutungen darüber, auf welche möglichen Ursachen sich die Ergebnisse der Analyse zurückführen lassen;
- weiterführende Fragen, die sich aus dem Datenmaterial ergeben und die nur mithilfe weiterer Quellen oder Materialien zu beantworten sind.

1. **a)** ●●○ Analysieren Sie die beiden Statistiken M1 und M2. Verwenden Sie dafür die Arbeitsschritte auf dieser Seite.
b) ●●● Überführen Sie die beiden Tabellen jeweils in ein Diagramm. Prüfen Sie dafür, welche der hier vorgestellten Formen besonders geeignet ist.
c) ●●● Deuten Sie die Daten im Hinblick auf die Nationalitätenprobleme des Zarenreichs.
d) ●●● Erörtern Sie, inwieweit eine statistische Erfassung die Problematik hinreichend beschreibt.
→ Text, M1, M2, Trainingsseite

2.4 Das Zarenreich in der Krise: Das Herrschaftssystem

Der französische Publizist und Historiker Alexis de Tocqueville (1805 – 1859) stellte in seiner berühmten Analyse der Französischen Revolution fest, „dass der gefährlichste Augenblick für eine schlechte Regierung gewöhnlich derjenige ist, in dem sie sich zu reformieren beginnt."

Dieser sogenannte „Tocqueville-Effekt" lässt sich auch im Russland des 19. Jahrhundert beobachten. Die „Großen Reformen" Zar Alexanders II. lösten vielfältige und von den Verantwortlichen begreiflicherweise nicht vollständig vorhergesehene Transformations- und Modernisierungsprozesse aus. Die zarischen Regierungen bekamen die dadurch stetig weiter wachsenden Probleme und Konflikte nie in den Griff. Oft verschärften sie sie durch ihr Handeln sogar noch und manövrierten den Staat zusehends in eine fundamentale Krise, die jederzeit in eine Revolution umschlagen konnte. Die Frage liegt nahe: Warum war das Krisenmanagement der Zaren und ihrer Regierungen so katastrophal?

Der Zar und die Autokratie

Das Zarenreich war eine Autokratie, der Zar „Selbstherrscher von ganz Russland" und in dieser Funktion ohne jede verfassungsmäßige Beschränkung. Der Zar (oder die Zarin) konnte als unumschränkte(r) Herrscher(in) vollkommen nach eigenem Ermessen regieren. Während sich in West- und Mitteleuropa mittlerweile konstitutionelle und parlamentarische Regierungsformen durchgesetzt hatten, wurde das russländische Imperium noch um 1900 nach einem Staats- und Gesellschaftsmodell des 17. Jahrhunderts regiert. Auch der schon mehrfach erwähnte Zar Alexander II., der

M1 *Feiern zum 300-jährigen Bestehen des Hauses Romanow in Moskau*
Nikolaj II. Alexandrowitsch (1868 –1918), Kaiser von Russland (1894 – 1917) mit Gemahlin Alexandra (1872 – 1918), den Töchtern und Sohn Grossfürst Thronfolger Alexej (hinter dem Kaiserpaar), Foto, 1913. Standort: Zentrales Revolutionsmuseum, Moskau.

von 1855 bis 1881 regierte, hatte die zarische Selbstherrschaft nicht angetastet, weil er sich und seine unbeschränkte Machtfülle als Garant für das Gelingen der „Großen Reformen“ und den eingeleiteten Fortschritt ansah. Als freilich Alexander II. 1881 von der linken Terrorgruppe Narodnaja Volja ermordet wurde, war der Reformzar tot, seine Machtfülle aber war geblieben. Sein Nachfolger und Sohn, Alexander III. (1845–1894, Zar ab 1881), brach alle Reformen ab und setzte stattdessen auf obrigkeitliche Überwachung und Repression. Er baute den Geheimdienst und die Polizei aus und machte Front gegen die Autonomiebestrebungen an der Peripherie des Reiches.

Sein Sohn Nikolaj II. (1868–1918, Zar ab 1894) schließlich, der letzte russische Zar, war eine „grandiose Fehlbesetzung“ und seinem Amt in keiner Weise gewachsen (Klaus Gestwa). Nikolaj II. bezeichnete Vorschläge des liberalen Adels, auch in Russland endlich eine parlamentarische Vertretung einzuführen, als „sinnlose Träumereien“ und „unvernünftige Hirngespinste“. Er pochte weiterhin auf seine „göttliche Autorität“ und erklärte: „Ich betrachte Russland als einen Landbesitz, dessen Eigentümer der Zar, dessen Verwalter der Adel und dessen Arbeiter der Bauer ist.“ Nikolajs Frau Alexandra unterstützte dieses starrsinnige Beharren auf der zarischen Autokratie vehement. Der Zarenhof wurde zu einem Sammelpunkt für Reaktionäre, Antisemiten und Esoteriker und verlor zunehmend den Kontakt zur Realität. Auch das eigentümliche Wirken des Wanderpredigers und „Heilers“ Grigori Jefimowitsch Rasputin (1869–1916) am Hof gehört in diesen Zusammenhang.

Für alle, die das System nicht umstürzen wollten, aber einsahen und verstanden, dass es dringend reformiert werden musste, warf diese Konstellation ein fast unlösbares Problem auf: Die gemäßigt Konservativen und Liberalen aus Adel und Bürgertum, die reformbereiten Beamten, Militärs und Kirchenvertreter hätten für ein behutsames Umsteuern unbedingt die Mitwirkung des Zaren gebraucht, aber der versperrte sich den Vorschlägen und Initiativen. Und so wurde allmählich der Weg frei für jene Oppositionellen, die das System nicht reformieren, sondern mit einem gewaltigen Schlag beseitigen wollten.

M2 ***Der letzte Zar mit seiner Gemahlin Alexandra in Kostümen der Zeit des Zaren Alexej Michailowitsch (1645–1676)***
Anlässlich eines Kostümballs im Winterpalast am 22. Januar 1903, Foto

1. a) ●●○ Zeigen Sie mithilfe des Darstellungstextes auf, dass es sich bei der Zarenherrschaft um eine Autokratie handelte.
   b) ●●● Fertigen Sie eine Skizze des Herrschaftssystems an.
   c) ●●● Erörtern Sie, inwieweit dieses Herrschaftssystem eine Revolution begünstigte.
   → Text
2. ●●○ Analysieren Sie die beiden Fotografien M1 und M2 im Hinblick auf die Selbstdarstellung des Zaren. Suchen Sie ggf. im Internet weitere Abbildungen des Zarenpaars.
   → Text, M1, M2, Internet

Das Herrschaftssystem: Der Zar und die Autokratie

M3 Eine Warnung

Der Schriftsteller Leo Tolstoj schickte am 16. Januar 1902 ein besorgtes und warnendes Schreiben an den Zaren. Tolstoj (1828–1910) war damals bereits 83 Jahre und wurde selbst polizeilich überwacht:

Lieber Bruder, diese Anrede hielt ich für die angemessenste, weil ich mich mit diesem Brief nicht so sehr an den Zaren wie den Menschen – den Bruder wende. Außerdem auch noch deswegen, weil ich Ihnen gleichsam aus jener Welt schreibe, fühle ich doch den Tod nahen. Ich wollte nicht sterben, ohne Ihnen gesagt zu haben, was ich über Ihr gegenwärtiges Wirken denke und darüber, wie es sein, welch großes Glück es Millionen Menschen und Ihnen bringen könnte und welch großes Unheil es den Menschen und Ihnen bringen kann, wenn es die Richtung beibehält, in der es jetzt verläuft. Ein Drittel Russlands befindet sich im Zustand verschärfter Überwachung, das heißt außerhalb des Gesetzes. Die Armee der Polizisten – der öffentlichen und der geheimen – vergrößert sich ständig. Die Gefängnisse, die Orte der Verbannung und der Sträflingsarbeit sind neben Hunderttausenden Krimineller mit politischen Häftlingen überfüllt, zu denen jetzt auch die Arbeiter gerechnet werden. Die Zensur hat eine Unsinnigkeit der Verbote erreicht, wie es in der schlimmsten Zeit der vierziger nicht der Fall gewesen war. Die religiösen Hetzjagden sind nie so häufig und grausam gewesen wie jetzt, und sie werden immer grausamer und häufiger. Überall in den Städten und Fabrikzentren sind Truppen konzentriert, und sie werden mit scharfer Munition gegen das Volk ausgeschickt. An vielen Orten ist es schon zu brudermörderischem Blutvergießen gekommen, und neues und noch grausameres Blutvergießen wird überall vorbereitet und wird unweigerlich stattfinden. [...]
Der Absolutismus ist eine überlebte Regierungsform, die vielleicht den Bedürfnissen eines Volkes irgendwo im weltfernen Zentralafrika entsprechen kann, nicht aber den Bedürfnissen des russischen Volkes, das sich in immer zunehmendem Maße die der ganzen Welt gemeinsame Bildung aneignet. [...] Mit Gewaltmaßnahmen kann man das Volk unterdrücken, aber nicht regieren. [...]
Ihr Ihnen aufrichtig wahres Glück wünschender Bruder Lew Tolstoi.

Übers. zit. nach: Martin Aust, Die Russische Revolution. Vom Zarenreich zum Sowjetimperium, München: C. H. Beck 2017, S. 25f.

M4 ***Zar Nikolaj II. segnet russische Truppen mit einer Ikone, bevor sie in die Schlacht ziehen***

Foto, 1914

M5 Die Herrschaft des letzten Zaren

Der Historiker Orlando Figes schreibt zur Autokratie und zum Selbstverständnis der letzten Zaren, den er als Nikolai bezeichnet (2008):

Drei Prinzipien [...] waren es, die die Romanows [das Zarengeschlecht] in ihren letzten Jahren besonders schätzten. Das erste war der Begriff des Patrimoniums, wonach der Zar buchstäblich ganz Russland als sein „Vatererbe“ (seine wottschina) besitzen sollte wie ein Grundherr im Mittelalter. Bei der ersten nationalen Volkszählung 1897 bezeichnete sich [Zar] Nikolai als „Landbesitzer“. Bis zur zweiten Hälfte des 18. Jahrhunderts hatte diese Vorstellung Russland vom Westen getrennt, wo sich eine unabhängige landbesitzende Klasse als Gegengewicht zur Monarchie herausbildete. Das zweite Prinzip [...] war die Idee der Selbstherrschaft: Der Wille des Zaren als Verkörperung Gottes auf Erden sollte weder durch Gesetze noch durch Bürokratie eingeschränkt werden, er sollte das Land entsprechend seinem eigenen Pflicht- und Rechtsbewusstsein regieren. Auch das hatte die byzantinische Tradition des Despotismus vom absolutistischen Staat des Westens unterschieden. Konservative wie Konstantin Pobedonoszew, Erzieher und führender Ideologe sowohl Alexanders als auch Nikolais, der beiden letzten Zaren, argumentierten, dass diese religiöse Selbstherrschaft auf einzigartige Weise zum russischen Volksempfinden passe und dass es eines gottähnlichen Autokraten bedürfe, um die anarchischen Instinkte des russischen Volks in Schranken zu halten. Und schließlich war es die Vorstellung der mystischen Einheit von Zar und rechtgläubigem Volk, das ihn als Vater und Gott liebte und ihm gehorchte. Es war die Phantasie väterlicher Herrschaft, eines goldenen Zeitalters volkstümlicher Autokratie frei von den Komplikationen eines modernen Staates.

Die beiden letzten Zaren hatten allen Grund, so fest auf dieser archaischen Vision zu beharren. Da sie nämlich überzeugt waren, die „Moderne" in all ihren Formen – weltlichen Ansichten, westlich-konstitutionellen Ideologien und den neuen städtischen Klassen – werde ihre Macht und ihr Ansehen untergraben, war es nur logisch, dass sie das Rad der Geschichte zu einem fernen goldenen Zeitalter zurückzudrehen versuchten. […]

Es gab zwei gegensätzliche Modelle von Autokratie in Russland: das petrinische und das moskowitische. Das petrinische Modell [benannt nach Zar Peter d. Großen] versuchte, in Nachahmung des westlichen Absolutismus die Macht der Krone durch Rechtsnormen und bürokratische Institutionen zu systematisieren. Das bedeutete insofern eine Einschränkung der Macht des Zaren, als selbst er fortan verpflichtet war, seine eigenen Gesetze zu befolgen. Der Zar, der das nicht tat, war ein Despot. Die petrinische Tradition bedeutete zudem eine Verschiebung des Machtzentrums von der göttlichen Person des Zaren hin zum abstrakten Begriff des autokratischen Staats. Das vor allem missbilligte Nikolai. Wie sein Vater, Alexander III., war er dazu erzogen worden, die Prinzipien persönlicher Herrschaft zu wahren, die Macht am Hof zu erhalten und der Bürokratie als einer Art „Mauer" zu misstrauen, die das natürliche Band zwischen dem Zaren und seinem Volk durchbrach. Dieses Misstrauen erklärt sich wohl aus der Tatsache, dass sich die kaiserliche Bürokratie im 19. Jahrhundert zu einer Kraft der Modernisierung und der Reformen entwickelt hatte. Sie wurde zunehmend unabhängig vom Hof und näherte sich der öffentlichen Meinung, was in den Augen der Konservativen zur revolutionären Forderung nach einer Verfassung führen musste. Die Ermordung Alexanders II. 1881 (nach zwei Jahrzehnten vorsichtiger Reformen) schien ihre Ansicht zu bestätigen, dass die Zeit gekommen sei, die Zersetzung zu stoppen. Alexander III. […] leitete die Rückkehr zu persönlichen Formen autokratischer Herrschaft ein, und zwar in der zentralen wie auch der lokalen Verwaltung. Und wo der Vater voranging, musste der Sohn folgen. Nikolais Modell der Autokratie war fast gänzlich moskowitisch [nach dem Zartum Moskowien des 17. Jahrhunderts]. Sein Lieblingszar war Alexej Michailowitsch (1645 – 1676), nach dem er auch seinen Sohn, den Zarewitsch, benannte. Er ahmte dessen stille Frömmigkeit nach, die ihm angeblich die Überzeugung verliehen hatte, Russland nach seinem eigenen religiösen Gewissen zu regieren. Nikolai rechtfertigte seine Politik häufig damit, dass ihm der Gedanke von Gott gegeben worden sei. Nach Aussage des Grafen Witte, eines seiner aufgeklärtesten Minister, glaubte Nikolai daran, dass „nicht Menschen die Ereignisse beeinflussen, sondern dass Gott alles lenkt und dass der Zar als Gottgesalbter von niemandem Rat annehmen, sondern allein seiner göttlichen Eingebung folgen sollte."

Orlando Figes, Die Tragödie eines Volkes. Die Epoche der russischen Revolution 1891 bis 1924 (übers. v. Barbara Conrad, Brigitte Flickinger u. Vera Stutz-Bischitzky), Berlin: Berlin-Verlag 2008 (2. Aufl.), S. 26 ff.

1. ●●○ Analysieren Sie die Fotografie M4 im Hinblick auf das Selbstverständnis des Zaren als Herrscher.
→ Text, M4

2. a) ●○○ Fassen Sie die zentralen Punkte der Warnung Leo Tolstojs (M3) zusammen.
b) ●●○ Erklären Sie, warum Tolstoj die Anrede „lieber Bruder" verwendet.
c) ●●● Beurteilen Sie, ob Tolstoj mit seiner Warnung Recht hatte.
→ Text, M3

3. a) ●○○ Fassen Sie die Analyse des Historikers Orlando Figes (M5) thesenhaft zusammen.
b) ●●○ Erarbeiten Sie aus dem Text die Entstehung und Entwicklung des Herrschaftsverständnisses des letzten Zaren.
c) ●●○ Vergleichen Sie seine Analyse mit der Warnung von Leo Tolstoj (M3).
d) ●●● Bestimmen Sie die Bedeutung des Herrschaftssystems für die Krise des Zarenreichs.
→ Text, M3, M5

Zu wenig politischer Wandel oder zu viel sozioökonomischer Wandel?

M6 Eine Analyse

Zum Abschluss dieses Teilkapitels diskutiert der Historiker Klaus Gestwa die Frage, ob für das Heraufziehen einer revolutionären Situation in Russland ein Zuwenig an politischem Wandel oder ein Zuviel an soziökonomischem Wandel verantwortlich war (2018).

Vertreter der ersten Sichtweise betonen, dass es Russland zwar gelungen sei, die Rückständigkeit im Bereich von Industrialisierung, Urbanisierung und Professionalisierung zu reduzieren. Selbst der Massenanalphabetismus sei spürbar zurückgegangen. Auf ihre überkommenen Privilegien pochend, hätten sich die alten Machthaber aber dem allgemeinen Strukturwandel und dem Anbruch einer neuen Zeit verweigert und sich der Illusion hingegeben, man könne immer mehr Fabriken eröffnen, brauche aber kein Parlament einzuberufen. Daher sei die Transformation von einem ständischen Untertanenverband hin zu einer mündigen Staatsbürgergesellschaft auf halbem Weg steckengeblieben. Die russische Geschichte zu Ende des 19. und zu Beginn des 20. Jahrhunderts biete demnach kein Bild eines allgemeinen Niedergangs, sondern vielmehr nur eines zunehmenden Verfalls der traditionellen Autokratie, die ihre eigene Modernisierung aussparte und dadurch schwer auflösbare Antagonismen [Gegensätze] sowie massive Autoritätsverluste und Legitimitätsprobleme heraufbeschwor. Mahnende Stimmen, mehr Partizipation und Emanzipation zu wagen, fanden am Zarenhof nicht ausreichend Gehör; die russische Regierung griff vielmehr verstärkt zu Repressionen. Offensichtlich ging es Nikolaj II. und seiner Petersburger Entourage mehr um den Erhalt ihrer Selbstherrschaft und weniger darum, das Land in den Strom der Zeit zu bringen und es zukunftsfähig zu machen.

Die zweite Sichtweise geht von einer Skepsis gegenüber der Vorstellung modernisierender Unbedingtheit aus. Sie richtet den Blick stärker auf die inneren Widersprüche Russlands bei seinem Gang ins Industriezeitalter und damit auf den tiefen Bruch, der ins Mark der Geschichte des Zarenreichs seit der von Peter dem Großen zu Beginn des 18. Jahrhunderts erzwungenen Öffnung des Landes führt. Die in der Forschung oft verwandte Kategorie der Rückständigkeit messe Russland an Kriterien, die es eigentlich nicht kannte, und gehe von Voraussetzungen aus, die im Zarenreich aber nicht gegeben wären. Importierte Ideologien und Technologien hätten sowohl die Bevölkerung als auch das autokratische Regime unter zu hohen Veränderungsdruck gestellt. Die Russischen Revolutionen müssten darum als die Kulmination von Konflikten zwischen überschießenden Reformambitionen und den weiterhin bestehenden vormodernen Strukturen Russlands verstanden werden. Bei dieser Sichtweise erfolgte die Modernisierung also nicht zu zaghaft, sondern viel zu schnell. Die fortschrittsgierigen, erneuerungswütigen Eliten hätten ganz auf den europäischen Weg in die Moderne vertraut und damit leichtfertig die Entwicklungschancen für einen eigenen russischen Weg verspielt. Bislang habe die Forschung das laute industrielle und beschleunigte Russland in ihrer Interpretation überbetont und dabei die stille und langsame Zeit nicht genügend beachtet, in der das Zarenreich noch eingebettet gewesen wäre. Dabei sei außer Acht geraten, was infolge der Verschärfung des gesellschaftlichen Entwicklungstempos seit den „Großen Reformen" alles auf der Strecke geblieben sei. Diese Interpretation greift die Denkfigur der Slavophilen aus dem 19. Jahrhundert auf, die damals schon meinten, Russlands Zukunft liege nicht in der Gegenwart Westeuropas, sondern darin, ausgehend von den eigenen historischen Erfahrungen und gesellschaftlichen Voraussetzungen, einen eigenen Weg zu finden, der sich an der konservativen Dreieinigkeit von Orthodoxie, Autokratie und Nationalismus orientiere. Von diesem Blickwinkel aus erscheint Nikolaj II. nicht als verknöcherter Autokrat auf dem Zarenthron, sondern vielmehr als treuer Gewährsmann der russischen Idee. Er hätte das Zarenreich vor einer fehlgeleiteten Europäisierung retten und als eigenen, vom Westen klar unterscheidbaren Zivilisationstyp ins 20. Jahrhundert führen wollen. Die liberale Opposition und die revolutionären Terroristen hätten aber mit ihren Russland wesensfremden Idealen und ihrer konfrontativen Politik dem Zarenregime den Krieg erklärt, damit die traditionelle Einheit von Zar und Volk zerstört und so das Land auf gefährliche Abwege gebracht.

Klaus Gestwa, Der Russische Revolutionszyklus, München: Bayerische Landeszentrale für Politische Bildungsarbeit 2018, S. 46ff.

M2 *Fürst Georgi Lwow (1861 – 1925)*

Konstitutionell-Demokratische Partei) deren Mitglieder nach der Parteiabkürzung KD auch Kadetten genannt wurden. Diese liberaldemokratische Partei erhob radikalere Forderungen und stützte sich vorwiegend auf Akademiker. Viele davon waren auch als Angestellte in den Semstva tätig gewesen, andere hatten sich um die Exilzeitschrift Oswoboschdenie (Befreiung) versammelt. Die Kadetten kritisierten das Oktobermanifest als nicht weitgehend genug. Sie forderten eine volle Parlamentarisierung des Reiches, eine von einem Parlament ausgearbeitete Verfassung und sie folgten in ihrer Staats- und Gesellschaftsidee weitgehend dem britischen Vorbild. Ihr wohl prominentester Vertreter war der schon erwähnte Fürst Georgi Lwow (1861 – 1925). Er saß ab 1900 dem Semstvo in Tula vor und wurde nach der Februarrevolution 1917 erster Ministerpräsident der Provisorischen Regierung.

Diese liberalen Parteien grenzten sich ab von den neuartigen revolutionären Parteien, die in Russland um die Jahrhundertwende entstanden. Das waren insbesondere die Sozialrevolutionäre in der Tradition des Narodnitschestwo und die marxistischen Sozialdemokraten. Das Ziel dieser Parteien war keine konstitutionelle oder parlamentarische Demokratie, sondern eine sozialistische Gesellschaft, die frei sein sollte von Unterdrückung und Ausbeutung. Um dies zu erreichen, waren sowohl Sozialrevolutionäre als auch Sozialdemokraten bereit für einen revolutionären Umsturz.

M3 *Michail Bakunin (1814 – 1876) Russischer Anarchist, der sich u. a. gegen Karl Marx' Kommunismus stellte*

Agrarsozialismus: Narodniki – Terrorgruppen und Geheimbünde – Sozialrevolutionäre

Das Narodnitschestwo war in gewisser Weise die russische Form des modernen Sozialismus. Wegen seiner überwiegenden Verwurzelung im ländlichen, bäuerlichen Bereich kann man ihn auch als Agrarsozialismus bezeichnen. Er blieb bis in die 1880er/90er-Jahre die dominierende Denkrichtung der revolutionären Intelligenzija. Dann wurde das Narodnitschestwo mehr und mehr von der marxistischen Sozialdemokratie herausgefordert, die in Konkurrenz zu ihm trat. Das Gedankengut des Narodnitschestwo vertrat ab 1901 die Partei der Sozialrevolutionäre. Sie spielte im revolutionären Umsturz von 1917 eine wichtige Rolle und errang bei den Wahlen zur Allrussischen Verfassungsgebenden Versammlung im November 1917 die Mehrheit.

Man kann die Grundlinien dieser politischen Kraft gut an der Bewegung der Narodniki veranschaulichen. Die Narodniki („Volkstümler", „Volksfreunde") waren oft linke Studierende und jüngere Intellektuelle, darunter waren (für die damalige Zeit) auffällig viele Frauen. Sie hatten die Vorstellung, die kollektiv organisierte bäuerliche Landgemeinde könne als Modell für die sozialistische Neugestaltung der Gesellschaft dienen. Dahinter stand auch der Gedanke, dass es einen eigenen „russischen" oder „slawischen Weg" in den entwickelten Sozialismus gebe, also unter Auslassung des zerstörerischen „bürgerlich-kapitalistischen" Stadiums, in dem sich das westliche Europa aus ihrer Sicht gerade befand. Diese Vorstellung der Narodniki stand der sozialdemokratischen Auffassung krass entgegen, denn im Marxismus war der geschichtliche Ablauf durch „historische Notwendigkeiten" bestimmt und dazu gehörte nun einmal, dass der Weg in den Sozialismus über den Kapitalismus führte und nicht über russische Landgemeinden.

Angelehnt u. a. an die Lehren des russischen Anarchisten Michail Bakunin (1814 – 1876) waren die Narodniki überzeugt, dass das „Volk" grundsätzlich aufrührerisch und antistaatlich eingestellt sei. Man müsse es daher nur dazu bringen, sich zu erheben, um die Ausbeuter zu stürzen, den Staat zu beseitigen und eine (nichtstaatliche) Vereinigung freier Dorfgemeinschaften aufzubauen.

Wichtig festzuhalten ist, dass das „Volk" der Narodniki und ihrer ganzen Denkrichtung nicht deckungsgleich war mit der modernen „Gesellschaft", auf die sich die Liberalen gerne bezogen. „Volk" meinte nur die kleinen Leute in Stadt und Land, die ausgebeutete und entrechtete Masse, ganz gleich, ob Arbeiterschaft, Bauern oder kleine Handwerker. Dieses „Volk" war aber auch nicht durch Klassenschranken getrennt, wie in der marxistischen Weltsicht. Deswegen konnte es im Narodnitschestwo auch keine führende revolutionäre Rolle für das Industrieproletariat und keine „Diktatur des Proletariats" geben.

Um die Bauern „aufzuklären" und für ihre Sache zu gewinnen, zogen zwischen 1874 und 1881 Tausende von hoffnungsvollen Narodniki en-

Die Struktur-Lege-Technik

Die Struktur-Lege-Technik (SLT) ist ein Verfahren zur Visualisierung von Wissensbeständen. Die Grundidee besteht darin, ein Netzwerk zu konstruieren. Als Grundbestandteile des Netzes dienen die zentralen Begriffe eines Themas. Geübt werden bei der SLT insbesondere das Systematisieren, Hierarchisieren, Strukturieren und Kategorisieren.

Bei dieser Methode erhalten die Schülerinnen und Schüler je einen Satz Karten (zwischen 10 und 20), auf denen jeweils ein zentraler thematischer Begriff steht. Zusätzlich können noch einige weitere leere Karten (2 bis 4) ausgegeben werden.

Arbeitsschritte bei der Struktur-Lege-Technik

1. Schritt
In einem ersten Durchgang sortieren die Schülerinnen und Schüler die Begriffe danach, welche für sie so klar verständlich sind, dass sie sie anderen erklären können, und bei welchen Begriffen dies noch nicht der Fall ist. Soweit nötig, werden unklare Begriffe zusammen mit einer Lernpartnerin oder einem Lernpartner geklärt.

2. Schritt
In einem weiteren Schritt, der in Partner- oder Kleingruppenarbeit erfolgen kann, legen die Schülerinnen und Schüler in ihren Teams die Begriffskarten so auf den Tisch, dass sich eine sachlich sinnvolle Anordnung ergibt. Eine mögliche Variante besteht darin, die Begriffskarten auf einem Bogen Papier oder Karton anzuordnen und hierauf Verbindungslinien zwischen den Begriffskarten, Pfeile oder andere Symbole einzuzeichnen. Auf den leeren Karten können von den Schülerinnen und Schülern selbst zusätzliche Begriffe notiert werden, die ihrer Meinung nach für das Netzwerk auch noch von Bedeutung sind.

3. Schritt
Die Ergebnisse der Lernteams werden anschließend gegenseitig vorgestellt oder „besichtigt". Wichtig hierbei: Die Schülerinnen und Schüler verbalisieren und begründen die gelegten Begriffsstrukturen. Das fertige (ggf. vorher korrigierte) Strukturbild jedes Einzelnen bzw. jedes Lernteams wird aufgeklebt und dient als optische Hilfe zum Einprägen von Lerninhalten.

Eine Variante der SLT besteht darin, dass die Schülerinnen und Schüler (in Einzelarbeit oder in Teams) selbst die wichtigsten Begriff eines Themas auswählen und auf Karten zusammenstellen. Der weitere Ablauf entspricht dem oben erläuterten Verfahren.

Die Methode kann besonders gut zum Abschluss einer Unterrichtseinheit eingesetzt werden, um Zusammenhänge zu rekapitulieren und zu veranschaulichen.

ständischer Untertanen-verband	**mündige Staatsbürger-gesellschaft**				

3. Politische Opposition gegen den Zarismus und die Revolution von 1905 – Einführung

Die politische Opposition gegen den Zarismus formierte sich nicht in etablierten Parteien mit festen Programmen. Dafür fehlten in Russland schlichtweg die Voraussetzungen und Möglichkeiten, etwa Parlamente, eine freie Presse und überhaupt das Recht zur Parteigründung. Vieles spielte sich im Illegalen, im Untergrund oder im Exil ab, vieles verlief als „Bewegung", war im steten Wandel. Politische Gruppierungen fanden zeitweilig zusammen, aber bald darauf spalteten sie sich wieder. Das macht das Gesamtbild unübersichtlich. Wir konzentrieren uns hier auf die drei wichtigsten Ideenrichtungen, die sich seit den 1860er-Jahren gegen das autokratische Regime stellten. Das waren

- der Liberalismus,
- der Agrarsozialismus, das sogenannte Narodnitschestwo, am ehesten übersetzbar mit „Volkstümlerrichtung",
- die Sozialdemokratie (Marxisten).

Alle drei Strömungen hatten zahlreiche Seitenarme und rekrutierten ihre Anhängerschaft aus der sogenannten Intelligenzija. Dieser Begriff ist nicht mit einem einzigen Wort gut ins Deutsche übertragbar. Er beschreibt das – größer werdende – Sammelbecken der oppositionellen und revolutionären Bewegung. Intelligenzija bezieht sich also nicht unbedingt auf die akademische Ausbildung der Betreffenden, sondern eher auf ihre politische Gesinnung und moralische Überzeugung: Sie waren dem Herrschafts- und Gesellschaftssystem gegenüber kritisch eingestellt und glaubten, sich aktiv für eine Veränderung einsetzen zu müssen. Die russische Intelligenzija war freilich weitgehend isoliert – sowohl von der offiziellen Politik als auch von den meist bäuerlichen Unterschichten; viele ihrer Mitglieder verbrachten Jahre in Haft oder Verbannung, im Exil oder Untergrund. In Russland konnte wegen der strengen Zensur zudem keine politische Öffentlichkeit entstehen, in der gesellschaftliche Ideen und politische Entwürfe offen hätten diskutiert und weiterentwickelt werden können. Das alles machte die Intelligenzija anfällig für Dogmatismus, Intoleranz und haarspalterische theoretische Diskurse.

M1 *Schaubild zur politischen Opposition gegen das Zarentum*

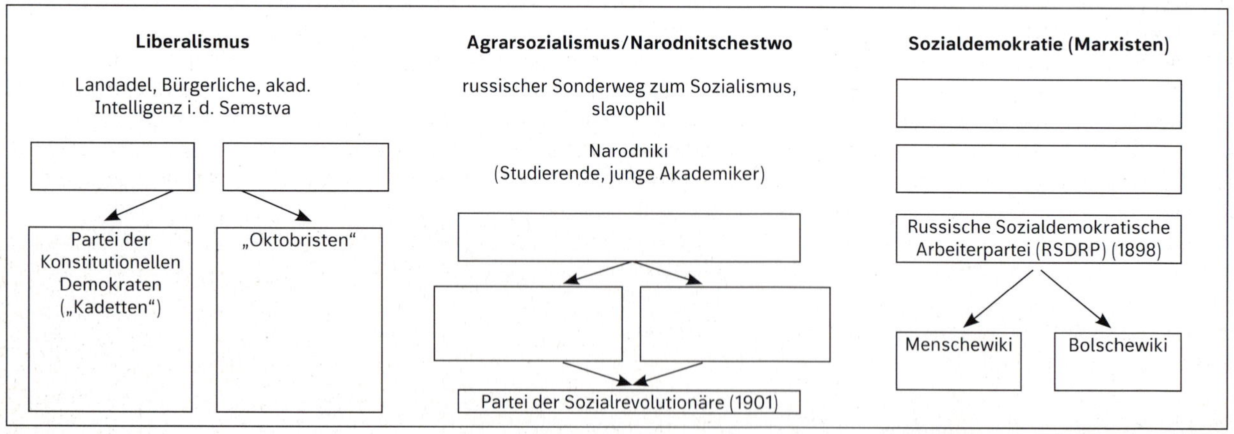

1. a) ●●○ Charakterisieren Sie mithilfe des Darstellungstextes die zentralen Oppositionsbewegungen Liberalismus, Agrarsozialismus und Sozialdemokratie.
b) ●●○ Stellen Sie wichtige Akteure der Opposition kurz vor.
c) ●●● Ergänzen Sie das Schaubild M1, indem Sie den Darstellungstext auswerten.
d) ●●● Vergleichen Sie die ideologischen Grundlagen, die politischen Ziele und das konkrete Vorgehen der einzelnen Strömungen.
e) ●●● Beurteilen Sie die einzelnen Strömungen aus damaliger und aus heutiger Perspektive.
→ M1, Text, Internet

3.1 Politische Opposition gegen den Zarismus

Liberalismus

In Folge der „Großen Reformen" wurden 1864 sogenannte Semstva (Einzahl: Semstvo) eingerichtet. Das waren gewählte Verwaltungen auf Ebene der Landkreise und Gouvernements, die sich in der Nachfolge der Gutsherrn um die öffentliche Ordnung kümmern sollten. In den Semstva saßen Grundbesitzer, Bauern und Stadtbürger an einem Tisch. In den Kreisen gingen etwa 40–45 % der Sitze jeweils an Grundbesitzer und Bauern, 10–20 % an die Städter. In den Semstva der (größeren) Gouvernements allerdings waren kaum noch Bauern vertreten. Damit existierte erstmals eine standesübergreifende Einrichtung, in der über Probleme vor Ort diskutiert und entschieden werden konnte. Der Historiker Dietrich Geyer bezeichnete die Semstva treffend als „eine Zivilgesellschaft im Larvenstadium".

Die Semstva erhoben eigene Steuern und kümmerten sich um die wichtige Infrastruktur in ihrer Region: Sie richteten Schulen, Krankenhäuser und Bibliotheken ein, bauten Straßen und Brücken, boten den Bauern landwirtschaftliche Beratung, tierärztliche Versorgung und auch Kleinkredite. In diesen Einrichtungen formierten sich die „Semvsto-Liberalen"; das waren reformorientierte Landadlige und Bürger, die mit ihrem Angebot einerseits versuchten, die Bauern in den Staat zu integrieren, andererseits aber auch, ihre lokalen Interessen gegen die zentralisierenden Ansprüche aus Sankt Petersburg zu verteidigen. Daraus wiederum entwickelten sich bald Bemühungen um einen überregionalen Zusammenschluss der Semstva und – daran anknüpfend – die Hoffnung auf eine Verfassung und ein nationales Parlament.

Die „Semstvo-Liberalen" grenzten sich strikt von umstürzlerischen und gewaltbereiten Revolutionsgruppen ab und suchten den Konsens mit der zarischen Regierung. Dennoch trafen sie bald auf den Widerstand der Obrigkeit, die hier nicht nur gefährliche Brutstätten des Liberalismus und unbotmäßige politische Einmischung witterte, sondern sich auch an den (1905) rund 500000 Angestellten der Semstva störte, die sie abwertend als „Drittes Element" bezeichnete (neben den Gewählten und den Verwaltern). Darunter waren viele Akademiker, beispielsweise Lehrer, Ärzte, Statistiker und Agrarwirte. Diese Fachleute hatten häufig einen nichtadligen Hintergrund und bemühten sich zum Verdruss der Obrigkeit in Sankt Petersburg, die Zuständigkeiten der Selbstverwaltung weiter auszudehnen und auch politisch aufzuladen. Zar Alexander III. veranlasste daher schließlich 1890, dass die Semstva einen Teil ihrer Selbstständigkeit verloren und der Einfluss des konservativen Adels auch auf Kreisebene gestärkt wurde.

Im Umfeld der Revolution von 1905 formierte sich schließlich aus „Semstvo-Liberalen" und anderen Angehörigen der Intelligenzija der Befreiungsbund (Sojuz osvoboždenija). Seine Vertreter trafen sich im November 1904 in Moskau auf einem illegalen Kongress und forderten ein Parlament, das in freien, gleichen und geheimen Wahlen bestimmt werden sollte.

Aus dem Befreiungsbund gingen zwei liberale Parteien hervor: Überwiegend aus dem liberalkonservativen Adels- und Beamtenliberalismus stammten die sogenannten Oktobristen. Sie unterstützten das Oktobermanifest des Zaren (daher ihr Parteiname) und waren entschlossen, im Rahmen der neuen Verfassung als loyale Opposition mitzuwirken.

Ein anderer Teil der „Semstvo-Liberalen" formierte sich in der „Partei der Volksfreiheit" (oder

M1 ***Der Semstvo speist die Bauern***
Gemälde von Grigorij Mjassojedow, 1872

thusiastisch in die russischen Dörfer. Ihre idealistischen und romantischen Vorstellungen vom bäuerlichen Dorfleben zerschellten allerdings an der rauen Realität. Die Bauern hielten die jungen Aktivisten für Wirrköpfe oder Aufwiegler und lieferten sie sogar bei der ihnen sonst verhassten zarischen Polizei ab. „Der Sozialismus prallte von den Menschen ab wie Erbsen von einer Wand. Sie hörten unsere Leute wie den Priester an: respektvoll, aber ohne den geringsten Effekt auf ihr Denken oder Handeln", erinnerte sich einer der Narodniki später.

Damit standen die Narodniki vor einer zentralen Frage, die auch andere Revolutionäre noch intensiv beschäftigen sollte: Wenn die Revolution vom Volk selbst ausgehen musste – was sollten die revolutionären Führer denn unternehmen, wenn eben jenes Volk kein Interesse an einer Revolution hatte? Etwa, weil sich die Bauern als zu „rückständig" erwiesen, um die angebotene „Volksbildung" überhaupt nur zu verstehen oder – etwas später – wenn die Arbeiterschaft lieber höhere Löhne aushandeln wollte, um die Vorzüge des Kapitalismus zu genießen, als das ganze System umzustürzen, wie es gemäß Historischem Materialismus ihre Aufgabe war?

Die führenden Vertreter des Narodnitschestwo schlossen sich zu einer schlagkräftigeren Organisation zusammen, die stärker zentralisiert war als die losen Zirkel der vergangenen Jahre. Das führte zur Gründung der teilweise im Untergrund operierenden Verbindung „Land und Freiheit" (Semlja i wolja), die man als eine Vorläuferin der 1901 gegründeten Partei der Sozialrevolutionäre betrachten kann.

Aus „Land und Freiheit" entwickelten sich schließlich zwei unterschiedliche Zweige: In der Organisation Tschornyi Peredel (Schwarze Umverteilung) sammelten sich jene, die bei der Auffassung blieben, dass nur beharrliche Aufklärungs- und Bildungsarbeit das Volk lehren werde, Freiheit und Gerechtigkeit durch einen revolutionären Aufstand zu gewinnen.

Ein anderer Teil radikalisierte sich und bildete die Terrorgruppe Narodnaja Volja (Volkswille, Volksfreiheit). Diese Gruppe orientierte sich u.a. an den Schriften Pjotr Tkatschows (1844–1886), der bei uns heute vergessen ist, aber zu den wichtigsten Theoretikern des russischen Terrorismus im 19. Jahrhundert gehört. Tkatschow plädierte für die rasche Machtergreifung einer elitären und konspirativen revolutionären Führungsgruppe, die dann eine Diktatur errichten und den Sozialismus aufbauen würde, gewissermaßen „im Namen des Volkes". Man könne nicht mehr länger warten, schrieb Tkatschow. Und weiter: „Deshalb behaupten wir, dass eine Revolution unvermeidlich ist, und unvermeidlich jetzt, in diesem Augenblick. Wir können keinen Aufschub dulden. Entweder jetzt oder – vielleicht sehr bald – nie." Bezeichnenderweise wiederholte Lenin diese Passage wortgleich im Oktober 1917, als er vor einem ähnlichen Problem stand wie die Narodniki in den späten 1870er-Jahren.

Auch die Mitglieder der Narodnaja Volja waren überzeugt, dass die Revolutionäre nicht abwarten dürften, bis das Volk seine historische Aufgabe endlich begriffen habe. Sie müssten vielmehr vorausgehen im Kampf gegen das herrschende Regime. Ein erfolgreicher Anschlag auf den Zaren würde den notwendigen großen Volksaufstand auslösen, das war ihre Hoffnung. Narodnaja Volja gelang schließlich tatsächlich ein tödlicher Bombenanschlag auf Zar Alexander II. im März 1881 – nachdem vorher sechs Attentate auf ihn misslungen waren. Hinzu kamen zahlreiche weitere Mordanschläge auf Repräsentanten des zarischen Regimes. Man schätzt die Zahl der insgesamt getöteten oder verwundeten Terroropfer in den letzten beiden Jahrzehnten des Zarenreiches auf rund 17000, das war im europäischen Vergleich beispiellos.

M4 ***Pjotr Tkatschow (1844–1886)***

M5 ***Attentat auf Zar Alexander II. in St. Petersburg (13. März 1881)***
Nach einer Zeichnung von Gustav Broling, „Illustrirte Zeitung" Bd. 76, 1881, Ausschnitt

Die erhoffte Volkserhebung blieb allerdings aus, auf den getöteten Reformzar Alexander II. folgte der reaktionäre Alexander III. und auch jeder ermordete Minister oder Beamte wurde durch einen neuen ersetzt. Deswegen und vor allem auch wegen des Fehlschlags bei der „Aufklärung“ der Bauern stellte sich für etliche Linke in der Intelligenzija die Frage, ob Strategie und Weltsicht des agrarsozialistischen Narodnitschestwo am Ende nicht verkehrt waren oder zumindest angepasst werden müssten. An dieser Stelle bot sich nun der Marxismus als revolutionäre Alternative an, denn 1872 war Karl Marx' Buch „Das Kapital. Kritik der politischen Ökonomie“ nach Russland gelangt.

M6 *Pawel Axelrod (1850–1928)*

Sozialdemokraten: Bolschewiki und Menschewiki

Die russische Zensur hatte bislang alle Werke von Karl Marx verboten. Das Kapital ließ sie passieren, weil sicher sei, „dass nur wenige in Russland es lesen und noch weniger es verstehen werden.“ Außerdem kritisiere das Buch nur Zustände in westlichen Gesellschaften, nicht aber in der russischen, wo es die „kapitalistische Ausbeutung“, von welcher der Verfasser spreche, gar nicht gebe.

Der Irrtum hätte wohl kaum größer sein können. Marx' Buch wurde zu einem Verkaufsschlager, und seine Thesen verbreiteten sich rasch in der Intelligenzija. Wie lässt sich dieser Erfolg erklären? Drei Punkte sind besonders wichtig:

- Für alle, die seit den Misserfolgen der Narodniki Zweifel bekommen hatten am „bäuerlichen Sozialismus“ und am revolutionären Potenzial der Bauern, bot der Marxismus eine klare Alternative: Die Zukunft lag in den Händen des Industrieproletariats. Man musste die Arbeiterschaft in den Großbetrieben der russischen Städte nur darüber aufklären, ähnlich wie es die Narodniki bei den Bauern vergeblich versucht hatten, weil sie noch zu rückständig waren. Am Erfolg konnte es keinen Zweifel geben, denn der Historische Materialismus lieferte ja einen wissenschaftlichen Beweis für die Führungsrolle des Proletariats und für den bevorstehenden Durchbruch des Sozialismus.
- In den westlichen Gesellschaften wurde der Marxismus als eine Antwort auf die Krisen der modernen Industriegesellschaft wahrgenommen. Ganz anders in Russland: Hier galt er seiner russischen Anhängerschaft als Modernisierungsinstrument, mit dem Russland „dem Westen“ näher rücken würde. Der Marxismus wies der russischen Gesellschaft einen europäischen, internationalen Weg zu Freiheit, Emanzipation und Fortschritt. Und wer so dachte, musste den „russischen Weg“ der Narodniki ablehnen, denn der war mit jener „Rückständigkeit“ Russlands verknüpft, die viele Marxisten um 1900 abstieß.
- Gerade dieser Aspekt machte den Marxismus auch für jüdische Angehörige der Intelligenzija attraktiv und erklärt den hohen Anteil von jüdischen Menschen unter den russischen Sozialdemokraten, der bis in die Führungsebene reichte. Das Narodnitschestwo zielte letztlich auf ein bäuerliches Russland, das für die Jüdinnen und Juden unweigerlich (auch) mit Diskriminierung und Pogromen verbunden war. Dagegen erschien der Marxismus als „Weg der Vernunft“, der in die Moderne, in die Aufklärung und in die Zivilisation führte (so Lydia Dan, 1878–1963, die als jüdisches Mitglied der Menschewiki an der Revolution beteiligt war). 1897 wurde in Wilna der marxistische Allgemeine jüdische Arbeiterbund für Polen und Russland gegründet, der bald ein riesiges Netzwerk entfalten konnte und 1905 bereits 35 000 Mitglieder hatte (während die russischen Sozialdemokratische Partei 8400 Mitglieder zählte).

Die bedeutendste Führungsfigur des russischen Marxismus im ausgehenden 19. Jahrhundert war Georgij Plechanow (1856–1918). Er gründete 1883 im Genfer Exil den – winzigen, aber einflussreichen – Bund „Befreiung der Arbeit“ (Sojus oswoboschdenie truda). Zu seinen wichtigsten Partnern zählte Pawel Axelrod (1850–1928), ein jüdischer Revolutionär aus Südrussland, der später zu einem der wichtigsten menschewistischen Gegenspieler von Lenin werden sollte. Sowohl Plechanow als auch Axelrod hatten sich nach 1880 vom Narodnitschestwo ab- und dem Marxismus zugewandt.

In seiner wichtigsten Schrift, Sozialismus und politischer Kampf (1883), formulierte Plechanow die zentralen programmatischen Positionen der russischen Sozialdemokratie. Sie verbanden die Marxistische Lehre mit der spezifischen Situation in Russland und waren bis zum revolutionären Umsturz 1917 zentrale Wegmarken der sozialdemokratischen Parteien. Dazu gehörten insbesondere folgende Punkte:

- Der geschichtliche Ablauf folgt wissenschaftlichen Gesetzen, die auch in Russland gelten, es gibt keinen Sonderweg. Russland folgt in seiner Entwicklung den westlichen Gesellschaften nur mit einer gewissen zeitlichen Verzögerung, die sich aus seiner Rückständigkeit erklärt.
- Auch in Russland ist der Kapitalismus bereits Realität. Er ist aber nicht verantwortlich für das vorherrschende Elend; im Gegenteil: Es gibt nicht zu viel, sondern noch zu wenig Kapitalismus, um den Entwicklungssprung zum Sozialismus bewältigen zu können.
- Das zarische System selbst wird dem Kapitalismus durch seine Finanz- und Industriepolitik zum Durchbruch verhelfen und sich damit sein eigenes Grab schaufeln.
- Nahziel der revolutionären Bewegung muss zunächst die „bürgerliche Revolution" sein, also der Sturz der Autokratie und die Errichtung des bürgerlichen Klassenstaates.
- Da die russische Bourgeoisie zu feige und zu schwach ist, um die bürgerliche Revolution durchzusetzen, müssen die Sozialdemokratie und die Arbeiterbewegung die führende Rolle im Kampf gegen den Zarismus einnehmen. Sie lösen damit für das russische Bürgertum eine Aufgabe, die das westeuropäische Bürgertum noch selbst übernommen hatte, etwa in den Revolutionen von 1830 und 1848.
- Sobald die bürgerliche Revolution gelungen und die politische Freiheit errungen ist, wird die Sozialdemokratie den Klassenkampf im bürgerlichen Klassenstaat führen können. Dann wird die Arbeiterklasse Russlands gemeinsam mit dem europäischen Proletariat dem Sozialismus entgegengehen.

1898 trafen sich Vertreter verschiedener sozialistischer Gruppen in Minsk und gründeten die Russische Sozialdemokratische Arbeiterpartei (RSDRP). Im Gründungsmanifest hieß es, ganz im Sinne Plechanows: „Je weiter nach dem Osten Europas, umso schwächer, feiger, niederträchtiger ist die Bourgeoisie, und umso größere kulturelle und politische Aufgaben fallen dem Proletariat zu. Die russische Arbeiterklasse muss die Sache der Eroberung der politischen Freiheit auf ihren starken Schultern tragen. Dies ist ein notwendiger erster Schritt zur Verwirklichung der großen historischen Mission des Proletariats, zur Errichtung einer sozialen Ordnung, in der für die Ausbeutung der Menschen untereinander kein Raum mehr sein wird."

Sämtliche Delegierte der Versammlung wurden innerhalb weniger Tage verhaftet. Der zweite Parteitag der RSDRP fand daher 1903 im Londoner Exil statt. Die Partei hatte inzwischen 26 Teilorganisationen und rund 5000 Mitglieder. Dieser Parteitag in London ging wegen der Spaltung der Partei in Bolschewiki und Menschewiki in die Geschichte ein. Auslöser dafür war ein Streit um die Formulierung von Artikel 1 des Parteistatuts, in dem es um die Mitgliedschaft ging. Wladimir Iljitsch Lenin (1870 – 1924) wollte diesen Artikel eng formulieren und die RSDRP so zu einer zentralisierten und konspirativen Partei von Berufsrevolutionären machen. Julius Martow (1873 – 1923) schlug dagegen vor, jeden in die Partei aufzunehmen, der das Parteiprogramm anerkannte. Lenin setzte sich in der (zweiten) Abstimmung durch, aber nur, weil sieben Delegierte den Parteitag bereits verlassen hatten. Die in der Abstimmung am Ende siegreiche Mehrheit nannte sich von nun an Bolschewiki (Mehrheitler), die unterlegene Minderheit hieß Menschewiki (Minderheitler). Die Mehrheitsverhältnisse in der Partei in den Folgejahren widersprachen diesen Bezeichnungen eigentlich und man kann es nur töricht nennen, dass die Menschewiki akzeptierten, sich dauerhaft als „Minderheit" abstempeln zu lassen.

Was Bolschewiki und Menschewiki von nun an unterschied, lässt sich vor allem an der Person Lenins festmachen. Sein unbedingter Führungsanspruch, sein permanentes Misstrauen, sein kompromissloser Wille und seine gewalttätige Entschlossenheit prägten die Bolschewiki entscheidend und verhalfen der Partei letztlich an die Macht. Die Menschewiki hingegen operierten lange in eher losen Zirkeln und waren wegen ihrer viel breiteren Mitglieder- und Wählerbasis auch kompromissfähiger gegenüber anderen politischen Gruppierungen. Am Ende allerdings halfen diese Tugenden nichts, Lenins Bolschewiki duldeten keine zweite marxistische Kraft neben sich. Nach dem revolutionären Umsturz von 1917/18 gingen schließlich auch die Menschewiki unter, ihre Führer flohen ins Exil und 1923 wurde die menschewistische Fraktion verboten.

M 7 ***Wladimir Iljitsch Uljanow, Parteiname Lenin (1870 – 1924)*** *Seine Dynamik bildete eine Voraussetzung für die Machtübernahme, Foto von 1918.*

Marxismus und Rezeption in Russland

M 8 Karl Marx über Revolutionen

Karl Marx (1818–1883) war Journalist, Privatgelehrter und bedeutendster Theoretiker des Sozialismus. In seinem Werk „Kritik der politischen Ökonomie" schreibt er:

In der gesellschaftlichen Produktion ihres Lebens gehen die Menschen bestimmte, notwendige, von ihrem Willen unabhängige Verhältnisse ein, Produktionsverhältnisse, die einer bestimmten Entwicklungsstufe ihrer materiellen Produktivkräfte entsprechen. Die Gesamtheit dieser Produktionsverhältnisse bildet die ökonomische Struktur der Gesellschaft, die reale Basis, worauf sich ein juristischer und politischer Überbau erhebt und welcher bestimmte gesellschaftliche Bewusstseinsformen entsprechen. Die Produktionsweise des materiellen Lebens bedingt den sozialen, politischen und geistigen Lebensprozess überhaupt. Es ist nicht das Bewusstsein der Menschen, das ihr Sein, sondern umgekehrt ihr gesellschaftliches Sein, das ihr Bewusstsein bestimmt. Auf einer gewissen Stufe ihrer Entwicklung geraten die materiellen Produktivkräfte der Gesellschaft in Widerspruch mit den vorhandenen Produktionsverhältnissen oder, was nur ein juristischer Ausdruck dafür ist, mit den Eigentumsverhältnissen, innerhalb deren sie sich bisher bewegt hatten. Aus Entwicklungsformen der Produktivkräfte schlagen diese Verhältnisse in Fesseln derselben um. Es tritt dann eine Epoche sozialer Revolution ein. Mit der Veränderung der ökonomischen Grundlage wälzt sich der ganze ungeheure Überbau langsamer oder rascher um. In der Betrachtung solcher Umwälzungen muss man stets unterscheiden zwischen der materiellen, naturwissenschaftlich treu zu konstatierenden Umwälzung in den ökonomischen Produktionsbedingungen und den juristischen, politischen, religiösen, künstlerischen oder philosophischen, kurz, ideologischen Formen, worin sich die Menschen dieses Konflikts bewusst werden und ihn ausfechten. Sowenig man das, was ein Individuum ist, nach dem beurteilt, was es sich selbst dünkt, ebensowenig kann man eine solche Umwälzungsepoche aus ihrem Bewusstsein beurteilen, sondern muss vielmehr dies Bewusstsein aus den Widersprüchen des materiellen Lebens, aus dem vorhandenen Konflikt zwischen gesellschaftlichen Produktivkräften und Produktionsverhältnissen erklären. Eine Gesellschaftsformation geht nie unter, bevor alle Produktivkräfte entwickelt sind, für die sie weit genug ist, und neue höhere Produktionsverhältnisse treten nie an die Stelle, bevor die materiellen Existenzbedingungen derselben im Schoß der alten Gesellschaft selbst ausgebrütet worden sind. Daher stellt sich die Menschheit immer nur Aufgaben, die sie lösen kann, denn genauer betrachtet wird sich stets finden, dass die Aufgabe selbst nur entspringt, wo die materiellen Bedingungen ihrer Lösung schon vorhanden oder wenigstens im Prozess ihres Werdens begriffen sind. In großen Umrissen können asiatische, antike, feudale und modern bürgerliche Produktionsweisen als progressive Epochen der ökonomischen Gesellschaftsformation bezeichnet werden. Die bürgerlichen Produktionsverhältnisse sind die letzte antagonistische [gegensätzliche/widerstreitende] Form des gesellschaftlichen Produktionsprozesses, antagonistisch nicht im Sinn von individuellem Antagonismus, sondern eines aus den gesellschaftlichen Lebensbedingungen der Individuen hervorwachsenden Antagonismus, aber die im Schoß der bürgerlichen Gesellschaft sich entwickelnden Produktivkräfte schaffen zugleich die materiellen Bedingungen zur Lösung dieses Antagonismus. Mit dieser Gesellschaftsformation schließt daher die Vorgeschichte der menschlichen Gesellschaft ab.

Karl Marx: „Vorwort zur Kritik der politischen Ökonomie"; in: Marx-Engels-Werke (MEW) Bd. 13, Berlin: Dietz Verlag 1972, S. 8 f.

M 9 Nikolai Walentinow

Der Ökonom und Menschewik Nikolai Walentinow (1879–1964) schreibt rückblickend:

Wir griffen mit beiden Händen nach dem Marxismus, weil uns sein soziologischer und ökonomischer Optimismus begeisterte, diese auf Fakten und Ziffern gestützte feste Überzeugung, dass mit der Entwicklung der Ökonomie, des Kapitalismus, das Fundament der alten Gesellschaft zersetzt und wegfegt würde und neue gesellschaftliche Kräfte sich bildeten (darunter auch wir), die unbedingt die Autokratie mit all ihren Scheußlichkeiten stürzen würden. [...] Und noch etwas faszinierte uns am Marxismus: das Europäische. Der Marxismus kam aus Europa und roch und schmeckte nicht schimmelig und provinziell wie alles bei uns, sondern war neu, frisch und verlockend. Er war die Verheißung, dass wir nicht ein halbasiatisches Land bleiben, sondern uns vom Osten dem Westen, seiner Kultur, seinen Einrichtungen und Attributen, die das freie politische System darstellen, zuwenden würden. Der Westen lockte uns.

Nikolai Walentinow: „Encounters with Lenin"; Übers. zit. nach: Orlando Figes, Die Tragödie eines Volkes. Die Epoche der russischen Revolution 1891 bis 1924 (übers. v. Barbara Conrad, Brigitte Flickinger u. Vera Stutz-Bischitzky), Berlin: Berlin-Verlag 2008 (2. Aufl.), S. 154.

Welche Rolle hat die Revolution im Historischen Materialismus?

M1 **Karl Marx (1818–1883)** *Philosoph und Verfasser des „Kommunistischen Manifests", das mit folgenden Worten beginnt: „Ein Gespenst geht um in Europa – das Gespenst des Kommunismus", koloriertes Foto, um 1880.*

Der Historische Materialismus ist das entscheidende Lehrstück der von Karl Marx (1818–1883) und Friedrich Engels (1820–1895) entwickelten Gesellschafts- und Geschichtstheorie. Diese Weltanschauung heißt so, weil sie davon ausgeht, dass nicht Ideen den geschichtlichen Ablauf bestimmen, sondern die materiellen Verhältnisse, in denen die Menschen leben: „Es ist nicht das Bewusstsein der Menschen, das ihr Sein, sondern umgekehrt ihr gesellschaftliches Sein, das ihr Bewusstsein bestimmt", schrieb Marx 1859.

Für Historikerinnen und Historiker lohnt sich ein genauerer Blick auf diese Theorie vor allem, weil sie den Ablauf von Revolutionen entscheidend beeinflusste. Das gilt insbesondere für die hier behandelte russische Oktoberrevolution von 1917, aber in abgewandelter Form auch für andere Revolutionen, etwa in China, Kuba oder Vietnam.

1848 verfassten Marx und Engels gemeinsam das berühmte „Kommunistische Manifest". Darin vertraten sie die Auffassung, dass die „Geschichte aller bisherigen Gesellschaften die Geschichte von Klassenkämpfen" sei. Was ist damit gemeint? Marx und Engels waren überzeugt davon, dass die geschichtliche Entwicklung geprägt war von der Auseinandersetzung zwischen einer jeweils „herrschenden Klasse" und einer von ihr „unterdrückten" und „ausgebeuteten Klasse".

In der Antike etwa standen sich Sklavenhalter einerseits und Sklaven andererseits gegenüber, im Feudalismus Lehnsherrn und leibeigene Bauern. Die Verhältnisse zwischen den gesellschaftlichen Klassen sind dabei stets in Bewegung. Die „Produktivkräfte", also die Arbeitskräfte und die Produktionsmittel, entwickeln sich, bis sie mit den „Produktionsverhältnissen", also vor allem der Verteilung von Besitz und Arbeit, in Widerspruch geraten. Nun begehren die unterdrückten Klassen auf und verändern die Produktionsverhältnisse zu ihren Gunsten. Es entstehen neue herrschende Klassen und der Klassenkampf beginnt erneut.

Die Abfolge ist dabei streng regelhaft und entwickelt sich vom Einfachen zum Komplexen. Der Feudalismus wird ersetzt vom Kapitalismus, dieser wiederum vom Sozialismus. Erst in der kommunistischen Ordnung ist der Klassengegensatz aufgehoben und der Klassenkampf endet. In ihrer eigenen Gegenwart erkannten Marx und Engels als sich feindlich gegenüberstehende Klassen die Bourgeoisie und das Proletariat. Die Bourgeoisie besitzt die Produktionsmittel, beispielsweise Großfabriken, die notwendig sind, um Maschinen effizient zu betreiben, und lebt von der Ausbeutung der Arbeiterschaft. Diese wiederum bilden das immer mehr verarmende und sich wegen des Konkurrenzdrucks der Großbetriebe weiter vergrößernde Proletariat (kleine Handwerker müssen aufgeben), das seine Arbeitskraft verkaufen muss, um mit dem Arbeitslohn sein Leben zu erhalten.

1. a) ●○○ Fassen Sie den Text von Karl Marx (M8) knapp zusammen.
b) ●●○ Erläutern Sie, welche zentrale Voraussetzung nach Karl Marx für den Ausbruch einer Revolution erfüllt sein muss.
c) ●●○ Erklären Sie den Unterschied zwischen „Revolte" und „Revolution".
d) ●●● Erstellen Sie eine Übersicht über den Gang der Geschichte gemäß den Vorstellungen von Karl Marx.
→ Text, M8

2. ●●● Ordnen Sie den Begriff „Revolution", wie ihn Marx versteht, in die allgemeine Diskussion über Revolutionen ein. Ziehen Sie dazu die Materialien des Kernmoduls heran.
→ Text, Kernmodul (Seite 98–101)

3. ●●○ Erläutern Sie, weshalb die Schriften von Marx in Russland damals so breit rezipiert wurden.
→ Text, M9

3.2 Die Revolution von 1905

Krisen verschärfen sich

Anfang des 20. Jahrhunderts verbanden sich die einzelnen Krisenherde des Zarenreichs allmählich zu einem Flächenbrand. Die Missernten von 1902/03 lösten Hungerunruhen und Agrarproteste auf dem Land aus. In den großen Städten streikten Tausende von Arbeitern für höhere Löhne und bessere Arbeitsbedingungen. Eine Terrorwelle erfasste das Land, 1902 und 1904 wurden mehrere Minister und Gouverneure ermordet. In Polen, im Baltikum und im Südkaukasus kam es zu national motivierten Aufständen und Konflikten. „Schwarze Hundertschaften" verübten zahlreiche Pogrome an der jüdischen Bevölkerung. Der liberale Befreiungsbund organisierte eine „Bankettkampagne", um das Politikverbot zu unterlaufen: Festliche Essen, oft unter Beteiligung von Studierenden und Arbeitern, wurden zu politischen Kundgebungen umfunktioniert, man forderte ein Parlament sowie freie, gleiche und geheime Wahlen

Als zusätzlicher Brandbeschleuniger wirkte der Krieg gegen Japan, auf den sich die russische Führung im Februar 1904 eingelassen hatte – erkennbar auch, um durch einen außenpolitischen Erfolg von den innenpolitischen Problemen abzulenken. Dieser Krieg wuchs sich jedoch zu einer militärischen Katastrophe aus. Er verschärfte die Finanz- und Versorgungslage und untergrub zusätzlich die Autorität der politischen und militärischen Führung. Die Regierung verlor zeitweilig die Kontrolle über den Staat.

„Blutsonntag" in Sankt Petersburg

Wichtig für die weitere Entwicklung war der sogenannte „Blutsonntag" in Sankt Petersburg. Am 9. Januar 1905 zogen über 100 000 Menschen unter der Führung des Priesters Georgij Gapon (1870 – 1906) vor den Winterpalast des Zaren, um dem (allerdings abwesenden) Herrscher eine Petition zu übergeben. Das war ein direkter Appell an den „guten Zaren", unter Umgehung seiner Berater und seiner Bürokratie, ganz in der Tradition vergangener Zeiten. Der Forderungskatalog war respektvoll formuliert, aber klar in der Sache: Die Lage der Bauern und der Arbeiterschaft müsse dringend verbessert werden; darüber hinaus wurden Bürgerrechte, eine Verfassung und ein Parlament verlangt. Der Zug vor das Schloss war angekündigt und verlief auch friedlich, bis das angerückte Militär – planlos und gestresst – in die Menge zu schießen begann; dabei und bei den sich anschließenden Straßenschlachten kamen über 200 Menschen ums Leben.

M1 ***„Blutsonntag"***
St. Petersburg, Januar 1905: Soldaten schießen vor dem Winterpalais auf Demonstrierende. Das Foto stammt aus einem Film der 1920er-Jahre.

Dieser „Blutsonntag" zerstörte für viele den Mythos vom „guten Zaren" und er fachte die Krise noch weiter an. Am 4. Februar 1905 ermordete ein sozialrevolutionärer Terrorist den Onkel des Zaren, Großfürst Sergej Alexandrovič. Im Mai 1905 vernichtete die japanische Marine in der Straße von Tsushima die russische Flotte. Kurz darauf, im Juni 1905, brach in Odessa auf dem Schlachtschiff Knjas Potjomkin Tawritscheski eine spektakuläre Meuterei aus. Der Regisseur Sergej Eisenstein (1898–1948) hat dem Ereignis mit seinem berühmten Stummfilm „Panzerkreuzer Potemkin" (1925) ein Denkmal gesetzt. Diese Meuterei löste eine Kette weiterer Befehlsverweigerungen aus, die bald auch die Truppen im Fernen Osten erfassten. Im September 1905 legte ein Generalstreik das Leben im Land weitgehend lahm. Da sich Eisenbahner, Post- und Telegrafenbedienstete anschlossen, brach zeitweilig auch die Kommunikation zusammen.

„Oktobermanifest" des Zaren

Was unternahm der Zar, auf den es nun ankam? Nikolaj II. zauderte und zögerte monatelang. Erst unter größtem politischem Druck unterzeichnete er schließlich am 17. Oktober 1905 das sogenannte „Oktobermanifest", das der langjährige Minister Sergej Witte (1849–1915) verfasst hatte. Witte hatte den Zaren vor die Alternative gestellt: Reformen oder Militärdiktatur mit Bürgerkrieg. Das Oktobermanifest versprach bürgerliche Freiheitsrechte und stellte eine Verfassung und eine Volksvertretung in Aussicht. Das im Dezember 1905 verkündete Wahlrecht für die Duma, das Parlament, ermöglichte es schließlich auch den Arbeitern und kleine Handwerkern zu wählen, und ein „Versammlungs- und Vereinsgesetz" ließ Gewerkschaften, Parteien und Bünde zu, die nun ihre Illegalität endlich verlassen konnten.

Fazit

Alles gut also? Mitnichten. Erstens folgte Zar Nikolaj II. dem eingeschlagenen Reformkurs nur höchst widerwillig. Er fühlte sich an seine Zusagen auch zu keinem Moment gebunden, denn aus seiner Sicht hatte er diese nur unter schändlichem Zwang abgegeben. Die Regierung Witte betrieb nun – zweitens – eine Politik von Zuckerbrot und Peitsche: Für die liberale Opposition gab es politische Zugeständnisse, zugleich wurde die staatliche Autorität mit aller Gewalt durchgesetzt, sei es gegenüber den Bauern, meuternden Soldaten, Eisenbahnbeschäftigten oder in den baltischen Provinzen. Nach dem Ende des Kriegs gegen Japan (August 1905) standen dafür nun auch wieder loyale Truppen bereit. Letzter Höhepunkt des Protests war ein Aufstand in Moskau im Dezember 1905, den Garderegimenter niederschlugen.

M2 ***„Demonstration am 17. Oktober 1905"***
Gemälde von Ilja Repin (1844–1905)

Mit dieser Taktik gelang es drittens schließlich auch, die Opposition zu spalten: Die meisten Liberalen gaben sich mit den gegebenen politischen Zugeständnissen zufrieden, zumal sie die Eskalation der revolutionären Gewalt verschreckte. Den nachlassenden Druck von der Straße und die Spaltung der Opposition nutzte der Zar schließlich, um – viertens – das Ausmaß der politischen Reform Stück für Stück zu verkleinern. Im April 1906, kurz vor dem Zusammentritt der ersten Duma, erließ er ein „Staatsgrundgesetz"; die Verfassung wurde also nicht mit Volksvertretern ausgehandelt, sondern vom Herrscher oktroyiert („aufgedrängt"). Dieses Staatsgrundgesetz sicherte weiterhin zentrale Vorrechte des Zaren und schränkte die Gesetzgebungskompetenzen und die Wirkungsmöglichkeiten der Duma stark ein. Als „Scheinkonstitutionalismus" bezeichnete der bekannte deutsche Soziologe und Zeitgenosse Max Weber (1864 – 1920) dieses Verfassungssystem. Sein Urteil ist in der Geschichtswissenschaft allerdings bis heute umstritten.

Die Bedeutung der Revolution von 1905 erfasst man indes nicht vollständig, wenn man sich auf das Handeln des Zaren und den Text seines Staatsgrundgesetzes beschränkt. Schon Lenin nannte die Ereignisse von 1905 rückblickend die „Generalprobe" für den Umsturz von 1917. Das hatte freilich auch ideologische Gründe: Aus bolschewistischer Perspektive brach sich 1905 die „notwendige" bürgerliche Revolution Bahn, erst auf sie konnte der proletarisch-sozialistische Umsturz von 1917 aufsetzen.

Aber die Revolution von 1905 war auch ohne derartige ideologische Sachzwänge eine wichtige Etappe in der russischen Geschichte des 20. Jahrhunderts. Und auf sie musste auch nicht zwangsläufig der große revolutionäre Umbruch von 1917 folgen, die Entwicklung war vielmehr offen. Der politische Wandel im Zarenreich erhielt einen gewaltigen Schub, die politische Öffentlichkeit wuchs und verbreiterte sich enorm. Dazu gehörten auch Prozesse der Nationsbildung, die sich während der ethnischen Auseinandersetzungen in vielen Regionen des Reiches intensiviert hatten (etwa im Baltikum und in Südkaukasien). All dies ließ sich nicht mehr zurückdrehen.

Besonders wichtig war auch, dass sich neue zivilgesellschaftliche Organisationsformen durchsetzten und nachhaltig etablierten. Dazu gehörten neben den 1905 legalisierten Parteien (erst jetzt konnte sich ein Parteispektrum entfalten) und Gewerkschaften auch die „Räte" (Sowjets). Sie waren während der Streiks aus den Streikkomitees hervorgegangen und hatten sich bald über einzelne Betriebe hinaus zusammengeschlossen. Diese Räte waren eigentlich als Notbehelf entstanden, denn die Arbeiterschaft konnte sich ja (noch) nicht legal organisieren. Ihre Mitglieder wurden gewählt, von ihren Wählern permanent kontrolliert und konnten auch jederzeit wieder abberufen werden. Sie waren ursprünglich parteilos, aber alle sozialistischen Gruppierungen drängten rasch und intensiv darauf, sie unter ihre Kontrolle zu bekommen. Ein Jahrzehnt später brach die große Zeit der Sowjets dann an.

M3 Die Eröffnung der Duma 1906
Links sitzen vom Zar ernannte Mitglieder, rechts gewählte Abgeordnete, Foto.

Folgen der Revolution von 1905

M4 „Scheinkonstitutionalimus"?

Der Historiker Manfred Hildermeier diskutiert den Charakter des russischen Verfassungssystems von 1906.

Die frühere Forschung hat sich überwiegend, soweit sie nicht alle Schuld auf die radikalen Revolutionäre abwälzte, dem Verdikt Max Webers angeschlossen, die Autokratie habe die erlahmende Revolution mit einem bloßen „Scheinkonstitutionalismus" abgespeist. In der Tat lassen sich für diese „pessimistische" Sicht manche überzeugenden Argumente anführen. Die Verfassung entsprach nicht den Vorstellungen des konsequenten Liberalismus. […] Statt eine frei gewählte Konstituante [verfassungsgebende Versammlung] einzuberufen, setzten Zar und Regierung aus eigener Vollmacht eine Kommission ein, die den Auftrag erhielt, in Tuchfühlung mit dem Zaren ein – ausweichend sogenanntes – „Staatsgrundgesetz" auszuarbeiten. Auch wenn dem Gremium auf Drängen des „liberalen" Ministerpräsidenten S. Ju. Witte einige reformbereite hohe Beamte angehörten, konnte auf diese Weise nur ein Dokument zustande kommen, das der „Gesellschaft" so wenig Konzessionen wie nötig machte und dem Monarchen so viele Rechte wie möglich bewahrte. Am meisten schmerzte es die Opposition, dass keine Ministerverantwortlichkeit gegenüber dem Parlament vorgesehen war. Der Zar sollte das Kabinett weiterhin souverän ernennen und absetzen. Die Volksvertretung durfte Fragen stellen (Interpellation) und Gesetze einbringen (Initiativrecht). Aber sie hatte formal keinen Einfluss darauf, was weiter geschah. Wirksame Druckmittel standen ihr nicht zu Gebote. Dies umso weniger, als auch ein erheblicher Teil des Budgets, vor allem die Militärausgaben und der Hofetat, ihrer Kontrolle entzogen war. Entwickelten Demokratien der Zeit entsprach auch das Wahlrecht nicht. Der alte Staat hatte sich ein kompliziertes, mehrstufiges Verfahren ausgedacht, um die Zusammensetzung der Delegierten in seinem Sinne zu lenken. Fatal sollte sich schließlich auch ein Notverordnungsrecht auswirken, das dem Zaren die Möglichkeit gab, zwischen den Dumasitzungen aus alleiniger Vollmacht Gesetze zu erlassen. […]

Gegen diese negative Bewertung sind in jüngerer Zeit Bedenken erhoben worden. Ebenfalls mit guten Gründen hat man davor gewarnt, den Verfassungstext für die Wirklichkeit zu nehmen und den historischen Vergleich außer Acht zu lassen. Ohne Zweifel eroberte das Parlament einen festen Platz im politischen Entscheidungsprozess. Ohne Zweifel entstand eine publizistische und politische Öffentlichkeit, die weder der Monarch noch die Regierung ignorieren konnten. Plausibel ist auch der Einwand, dass nicht erst mit der Sicherung von Ministerverantwortlichkeit und vollständiger Kontrolle des Parlaments über die Gesetzgebung von Konstitutionalismus gesprochen werden kann. […] Ein Blick auf die nachrevolutionäre Verfassungspraxis eröffnet wohl die besten Chancen, um Anhaltspunkte zur Schlichtung der Kontroverse zu finden. Allerdings hat auch dieser Weg bislang keinen Konsens gebracht. Das Verhältnis zwischen Zentralgewalt und Parlament blieb ebenso ambivalent und wechselhaft wie die Beziehung zwischen publizistischer Öffentlichkeit und zarischem Staat.

Manfred Hildermeier, Geschichte der Sowjetunion 1917–1991. Entstehung und Niedergang des ersten sozialistischen Staates, München: C. H. Beck 1998, S. 52–55.

1. a) ●○○ Fassen Sie die Ereignisse des Jahres 1905 knapp zusammen.
b) ●●● Prüfen Sie, ob es sich um eine Revolution im Sinne von Karl Marx handelte.
c) ●●● Erörtern Sie, ob die Revolution erfolgreich war.
→ Text

2. a) ●●○ Analysieren Sie das Gemälde M2. Beschreiben Sie die allgemeine Stimmung und charakterisieren Sie die dargestellten Personen.
b) ●●● Erörtern Sie, ob das Gemälde die Revolution 1905 angemessen wiedergibt.
→ Text, M2

3. a) ●●○ Erläutern Sie die Begriffe „Autokratie" und „Scheinkonstitutionalismus".
b) ●●○ Untersuchen Sie, wie der Historiker Manfred Hildermeier (M4) die Frage „Scheinkonstitutionalismus?" beantwortet.
c) ●●● Stimmen Sie seiner Einschätzung zu? Begründen Sie Ihre Meinung.
→ Text, M4

„Panzerkreuzer Potemkin“ – Ein Meilenstein der Filmgeschichte oder ein Propagandafilm?

Der Film Panzerkreuzer Potemkin aus dem Jahr 1925 ist bis heute anerkannt. Er gilt einerseits als Meilenstein der Filmgeschichte. Andererseits war Regisseur Sergei Eisenstein Anhänger der russischen Revolution und bezog mit seinen Filmen politisch Position. Worin liegt das Besondere seiner Filme, insbesondere des Films „Panzerkreuzer Potemkin“? Und was überwiegt: das filmische Können oder der propagandistische Gehalt?

M1 *„Panzerkreuzer Potemkin“*
Szenenbilder aus dem Film

M2 **Sergei Eisenstein (1898 – 1948)**
Der sowjetische Regisseur wuchs in großbürgerlichen Verhältnissen in Riga auf und war schon früh vom Theater begeistert. 1918 wurde er zur Roten Armee eingezogen und war dort propagandistisch tätig. Nach verschiedenen Erfahrungen im Theater entdeckte er früh den Film. „Panzerkreuzer Potemkin“ brachte 1925 den internationalen Durchbruch. Besonders wurde seine Montagetechnik bewundert. Danach inszenierte er noch weitere Revolutionsfilme und lehrte. Er starb 1948 in Moskau.

M3 Panzerkreuzer Potemkin – Bedeutung

Der Historiker Rainer Rother schreibt:

Vielleicht ist „Panzerkreuzer Potemkin“ [...] der berühmteste Film überhaupt. [...] „Panzerkreuzer Potemkin“ gewann diese herausragende Stellung in der Filmgeschichte vor allem, weil er 1925 wahrhaft neu war und tatsächlich eine ästhetische Revolution des Films bedeutete. Mit wenig anderen Filmen verknüpft sich so sehr die Vorstellung des Beginns einer neuen Epoche der Filmkunst. Der Stummfilm vor Eisensteins Werk und der Stummfilm nach ihm stehen sozusagen für zwei verschiedene Kapitel der frühen Filmgeschichte. [...]
Der russische Revolutionsfilm, eindeutig „Tendenzfilm“, war so gesehen stark von historischen Themen dominiert. Gerade sie schienen eine Rechtfertigung der Revolution und der neuen Sowjetordnung zu ermöglichen – in der Kritik an der Zarenherrschaft, an Unterdrückung und Ausbeutung hatten die Regisseure die Folie gefunden, vor welcher der gewaltsame Umsturz und die Etablierung eines neuen Systems gerechtfertigt erschien. [...]
Vor allem das „Dynamit der Zehntelsekunden“ (Walter Benjamin) bestimmte den Eindruck des russischen Revolutionsfilms. Die Möglichkeiten der Montage praktisch und theoretisch zu erkunden, stand für alle Vertreter der russischen Avantgarde im Mittelpunkt ihrer Bemühungen um eine neue Filmsprache. Sergej Eisenstein, der zeitlebens großes Interesse an theoretischen Fragestellungen hatte und sie sowohl als Publizist wie als Lehrender immer wieder behandelte, konzipierte „Panzerkreuzer Potemkin“ konsequent von der Montage der Einzelbilder her. Nicht der Fluss der Erzählung, wie sie sich gleichzeitig im anderen großen kinematografischen Modell, dem klassischen Hollywood-Kino, entwickelte, stand daher im Vordergrund, sondern die nach rhythmischen Prinzipien, auf Kontrast, Konflikt, Steigerung oder Verlangsamung zielende Montage selbst. Mit der Dynamik, die Eisenstein in den Kulminationspunkten der Handlung entwickelte, war daher damals kein anderer Filmtyp vergleichbar.

Rainer Rother: „Panzerkreuzer Potemkin“ (09.04.2010); https://www.bpb.de/lernen/filmbildung/filmkanon/43535/panzerkreuzer-potemkin/ [letzter Zugriff: 17.05.2023].

M4 Historischer Kontext und filmische Umsetzung

Die Historikerin Christine Engel schreibt (2009):

Der Film gestaltet einen Ausschnitt der revolutionären Ereignisse, die das zaristische Russland im Jahr 1905 erschütterten. Russland hatte den Krieg gegen Japan verloren. Der Zar und seine Regierung wollten mit einem schnellen Sieg von den innenpolitischen Schwierigkeiten ablenken, stattdessen sahen sie sich durch die Niederlage verstärkt mit Demonstrationen und Aufständen konfrontiert. Den Ausgang nahmen die Unruhen in Sankt Petersburg, wo die Arbeiter der Putilov-Werke streikten. Im Glauben an die Güte des Zaren wollte man dem Herrscher eine Bittschrift überreichen und marschierte in einem Demonstrationszug, dem sich 100 000 Leute anschlossen, zum Winterpalast. Die Offiziere der Wachmannschaften erteilten jedoch Schießbefehl. In der ausbrechenden Panik kamen 100 Menschen zu Tode. Diesem ersten „Blutsonntag“ vom 9.1.1905 folgte eine Woche später

Erstellen Sie eine Präsentation zum Thema „Panzerkreuzer Potemkin – Meilenstein der Filmgeschichte oder ein Propagandafilm?“ Werten Sie dafür die vorliegenden Materialien aus. Die folgenden Aufgaben dienen dabei als Hilfestellung. Recherchieren Sie ggf. weitere Informationen.

1. a) ●●○ Erläutern Sie den historischen Hintergrund des Films und fassen Sie den Inhalt des Films zusammen.
b) ●●● Erarbeiten Sie, wie Eisenstein das historische Ereignis im Film präsentiert. Achten Sie auf Schwerpunktsetzungen, Auslassungen und Hinzufügungen.
c) ●●○ Ordnen Sie die Bilder den einzelnen Phasen der Sequenz zu.
→ Text, M1, M4, M5

2. a) ●●● Analysieren Sie die Montagetechnik in der sogenannten Treppenszene. Erstellen Sie dazu ein Filmprotokoll.
b) ●●○ Erarbeiten Sie, inwiefern diese Technik als modern galt
c) ●●○ Zeigen Sie, wie und welche Gefühle Eisenstein in der Sequenz hervorruft.
→ Text, M1, M6 – M8, Internet

3. a) ●●○ Erläutern Sie, warum der Film als Revolutionsfilm gilt.
b) ●●● Diskutieren Sie den propagandistischen Gehalt des Films.
→ Text, M1 – M8

„Panzerkreuzer Potemkin“ – Ein Meilenstein der Filmgeschichte oder ein übler Propagandafilm?

einer in Warschau, das damals unter russischer Herrschaft stand. Diese Ereignisse lösten eine Streikwelle aus, die in eine revolutionäre Massenbewegung überging. Die gewerkschaftsähnlich organisierten Bünde forderten demokratisches Wahlrecht, eine verfassungsgebende Versammlung, den Achtstundentag, Arbeitsschutz sowie Landzuteilung bzw. die Verstaatlichung des Bodens. Im Oktober kam es zu einem Generalstreik, der sich über die großen Städte und Industriezentren Russlands ausbreitete. Als der Zar, bedrängt durch die Ereignisse, jedoch die Einsetzung eines Parlaments (Duma) mit legislativen Vollmachten zusagte, schwächte sich der revolutionäre Impetus ab, da die Interessen der verschiedenen revolutionären Vereinigungen auseinandergingen. Im Dezember wurde die Regierung unter Einsatz aller Machtmittel wieder Herr der Lage.

Die Aufstände griffen auf die Armee und die Flotte über. Das sozialdemokratische Flotten-Zentralkomitee bereitete Streiks auf den Schiffen der Schwarzmeerflotte vor und am 14.6.1905 bot sich ein Anlass auf dem Panzerschiff Knjaz' Potemkin Tavriceskij (Fürst Potemkin von Taurien): Die Mannschaft weigerte sich, eine Mahlzeit mit verdorbenem Fleisch zu essen. Die Situation eskalierte, die Aufständischen überwältigten die Offiziere. Sie exekutierten den Kommandanten sowie einige Offiziere und hissten die rote Flagge. Am Abend lief die Potemkin gemeinsam mit einem Minenträger in das streikende Odessa ein, wo die beiden Schiffe begeistert empfangen wurden. Die Beisetzung von Grigorij Vakulincuk (auch: Vakulencuk), des Anführers des Aufstands, der während des Gefechts auf dem Schiff umgekommen war, wurde zu einer politischen Demonstration von Tausenden von Arbeitern. Die Regierung hatte inzwischen den Befehl erteilt, die Potemkin zu versenken, falls sich die Mannschaft nicht ergibt. In der Hoffnung, dass weitere Schiffe dem Aufstand anschließen würde, steuerte die Potemkin dennoch dem herannahenden Geschwader entgegen und konnte wirklich ungehindert passieren. […]

Eisensteins Film lehnt sich an den historischen Verlauf der Ereignisse an, ohne einen dokumentarischen Ansatz zu verfolgen. Der Regisseur ergreift klar Partei für die Aufständischen und spitzt die historischen Fakten zu: So sind z. B. bewaffnete Auseinandersetzungen in Odessa und Vergeltungsaktionen der zaristischen Truppen überliefert – ein Vorfall gerade auf der Hafentreppe, wie er im Film gezeigt wird, hingegen nicht.

Christine Engel: „Die Treppe von Odessa. Die Schlüsselszene in Eisensteins Panzerkreuzer Potemkin“; in: Gerhard Paul (Hg.), Das Jahrhundert der Bilder Bd. 1: 1900 bis 1949, Bonn: bpb 2009, S. 318.

M 5 Panzerkreuzer Potemkin – Inhalt des Films

Der Historiker Rainer Rother schreibt:

Entsprechend dem Credo, dass die Geschichte nicht von Einzelpersonen, sondern von den Massen gestaltet werde, verließ Eisenstein die eingeführten Wege der Filmerzählung. „Panzerkreuzer Potemkin“ besteht aus fünf „Akten“, die durch Zwischentitel voneinander abgehoben sind und Stationen der dramatischen Handlung kondensieren. In jedem der Akte gibt es die Steigerung hin zu einem Höhepunkt, jedoch vermittelt zwischen ihnen keine Hauptfigur. […] Der erste Akt zeigt das Aufkeimen der Unzufriedenheit. Die Matrosen Wakulintschuk und Matjuschenko, die beiden Figuren, die noch am ehesten individuelle Züge tragen, sprechen über die Unruhen in ganz Russland. Der Protest gegen verdorbenes Fleisch, vom Schiffsarzt trotz sichtbaren Madenbefalls als genießbar erklärt, eskaliert. Alle Matrosen weigern sich, die Suppe zu essen. Im zweiten Akt befiehlt der Kapitän die Mannschaft auf Deck und lässt die bewaffnete Wache aufmarschieren. Die Matrosen ziehen sich daraufhin zum Geschützturm zurück, eine Gruppe aber wird am Bug festgehalten und soll exekutiert werden. Dies wird das Signal zum Aufstand. Wakulintschuk wird vom Ersten Offizier erschossen, aber seine Kameraden überwältigen die Offiziere und werfen sie ins Wasser. Wakulintschuks Leichnam wird in einem Beiboot an Land gebracht. Der dritte Akt zeigt die Anteilnahme der Bevölkerung Odessas. In einer endlos scheinenden Prozession ziehen die Menschen am aufgebahrten Wakulintschuk vorbei. Bevölkerung und Aufständische solidarisieren sich, die Menschen winken der am Mast aufgezogenen roten Fahne zu. Der vierte Akt bringt den unbestrittenen Höhepunkt des Films. Eine Flotte von verschiedensten Booten läuft aus und bringt den Matrosen Lebensmittel. Von der Treppe Odessas aus winkt die Menge zum Schiff herüber. Diese Menschenmenge wird von Kosaken, die im

Gleichschritt drohend die Stufen herabkommen, niedergeschossen. Hier hebt die Montage einzelne Opfer hervor: die Mutter, die den Kosaken ihren erschossenen Sohn entgegenträgt und ebenfalls von einer Salve niedergestreckt wird; die Lehrerin, die den Soldaten mit der Bitte um Einhalt begegnet und ebenso getötet wird wie die Mutter, die sich schützend vor ihr Baby stellt, das dann hilflos im Kinderwagen die Treppenstufen herunterstürzt. Ein Schuss des Panzerkreuzers setzt dem Morden ein Ende. Der letzte Akt scheint auf die unausweichliche Konfrontation der Potemkin mit der Flotte zuzusteuern. Doch weigern sich die Matrosen auf den anderen Schiffen, das Feuer aus den Bordgeschützen zu eröffnen; die Potemkin entkommt.

Eisensteins Film beruhte zwar auf einem historischen Ereignis, doch wirkte der Film vor allem durch die symbolische Fassung, die er diesem gab. Anhand des Aufstands der Matrosen entwickelt Eisenstein sozusagen eine Revolutionsgeschichte, in der die Solidarität der Massen trotz blutiger Gewalt triumphiert. Das offene Ende ist weniger ein Ausweichen vor historischer Korrektheit als eine Folge der Symbolik selbst: Der Aufstand der Matrosen und der Menschen von Odessa soll ein Exempel sein, kein historisches Datum.

Rainer Rother: „Panzerkreuzer Potemkin" (09.04.2010); https://www.bpb.de/lernen/filmbildung/filmkanon/43535/panzerkreuzer-potemkin/ [letzter Zugriff: 17.05.2023].

M 6 Die Treppenszene

Die Historikerin Christine Engel schreibt (2009):

Die Treppenszene ist der dramatische Höhepunkt des vierten Aktes, wobei der Film insgesamt dem Aufbau einer klassischen fünfteiligen Tragödie folgt. Der Akt beginnt mit der Solidarisierung zwischen der Bevölkerung von Odessa und den Matrosen. Jollen bringen Verpflegung zum Schiff, alle lachen und winken, immer mehr Menschen strömen in der Stadt und auf der Hafentreppe zusammen. Der Zwischentitel „und plötzlich" leitet den Umschlag der Handlung und das Massaker ein: [...] Von den elf Minuten des vierten Aktes nimmt die Treppenszene sechs Minuten ein; [...] Eisenstein inszeniert die Masse als einen organischen Kollektivkörper, dessen einzelne Gesichter nicht den Psychologismus einer Figur signalisieren, sondern als Beispiele für das einheitliche Antlitz von Gruppen des sozialen Körpers gedacht sind. Im dritten Akt und im ersten Teil des vierten Aktes formiert sich dieser Körper, schwillt an und wird durch Nahaufnahmen, Blicke und Gesten vernetzt. In der Treppenszene wird dieser Kollektivkörper jedoch systematisch zerstört und atomisiert. Eine besondere Rolle spielt dabei die Zerstörung des Gesichts, was durch mehrere Großaufnahmen realisiert wird. Das entstellte Gesicht der Gouvernante wird als abschließendes Bild der Szene in extremer Nahaufnahme festgehalten und in seiner Bewegung eingefroren: Das linke Auge blickt entsetzt, das rechte blutet von einem Säbelhieb getroffen, ein Glas des Pincenez [einer Art Brillen ohne Bügel] ist gesprungen, der Mund als ein dunkles Loch ist aufgerissen zum stummen Schrei.

Christine Engel: „Die Treppe von Odessa. Die Schlüsselszene in Eisensteins Panzerkreuzer Potemkin"; in: Gerhard Paul (Hg.), Das Jahrhundert der Bilder Bd. 1: 1900 bis 1949, Bonn: bpb 2009, S. 318.

M 7 Sergei Eisenstein zur Treppenszene

Der Regisseur des Films Sergei Eisenstein schreibt:

Die Hafentreppenszene enthält alle Elemente sowohl des Gemetzels von Baku als auch des neunten Januar, jenes Tages, an dem das Volk leichtgläubig den Freiheitsfrühling des Jahres fünf feierte und die Stiefel der Reaktion diesen Freudenausbruch mit der gleichen tierischen Grausamkeit niederstiefelten, mit der eine Hundertschaft gedungener Pogromverbrecher eine Kundgebung im Tomsker Theater buchstäblich niederbrannte.

Sergej Eisenstein, Schriften Teil 2: Panzerkreuzer Potemkin (übers. Hans-Joachim Schlegel), München: Hanser 1973, S. 106.

M 8 Rezeptionsangebote der Treppenszene

Die Historikerin Christine Engel schreibt (2009):

Die Treppenszene hält von ihrer Anlage her bereits ein gewisses Angebot an Rezeptionsmöglichkeiten: Dabei spielt die Treppe als solche eine entscheidende Rolle, denn Treppen sind hochgradige Ordnungssysteme mit strenger Struktur und Normierung und lenken Bewegung in geordnete Bahnen. Umso verstörender wirkt eine chaotische Bewegung von Menschen und das besonders dann, wenn sie durch Gewalt ausgelöst wird. Treppen sind darüber hinaus mit zahlreichen kulturell tradierten Einschreibungen symbolisch besetzt, wobei die Vorstellungen von Aufstieg und Abstieg zentral sind. In europäischen Kulturen steht positiv konnotiertem Aufstieg zu lichten Höhen – sei es zur Erkenntnis oder zum Erfolg – das Bild vom sozialen oder individuellen Abstieg diametral gegenüber.

Christine Engel: „Die Treppe von Odessa. Die Schlüsselszene in Eisensteins Panzerkreuzer Potemkin"; in: Gerhard Paul (Hg.), Das Jahrhundert der Bilder Bd. 1: 1900 bis 1949, Bonn: bpb 2009, S. 320.

3.3 Warum folgten auf die Revolution von 1905 die Doppelrevolutionen von 1917? – Erklärungsversuche

Gerade einmal ein gutes Jahrzehnt nach der Revolution und der Verfassungsreform von 1905/06 geriet das Zarenreich in einen neuen, noch viel heftigeren Revolutionsstrudel. Die 300-jährige Herrschaft der Romanows versank darin und das russländische Vielvölkerimperium begann auseinanderzubrechen. Die Frage liegt nahe: Weshalb ist es nach 1905 nicht gelungen, das Reich politisch und gesellschaftlich zu reformieren und zu stabilisieren? In der Geschichtswissenschaft werden vor allem fünf Ursachen und Erklärungsversuche diskutiert, mit unterschiedlicher Tendenz und Gewichtung.

- Wie schon in der Revolution von 1905, wirkten auch im Februar 1917 die drei großen Krisen des Zarenreichs zusammen: die Agrarkrise mit den Forderungen der Bauern nach mehr Land und Freiheit; die Krise der Industriemoderne mit den Protesten der Arbeiterschaft gegen kapitalistische Ausbeutung; die Nationalitätenkrise mit den Autonomiebestrebungen der nichtrussischen Völker. Der 1906 neu ernannte Ministerpräsident Pjotr Stolypin (1862–1911) hatte zwar mit einer großen Agrarreform versucht, auf dem Land eine regimetreue Schicht von selbstständig wirtschaftenden Privateigentümern zu schaffen. Diese Reform ging allerdings sehr langsam voran und traf auch auf bäuerlichen Widerstand. Die beiden anderen Krisenherde ging Stolypin nicht wirklich konstruktiv an, er war letztlich großrussischer Monarchist. Nach seiner Ermordung 1911 verfiel die zarische Regierung zunehmend in eine gefährliche Untätigkeit und Orientierungslosigkeit. Es gibt ernsthafte Zweifel, ob der Zar und sein Umfeld 1916/17 den Ernst der Lage überhaupt noch erfassen konnten. Dieser Rückzug der zarischen Obrigkeit führte zu einer allmählichen Verschiebung der Zuständigkeiten ins Dezentrale, hin zu den Semstva, den Stadtverwaltungen, der Duma und anderen Organen des öffentlichen Lebens.

- Die Politik des Zaren und seines aristokratisch-konservativen Umfelds war letztlich darauf angelegt, die verfassungspolitischen Konzessionen von 1905/06 möglichst weitgehend wieder rückgängig zu machen. Der Zar löste sowohl die erste als auch die zweite Duma schon nach kurzer Zeit wieder auf, weil sie ihm zu „links" erschien. Er erließ ein neues Wahlgesetz, mit dem er einem großen Teil der Bevölkerung das Wahlrecht wieder entzog, um eine konservative Parlamentsmehrheit zu sichern. Sozialdemokratische Abgeordnete wurden nach Sibirien verbannt. Summa summarum: Der Zar war letztlich nicht bereit und auch nicht einsichtsfähig genug, die politische Ordnung seines Reiches an die Ansprüche einer modernen Gesellschaft anzupassen.

- Insbesondere diese Politik des Zaren und seiner Regierung führte letztlich zu einer Entwicklung, die der amerikanische Historiker Leopold Haimson schon 1964 als „doppelte Polarisierung" bezeichnet hat. Haimsons Modell gilt bis heute als einer der überzeugendsten Erklärungsversuche für die Revolutionen von 1917: Demzufolge war die russische Gesellschaft von einer doppelten Polarisierung zerrissen: Diese trennte die liberalen, reformerischen Adligen und Bürger zum einen von der autokratischen Staatsführung und machte so die notwendige tiefgreifende Reform des Herrschafts- und Gesellschaftssystems „von oben" unmöglich. Zum anderen entwickelte sich aber auch ein tiefer Riss zwischen den Liberalen einerseits und der Masse der Arbeiter und Bauern andererseits, die sich von der liberalen Opposition nicht mehr vertreten sahen und sich deswegen zunehmend alternativ organisierten und radikalisierten.

- Dem entgegen steht ein Erklärungsansatz, der sich nach 1990 vor allem unter konservativen russischen Historikerinnen und Historikern verbreitete; aber auch der konservative amerikanische Historiker Richard Pipes argumentierte in diese Richtung: Verantwortlich für den katastrophalen Untergang des Zarenreiches und seine Folgen sei demnach die liberale und demokratische Opposition gewesen, die durch ihre besessene, rücksichtslose und zerstörerische Politik die staatliche Autorität untergraben und auf diese Weise den radikalen Linken den Weg an die Macht geebnet habe. Zar Nikolaj II. erscheint in diesem Erklärungsmodell als Vertreter eines „eigenen russischen Wegs", der das Zarenreich vor der verhängnisvollen Europäisierung retten wollte. Im heutigen Russland ist diese Vorstellung durchaus populär. Im August 2000 wurde Nikolaj II. von der Russisch-Orthodoxen Kirche heiliggesprochen; 2008 kam sein Ministerpräsident Stolypin bei einer im Staatsfernsehen inszenierten Wahl der wichtigsten Person der russischen Geschichte auf Platz 2 (hinter Alexander Newski und vor Josef Stalin). Noch weiter zugespitzt wurde und wird die These unter russischen Rechtsextremen, die den Untergang des Zarenreiches als Werk einer „jüdisch-freimaurerischen Verschwörung" ansehen. Dass sich diese Ansichten in der westlichen Geschichtswissenschaft nicht durchgesetzt haben, ist nicht überraschend.

- Eine wichtige Rolle in der Diskussion über die Ursachen der Revolution spielt der im August 1914 ausgebrochene Erste Weltkrieg. Die russische Führung war an der Seite der anderen beiden „Ententemächte" (Großbritannien und Frankreich) in diesen Krieg gegen die „Mittelmächte" (insbesondere das Deutsche Reich, Österreich-Ungarn, das Osmanische Reich) eingetreten. Diesen Schritt in den Krieg hatten Großmachtinteressen Russlands motiviert, vor allem auf dem Balkan und am Bosporus, aber auch in Asien. Schon nach wenigen Monaten zeigte sich, dass das Zarenreich seinen Kontrahenten deutlich unterlegen war, und vor allem, dass es einem jahrelangen Abnutzungs- und Stellungskrieg überhaupt nicht gewachsen war. An der Front starben Hunderttausende von miserabel ausgerüsteten und ausgebildeten Soldaten, die wiederum als Bauern auf dem Land oder als Arbeiter in den Fabriken fehlten. Im extrem harten Winter 1916/17 verschlechterten sich die Versorgungslage und die Lebensbedingungen der Menschen drastisch und anhaltend. Hungerunruhen auf dem Land und in den Städten, Massenstreiks in den Betrieben, Desertionen an der Front, Flüchtlingsströme innerhalb des Reiches und Aufruhr in den Provinzen, vor allem in Turkestan, führten das Land an den Rand eines katastrophalen Zusammenbruchs. Brachte der Erste Weltkrieg also den entscheidenden Todesstoß für das Zarenreich? Die Frage ist letztlich, welchen Einfluss man den Kriegsfolgen auf die innere Entwicklung in Russland beimisst. War das Zarenreich damals eigentlich auf einem guten Weg, seine Krisen und Strukturprobleme langfristig zu bewältigen? Gab es eine realistische Chance, dass sich das Reich allmählich zu einem stabilen Verfassungsstaat transformieren würde? Dann wäre die Bedeutung des Weltkriegs und seiner politischen, sozialen und ökonomischen Belastungen sehr hoch einzuschätzen, denn der Krieg hätte dann eine aussichtsreiche Entwicklung zerstört. Oder war das Zarenreich schon vor Kriegsausbruch gar nicht mehr reform- und entwicklungsfähig, verstrickt, gefangen und blockiert in unauflösbaren Struktur- und Systemkrisen? Dann hätte der Krieg das Krisenfass allenfalls zum Überlaufen gebracht – auch wenn er sicherlich mehr war als der viel zitierte „eine Tropfen".

1. **a)** ●○○ Fassen Sie die einzelnen Erklärungsversuche mit eigenen Worten zusammen.
b) ●●○ Vergleichen Sie die Erklärungsansätze: Welche lassen sich vereinbaren, welche schließen sich aus?
c) ●●● Beurteilen Sie die einzelnen Ansätze.
→ Text

2. ●●○ Formulieren Sie auf dieser Grundlage Ihren eigenen Erklärungsansatz.
→ Text

4. Die Februarrevolution 1917, der Sturz des Zaren und die „Doppelherrschaft“

Die Februarrevolution und der Sturz des Zaren

Als Beginn der Februarrevolution von 1917 setzt man gemeinhin den 23. Februar (8. März) an. Über Hunderttausend verzweifelte, hungernde und frierende Arbeiterinnen zogen anlässlich des Internationalen Frauentags demonstrierend in die Petrograder Innenstadt. Ihnen schlossen sich streikende Arbeiter der Putilov-Werke an. Diese Demonstration setzte die lange Reihe der Proteste fort, welche die großen Städte des Reiches in den zurückliegenden Wochen bereits erschüttert hatten. Diesmal allerdings erhielt der Aufruhr zusätzliche Dynamik: Nachdem ein Generalstreik proklamiert worden war und immer mehr Fabrikbelegschaften in Petrograd in den Ausstand traten, befahl der Zar, die Unruhen mit Waffengewalt niederzuschlagen. Diesen Befehl verweigerte das Militär am 27. Februar, lief zu den Aufständischen über und öffnete die Kasernentore, sodass sich die Arbeiterschaft bewaffnen konnte. In der Stadt brach Anarchie aus. Polizeikasernen, Gefängnisse und öffentliche Gebäude wurden gestürmt. Der revolutionäre Funke sprang auf Moskau und bald auch auf andere größere Städte über und entwickelte sich innerhalb weniger Tage zu einem revolutionären Flächenbrand.

M1 *Alexander Kerenski (1881 – 1970)*
Foto, um 1917

Am Abend des 27. Februar trat die zarische Regierung zurück, am folgenden Tag weigerte sich die Duma, einem Auflösungsbefehl des Zaren Folge zu leisten. Ein Teil ihrer Mitglieder erklärte sich – anstelle der zurückgetretenen Regierung – zum „Provisorischen Komitee [...] zur Wiederherstellung der öffentlichen Ordnung.“ Streng staatsrechtlich gesehen war dies der Schritt in die Revolution, denn damit verbunden war die Begründung einer neuen Legitimität, die sich nicht mehr vom Zaren ableitete. Dieser trat schließlich am 2. März zurück, nachdem ihn neben Dumavertretern auch die gesamte Militärführung zum Rückzug aufgefordert hatte. Hinter diesem Drängen der Militärs stand vor allem die Sorge um die Kampfkraft der Armee, die bei innerrussischen Unruhen zwangsläufig leiden würde. Nikolajs ursprünglicher Plan, zugunsten seines Bruders Michail (1878 – 1918) auf den Thron zu verzichten, scheiterte schon deswegen, weil Michail nicht willens war, darauf einzugehen. Damit endete nach über 300 Jahren die Herrschaft der Romanows und nach über 400 Jahren das Zarentum im russländischen Reich. Die bolschewistische Führung ließ den Zaren und seine gesamte Familie schließlich am 17. Juli 1918 in Jekaterinburg von Soldaten erschießen.

„Doppelherrschaft“

Mit dem Sturz der Zarenherrschaft begann in Russland eine eigentümliche Phase, die als „Doppelherrschaft“ in die Geschichte eingegangen ist. Auf der einen Seite stand eine „Provisorische Regierung“, die sich zunächst überwiegend aus Vertretern der Konstitutionellen Demokraten (Kadetten) und der liberal-konservativen Oktobristen zusammensetzte; einziger Linker im Kabinett war der Justizminister Alexander Kerenskij (1881 – 1970), ein gemäßigter Sozialrevolutionär, der in der weiteren Entwicklung noch eine zentrale Rolle spielen sollte. Ministerpräsident wurde der schon erwähnte Fürst Georgi Lwow (1861 – 1925), ein hochangesehener Liberaler und ehemaliger Semstvo-Präsident von Tula. Dieses Kabinett bezeichnete sich als „provisorisch“, weil es nur bis zum Zusammentritt einer noch zu wählenden Konstituierenden (also Verfassungsgebenden) Versammlung bestehen sollte.

Die Provisorische Regierung repräsentierte die liberale bürgerliche und adlige Opposition des untergegangenen Zarenreichs, die bis zuletzt auf eine Reform des Systems gehofft und sich nun – scheinbar – durchgesetzt hatte. Aber im Vergleich zur Revolution 1905/06 konnte diese liberale Opposition nun noch viel weniger den glaubwürdigen Anspruch erheben, für „das Volk“ zu sprechen. Das war das verhängnisvolle Ergebnis der schon erwähnten „doppelten Polarisierung“ in der russischen Gesellschaft. Die Liberalen hatten sich im zurückliegenden Jahrzehnt mehr und mehr vom linken Lager und von der aus ihrer Sicht anarchischen und gewaltbereiten Masse abgesetzt. Nun, im Februar 1917, verdankten sie ihre neue Machtposition aber genau dieser Masse, den streikenden Arbeitern, den demonstrierenden Frauen, den aufrührerischen Bauern und den desertierenden Soldaten.

Daher trat neben Duma und Provisorische Regierung nun als Selbstorganisation des „Volkes" der „Sowjet der Arbeiter und Soldaten". Beide Einrichtungen existierten direkt nebeneinander: Die Provisorische Regierung residierte im rechten Flügel des Taurischen Palais, der Sowjet direkt daneben, in seinem linken Flügel. Der Arbeiter- und Soldatenrat verzichtete (zunächst) auf eine Mitwirkung an der Regierung und behielt sich eine Art Kontroll- und Vetorecht vor. Dahinter stand die marxistisch fundierte Auffassung der Ratsmehrheit, dass es sich hier um eine „bürgerliche Revolution" handele, an der sich das Proletariat nicht zu beteiligen habe; seine Stunde werde anschließend schlagen. Beide Seiten – Regierung und Rat – arbeiteten aber in Kommissionen zusammen, um Lösungen für die anstehenden Probleme zu finden.

Der Petrograder Sowjet war bei weitem nicht der einzige „Rat", der nun neu entstand, auch wenn ihm wegen seiner Nähe zur Macht eine politische Leitfunktion zukam. Basisdemokratische „Räte" formierten sich überall: in Betrieben, Armeeeinheiten, Dörfern, Städten, Universitäten. Das ganze Land entwickelte sich kurzzeitig zu einer „Meeting-Demokratie" (Heiko Haumann). Wichtig festzuhalten ist, dass diese Sowjets zunächst nicht bolschewistisch gefärbt oder gar beherrscht waren. Viele Mitglieder waren parteilos, ansonsten dominierten Menschewiki und Sozialrevolutionäre die Sowjets, auch den wichtigen Petrograder Rat. Überhaupt waren die Losungen der Revolution in dieser Phase noch keineswegs bolschewistisch. Plakate, Flugblätter und Redner forderten „Frieden", „Freiheit", „Demokratie" und „Land". Was allerdings mit diesen Slogans konkret gemeint war, blieb meist offen und wurde gewiss auch sehr unterschiedlich verstanden.

Die Sowjets machten also zwar die Spaltung der Opposition sichtbar, dies war indes noch keine Vorentscheidung für eine bolschewistische Machtübernahme. Sie hatten allerdings ohne Frage das Potenzial zu einer Radikalisierung der Revolution, die an Duma und Provisorischer Regierung vorbeilief. Man kann daher im Rückblick auch zugespitzt sagen: „Der Februar enthielt bereits den Keim des Oktober." (Manfred Hildermeier).

Die fünf wichtigsten Aufgaben der neuen Regierung waren angesichts der Lage im Land offensichtlich: Den Staat demokratisieren, den Krieg beenden, die Wirtschaft stabilisieren, die Nationalitätenkrise eindämmen und eine Landreform durchführen. Die verheerende Bilanz der Provisorischen Regierung ist allerdings ebenso offensichtlich: Sie scheiterte auf ganzer Linie. Schon die zeitlichen Etappen ihres knapp achtmonatigen Wirkens lassen dieses Versagen aufscheinen: Sie reichen von der „Aprilkrise" über den „Juliaufstand" zum „Augustputsch" und schließlich zur „Oktoberrevolution".

M2 ***„Doppelherrschaft"***

Der Petrograder „Sowjet der Arbeiter und Soldaten" im linken Flügel des Taurischen Palastes (ein im 18. Jahrhundert erbauter Adelspalast), 1917 (links); die Provisorische Regierung im rechten Flügel des Taurischen Palastes, 1917 (rechts)

Drei Gründe für dieses Versagen

- Es gelang der Provisorischen Regierung nie, ihre Autorität im Land durchzusetzen. Sie hatte zwar formal die exekutive Macht in der Hand, aber sie verfügte über so gut wie keine Instrumente, um diese auch durchzusetzen. Die Soldaten (in Petrograd alleine waren 250000 stationiert) fühlten sich dem Petrograder Sowjet verbunden und verpflichtet, nicht einer Regierung aus Kadetten und Oktobristen. Der demokratische Umbau des Staates entglitt sehr rasch in eine weitreichende Anarchie. Am Beginn standen zwar die Gleichheit aller Bürger, Rede-, Versammlungs- und Koalitionsfreiheit. Viele Menschen spürten tatsächlich ein Gefühl des Aufbruchs und der Euphorie, feierten Freiheit und Demokratie. Aber schon im Sommer 1917 versank das Land in einer unkontrollierten Gewaltorgie. Arbeiter lynchten Fabrikanten, Bauern erschlugen Gutsbesitzer und zündeten deren Häuser an, in den Straßen der Städte jagten aufgebrachte und aufgehetzte Massen Polizisten, Beamte und andere Vertreter des alten Regimes. Eine Welle antisemitischer Pogrome brach sich Bahn. Geschäfte wurden ausgeraubt und geplündert, bevorzugt solche, die Alkoholisches verkauften. Um den exzessiven Alkoholkonsum einzudämmen, ließ die Petrograder Stadtführung schließlich große Wein- und Wodkabestände in die Newa kippen; daraufhin lag tagelang ein süßlicher Alkoholdunst über der Stadt.

- Die Provisorische Regierung verstand sich als eine Art Statthalterin der noch zu wählenden Allrussischen Verfassungsgebenden Versammlung. Die wichtigen Weichenstellungen sollte erst diese wahre Volksvertretung vornehmen dürfen. Der Wahltermin wurde allerdings immer wieder hinausgeschoben. Die abwartende Haltung der Regierung, ihr „Nichtstun", stieß in der Bevölkerung im Laufe der Zeit auf immer schärfere Kritik. Hinzu kam aber auch, dass die Liberalen in der Regierung sich weigerten, eine Enteignung von größerem Grundbesitz zu unterstützen, sodass schon deswegen die wichtige Agrarreform stockte. Die Bauern wollten aber *jetzt* Land, die Arbeiterschaft *jetzt* höhere Löhne, Mitsprache im Betrieb oder überhaupt Arbeit, die Soldaten *jetzt* Frieden, Ukrainerinnen und Ukrainer sowie Estinnen und Esten – beispielsweise – *jetzt* Autonomie, nicht später. Und alle wollten jetzt eine bessere und erschwinglichere Versorgung mit Lebensmitteln und Brennstoff. Für viele Menschen standen soziale Probleme und Ungerechtigkeiten im Mittelpunkt, nicht politische Debatten und Verfassungsfragen. Auf diese Weise verlor die Provisorische Regierung in zunehmendem Maße an Legitimität in der Bevölkerung.

- Die Provisorische Regierung fand keinen Weg aus dem Krieg, obwohl gerade „Frieden" eine der zentralen Forderungen der Proteste vom Februar 1917 gewesen war und es auch weiterhin blieb. Die Beendigung des Krieges war daher zweifellos eine Kardinalfrage für die Akzeptanz der neuen Ordnung. Die Oktobristen und auch viele Kadetten hatten freilich die Kriegsziele der zarischen Regierung mitgetragen. Der Vorsitzende der Kadetten und amtierende Außenminister, Pawel Miljukov (1859–1943), propagierte sogar expansive Kriegsziele wie die Eroberung Konstantinopels. Er und andere Liberale wollten den Krieg weiterführen, weil sie hofften, ein strahlender Sieg würde ihnen am Ende auch die Unterstützung der Bevölkerung sichern. Hinzu kam, dass viele Liberale sich auch innenpolitische Unterstützung aus Frankreich und Großbritannien erhofften. Um diese nicht zu gefährden, musste Russland aus ihrer Sicht jedoch unbedingt ein zuverlässiger Bündnispartner seiner Alliierten bleiben. Mit dieser Position stellte sich die Provisorische Regierung gegen die große Mehrheit der Bevölkerung.

Es ist daher auch nicht überraschend, dass gerade die Kriegsfrage die erste große Krise der Regierung auslöste. Am 18. April sollte Außenminister Miljukov die verbündeten Westmächte über eine gemeinsame Erklärung informieren, welche die Provisorische Regierung und der Petrograder Sowjet in der Kriegsfrage ausgehandelt hatten. In diesem Papier waren die Friedenssehnsucht, die im Sowjet vorherrschte, und die Kriegsbereitschaft der Regierung in der Kompromissformel „Frieden ohne Annexionen und Kontributionen" zusammengeführt worden. Miljukov ergänzte diese Erklärung aber eigenmächtig um eine Note, in der er – im Widerspruch zum Geist des Papiers – die Bündnistreue und die Kriegsbereitschaft Russlands betonte, was zu heftigen Protesten im Sowjet und in der Öffentlichkeit führte. Die dadurch ausgelöste „Aprilkrise" erwies sich als außerordentlich folgenschwer: Sie führte dazu, dass nun weitere fünf Menschewiki und Sozialrevolutionäre in die Provisorische Regierung eintraten, um die aufgeheizte Stimmung zu beruhigen. Damit verband die gemäßigte Linke ihr politisches Schicksal mit der Provisorischen Regierung. Von ihrem Scheitern würden als konsequente politische Oppositionskraft nun vor allem die Bolschewiki profitieren.

Der bislang einzige linke Vertreter, der Sozialrevolutionär Alexander Kerenskij, übernahm das Kriegs- und Marineministerium und löste schon bald die nächste große Krise aus. Während die Linken im Sowjet und in der Regierung auf eine internationale Friedenskonferenz hofften, gab Kerenskij dem Drängen Frankreichs nach und ließ am 18. Juni 1917 eine letzte große Militäroffensive gegen die Mittelmächte beginnen. Diese sogenannte „Kerenskij-Offensive" endete schon nach wenigen Tagen in einer militärischen Katastrophe und kostete 400000 russischen Soldaten das Leben. In der Folge verlor die Regierung die Kontrolle über das Militär, die Armee löste sich auf. Dazu trug auch bei, dass im Juni 1917 auf dem Land in großem Stil „schwarze Umverteilungen" begonnen hatten; Bauern eigneten sich das Land adliger und bürgerlicher Grundherrn gewaltsam an, weil sie nicht mehr auf die lang erwartete Agrarreform warten wollten. Viele Bauern, die als Soldaten an der Front standen, desertierten nun, um diese „Umverteilung" nicht zu verpassen.

Zur selben Zeit verschlechterte sich auch die Lage der Industriearbeiterschaft in den Städten wieder. Die Arbeiter hatten von der Februarrevolution zunächst noch profitiert. Sie hatten in vielen Betrieben Arbeiterkomitees (oder Arbeiterräte) bilden können und so auch Mitsprache in der Unternehmensführung bekommen. Im März und im Mai 1917 hatten sie größere Lohnerhöhungen durchgesetzt. Anschließend aber brach die sowieso schon stark gesunkene russische Industrieproduktion weiter drastisch ein. Auslöser waren vor allem Transportprobleme und Brennstoffmangel. Nun stiegen Arbeitslosigkeit und Inflation. Gleichzeitig verschlechterte sich die Versorgung der Städte mit Lebensmitteln, weil die Bauern angesichts der Geldentwertung kaum noch bereit waren, Agrarprodukte in die Städte zu liefern. Seit Mai 1917 kam es deswegen wieder zu zahlreichen Streiks und Arbeiterprotesten, zwischen Juli und September lag die Zahl der monatlich Streikenden bei über 400000. Unverkennbar war auch, dass Menschewiki und Sozialrevolutionäre nach ihrem Eintritt in die Provisorische Regierung zunehmend Schwierigkeiten hatten, die sich radikalisierende Basis in den Fabriken und Betrieben politisch bei der Stange zu halten.

Vor dem Hintergrund der Krisen und Katastrophen schwanden die Handlungsmöglichkeiten der Provisorischen Regierung und der sie tragenden Parteien; ihr öffentliches Ansehen sank zusehends. Parallel dazu vollzog sich der Aufstieg der radikalsten Oppositionspartei, der Bolschewiki.

M3 *Russland nach der Februarrevolution*
Demonstration von Soldaten gegen die Provisorische Regierung in Petrograd mit der Forderung „Nieder mit den zehn Kapitalisten-Ministern – alle Macht dem Sowjet der Arbeiter-, Soldaten- und Bauern-Deputierten", Foto, Juli 1917

1. a) ●○○ Fassen Sie die Ereignisse während der Februarrevolution des Jahres 1917 knapp zusammen.
b) ●●○ Erläutern Sie den Begriff „Doppelherrschaft".
c) ●●● Prüfen Sie, ob der Begriff Revolution im Sinne von Karl Marx für die sogenannte Februarrevolution treffend ist.
d) ●●○ Erläutern Sie die Gründe für das Versagen der Provisorischen Regierung.
e) ●●● Beurteilen Sie die Stichhaltigkeit der einzelnen Gründe.
→ Text

Sturz des Zaren und Zeit der „Doppelherrschaft“ im Spiegel zeitgenössischer Quellen

M4 Das Abdankungsschreiben des Zaren

Zar Nikolaj II. schrieb am 2. (gregorianischer Kalender: 15.) März 1917:

In den Tagen des großen Kampfes gegen den äußeren Feind, der sich seit drei Jahren bemüht, unser Vaterland zu unterjochen, hat Gott Russland eine neue schwere Prüfung gesandt. Die im Inneren ausgebrochenen Unruhen drohen verhängnisvolle Rückwirkungen auf den endgültigen Ausgang des erbarmungslosen Krieges zu nehmen. Das Schicksal Russlands, die Ehre unserer heldenmütigen Armee, das Wohl des Volkes und die ganze Zukunft unseres teuren Vaterlandes fordern, dass der Krieg um jeden Preis bis zum siegreichen Ende weitergeführt wird. [...] In diesen für das Leben Russlands entscheidenden Tagen hielten Wir es für Unsere Gewissenspflicht, Unserem Volk den engsten Zusammenschluss und die Organisierung aller seiner Kräfte erleichtern zu sollen [...].

Deshalb haben Wir im Einvernehmen mit der Staatsduma für gut befunden, der Krone des Russischen Reiches zu entsagen und die oberste Gewalt niederzulegen. Da Wir uns nicht von Unserem geliebten Sohne trennen wollen, übertragen Wir die Erbfolge auf Unseren Bruder, den Großfürsten Michail Aleksandrovič [...].

WIR geben Unserem Bruder den Befehl, in voller Übereinstimmung mit den Volksvertretern in den gesetzgebenden Körperschaften die Regierung zu führen auf den Grundlagen, die von ihnen festgesetzt werden, und auf sie einen unverletzlichen Eid zu leisten. Im Namen der heiß geliebten Heimat rufen Wir alle treuen Söhne des Vaterlandes auf, ihre heilige Pflicht gegenüber diesem zu erfüllen, dem Zaren in dem schweren Augenblick nationaler Prüfungen zu gehorchen und IHM gemeinsam mit den Volksvertretern zu helfen, das Russische Reich auf den Weg des Sieges, der Wohlfahrt und des Ruhmes zu führen. Möge Gott der Herr Russland schützen!

Zit. nach: Manfred Hellmann (Hg.), Die Russische Revolution 1917. Von d. Abdankung d. Zaren bis zum Staatsstreich d. Bolschewiki, ©dtv Verlagsgesellschaft, München 1964, S. 138.

M5 *Zar Nikolaj II. mit seiner Frau und seinem Thronfolger*
Foto, um 1900

M6 Alexander Kerenski

Alexander Kerenski schreibt in seinen Memoiren über das „Problem der Macht“ während der Doppelherrschaft“:

Wenn die ganze innenpolitische Reformarbeit, die ich hier skizziert habe, nicht ausgeführt wurde, dann ist das weitgehend dem Umstand zuzuschreiben, dass die Provisorische Regierung das Problem der Organisation eines stabilen demokratischen Regimes nicht lösen konnte, das diese Reformen durchgesetzt und aufrechterhalten hätte.

In diesem Zusammenhang erinnere ich mich lebhaft an die dritte Sitzung der Provisorischen Regierung am Nachmittag des 4. (17.) März. Es war das erste Mal, dass wir uns außerhalb des Taurischen Palais trafen, abseits der hektischen revolutionären Aufregung, die das Duma-Gebäude umgab. Wir trafen uns im Gebäude des Innenministeriums, wo Fürst Lwow[1] residierte.

Ich habe noch die feierliche Stille im Gedächtnis, als wir da im weiträumigen Konferenzzimmer saßen, unter den ernsten Blicken Dutzender früherer Minister und hoher Beamter des vergangenen Regimes, deren Porträts an den Wänden hingen. Ich glaube, hier war es, in der Umgebung dieser Bilder vergangener Machthaber – und nicht inmitten der aufgeregten revolutionären Menge im Duma-Gebäude –, dass wir alle plötzlich zum ersten Male die volle Bedeutung dessen erkannten, was sich während der vergangenen wenigen Tage in Russland ereignet hatte und welch furchtbare Last der Verantwortung wir nun zu tragen hatten.

Fürst Lwow war noch nicht da. Aber es gab keine der üblichen Unterhaltungen, weil niemand von uns die rechte Stimmung dafür hatte. Schließlich kam Lwow aus einem Nebenraum. Er hatte ein Bündel Telegramme in der Hand. Sonst begrüßte er jeden von uns persönlich. Diesmal tat er es nicht. Er ging sofort an seinen Platz, legte die Depeschen vor sich auf den Tisch und sagte: „Sehen Sie sich an, was geschieht, meine Herren. Seit gestern strömen Telegramme wie diese aus allen Teilen des europäischen Russland bei uns zusammen. Das sind keine Solidaritätserklärungen mehr, wie Sie sie gelesen haben. Das sind offizielle Berichte aus den Provinzhauptstädten und aus vielen kleineren Orten. Alle sagen mehr oder weniger dasselbe: Bei der ersten Nachricht über den Sturz der Monarchie hat die örtliche Verwaltung die Flucht ergriffen, vom Gouverneur bis zum letzten Polizisten. Und die Beamten, insbesondere bei der Polizei, die nicht rechtzeitig entkommen konnten oder wollten, sind von unzähligen selbst ernannten Revolutionsausschüssen und Komitees verhaftet worden."

Es herrschte Totenstille im Raum. Wir alle überlegten, was zu tun war. Wir standen mitten im Krieg, und weite Teile des Landes befanden sich in der Macht völlig unbekannter Menschen! [...]

Fürst Lwow bat mich immer wieder, in Unruheherde zu reisen, um anarchistische Umtriebe mit dem gesprochenen Wort zu bekämpfen, um den gesünderen und konstruktiveren Elementen moralische Unterstützung zu geben. Aus eigener Erfahrung und aus den Berichten anderer, die mit ähnlichen Aufgaben durch das Land reisten, kann ich ohne Übertreibung sagen, dass die große Mehrheit der Bevölkerung in den Städten und Dörfern während dieser ersten Monate nach der Februar-Revolution von Demagogen und Aufwieglern nur sehr wenig beeinflusst war. Die meisten Menschen gingen mit großem Enthusiasmus an die Arbeit, ein neues Gemeinschaftsleben zu schaffen. Während des ganzen Sommers 1917 gab es unzählige Sitzungen und Konferenzen mit Teilnehmern aus allen Schichten der Gesellschaft, die ihre eigenen Vorschläge zur Grundsatzreform in allen Zweigen des wirtschaftlichen, gesellschaftlichen und kulturellen Lebens des Landes ausarbeiteten. Sie bombardierten die Regierung mit Resolutionen und Vorschlägen aller Art. Die Völker Russlands lernten schnell, als es darum ging, an der Neuordnung des Lebens mitzuwirken. Sie arbeiteten in Übereinstimmung mit der Regierung, nicht gegen sie.

[...]

Jetzt komme ich zur dornigen Frage der Beziehungen zwischen der Provisorischen Regierung und dem Petrograder Sowjet der Arbeiter- und Soldatendelegierten. Das war in mancher Hinsicht der wichtigste Aspekt des gesamten Machtproblems nach der Revolution.

Unter den Mitgliedern der Regierung herrschte Übereinstimmung darüber, dass es wichtig war, so bald wie möglich Vertreter der sozialistischen Parteien in die Regierung hineinzunehmen, weil deren starke politische und moralische Autorität innerhalb der Armee und der der Arbeiterklasse angehörenden Zivilbevölkerung die Stabilität der neuen Regierung nur festigen konnte. Wir hielten es für dringend notwendig, den Eindruck auszulöschen, die Kräfte der russischen Revolution seien in zwei Lager gespalten, in ein „revolutionäres" und ein „bourgeoises".

Die Führer des Petrograder Sowjets selbst hatten diesen Eindruck geschaffen, mehr aus parteitaktischen Gründen als etwa in Wiedergabe einer Stimmung im Volke. Die Haltung des Sowjets gegen die „bourgeoise" Provisorische Regierung zeigte sich schon in einer der ersten Resolutionen des Exekutivkomitees, das die Bereitschaft, die neue Regierung zu unterstützen, nur insoweit ausdrückte, als „die durch die Revolution erworbenen Rechte der Arbeiter nicht geschmälert werden". Dies zurückhaltende Verhalten des Sowjets von Petrograd schuf eine paradoxe und untragbare Lage. Die neue nationale Regierung war bis zu einem gewissen Grade nicht direkt auf die Gnade, aber doch auf das Wohlwollen einer lokalen Institution angewiesen, die aufgrund des Vertrauens, das sie in bestimmten Kreisen der Bevölkerung genoss, die Existenz der legal eingesetzten, autorisierten Regierung jederzeit infrage stellen konnte.

1 Lwow hatte neben seinem Amt als Ministerpräsident auch die Geschäfte des Innenministers übernommen.

Alexander Kerenski, Die Kerenski-Memoiren. Russland und der Wendepunkt der Geschichte (übers. v. Günter Schlichting), Wien/Hamburg: Paul Zsolnay 1966, S. 248 f., 252 f.

1. **a)** ●●○ Beschreiben Sie die Quelle M4 im Hinblick auf Urheber, Quellenart, Adressaten, Absicht und historischen Kontext.
b) ●●○ Erarbeiten Sie aus dem Abdankungsschreiben des Zaren seine Sichtweise und sein Selbstverständnis.
c) ●●● Diskutieren Sie den Beitrag des Zaren zur Lösung der Probleme in Russland vor dem Hintergrund der damaligen innen- und außenpolitischen Lage.
→ Text, M4

2. **a)** ●●○ Arbeiten Sie aus dem Text M6 heraus, wie Kerenski die Doppelherrschaft beurteilt.
b) ●●● Beurteilen Sie seine Rolle aus damaliger und aus heutiger Sicht.
→ Text, M6

5. Lenin und die revolutionäre Mobilisierung

Für das Verständnis der bolschewistischen Revolution im Oktober 1917 elementar sind Revolutionstheorie und Politik Wladimir Iljitsch Uljanows (1870 – 1924), der sich seit Dezember 1900 Lenin nannte. Lenin war seit der von ihm ausgelösten Spaltung der russischen Sozialdemokraten 1903 Vorsitzender und politischer Kopf der Bolschewiki und nach der Oktoberrevolution Vorsitzender des Rats der Volkskommissare, Regierungschef der neu gegründeten Russischen Sozialistischen Föderativen Sowjetrepublik (RSFSR) und der Ende 1922 gegründeten Sowjetunion (UdSSR). Er starb 1924.

Lenin entstammte einer begüterten kleinadligen Familie, sein Vater war Schulinspektor der Provinz Simbirsk. Nachdem sein Bruder Alexander 1887 wegen der Beteiligung an einem (gescheiterten) Attentat auf den Zaren hingerichtet worden war, fand der junge Wladimir Iljitsch in die Politik. Die wichtigsten Bestandteile seiner revolutionären Doktrin entstammen radikalen russischen Denkern und Revolutionstheoretikern, darunter waren vor allem Nikolai Tschernyschewski (1828 – 1889), Pjotr Tkatschow (1844 – 1886) und Sergej Netschajew (1847 – 1886). Von ihnen hatte Lenin die Überzeugung, dass eine disziplinierte und verschwiegene Gruppe revolutionärer Vorkämpfer nötig sei, um die Revolution durchzusetzen; und dafür müssten die Revolutionäre auch bereit sein, rücksichtslose Gewalt anzuwenden, wie die Jakobiner in der Französischen Revolution.

Während die marxistische Dialektik eher darauf angelegt war, abzuwarten, bis die objektiven Bedingungen für eine Revolution „gereift" waren, war Lenin überzeugt, dass eine entschlossene Aktion den objektiven Gang der Geschichte verändern könne. Man kann daher zugespitzt sagen: „Es war nicht der Marxismus, der Lenin zum Revolutionär, sondern Lenin, der den Marxismus revolutionär machte." (Orlando Figes).

Lenins Ziel und Anspruch war aber nicht allein die Revolutionierung Russlands, sondern eine gewaltige Umwälzung internationaler Dimension, eine Weltrevolution gegen den Weltimperialismus. Nach Lenins Vorstellung hatte der Kapitalismus im Zeitalter des Imperialismus sein „höchstes Stadium" erreicht. Weltweit konkurrierten Industriestaaten um Rohstoffe und Absatzmärkte. In ihrem Innern zerfielen diese Industriestaaten in „ausgebeutete" und „ausbeutende" Klassen, ihre imperialistische Außenpolitik erzeugte „ausgebeutete" und „ausbeutende" Nationen.

Gegen das Weltsystem des Imperialismus stellte Lenin nun eine weltrevolutionäre Front. Diese Front habe bereits alle Kontinente und Länder erfasst, und zwar je nach ihrem sozioökonomischen Entwicklungsstand auf drei unterschiedliche Arten: 1. Als Revolution des Proletariats in den fortgeschrittenen Ländern; 2. als Revolution der Bauern und Arbeiter in (noch) eher agrarisch geprägten Ländern; 3. als revolutionärer Aufbruch der vom Imperialismus unterdrückten Kolonialvölker.

Lenin war überzeugt, mit der Oktoberrevolution am schwächsten Punkt des Weltimperialismus angesetzt zu haben, denn in Russland ließen sich für ihn alle drei Elemente der Weltrevolution gleichzeitig finden: die proletarisch-sozialistische Revolution der Arbeiterklasse, die agrarisch-antifeudale Revolution der Bauernschaft und die nationale Revolution in den nichtrussischen Gebieten des russländischen Reiches.

Von Russland aus sollte, nein: musste der revolutionäre Prozess sich nun verbreiten, denn „Lenin konnte die eigene Revolution nicht denken, ohne die internationale Revolution hinzuzudenken. Für ihn galt es als ausgemacht, dass die russische Revolution verloren sei, falls sie für sich alleine bleibe, falls die Welt um Russland herum nur wanke, aber nicht auf neue Fundamente käme" (Dietrich Geyer).

Eine Schlüsselrolle bei dieser Internationalisierung der Revolution nahm aus Lenins Sicht das Deutsche Reich ein. „Wir werden [...] auf jeden Fall zugrunde gehen, wenn die deutsche Revolution nicht eintritt," schrieb er im März 1918. Wie ist das zu erklären? Lenin hatte in Deutschlands Kriegswirtschaft ein Modell erkannt, das er „monopolistischen Staatskapitalismus" nannte: ein hocheffizientes, zentral gelenktes System der Produktion, Verteilung, Rationierung und Kontrolle von Waren und Dienstleistungen. Dieses System musste in die Hände der Weltrevolution gelangen, um sie zum endgültigen Sieg zu führen. Diese Erwartung zerschlug sich allerdings. Nach dem Zusammenbruch des deutschen Kaiserreichs im November 1918 spielte der kommunistische Spartakusbund Karls Liebknechts, auf den Lenin und seine Bolschewiki so sehr gebaut hatten, nur eine unbedeutende Nebenrolle. Auch in der zerfallenden Habsburgermonarchie und im nun neu entstandenen Polen konnten die Kommunisten nicht Fuß fassen. Gleichwohl hielten Lenin und die bolschewistischen Führer nach ihm an der Behauptung fest, die Diktatur des Proletariats in aller Welt sei nicht mehr aufzuhalten.

M1 ***„Genosse Lenin säubert die Erde von Unrat"***
Motiv eines Plakats, um 1920

1. a) ●●○ Charakterisieren Sie die Revolutionstheorie von Lenin.
   b) ●●● Vergleichen Sie die Revolutionstheorie von Lenin mit der von Karl Marx.
   c) ●●● Beurteilen Sie den politischen Standpunkt von Lenin.
   → Text, Seite 39 zu Karl Marx
2. ●●● Ordnen Sie den Begriff „Revolution", wie ihn Lenin versteht, in die allgemeine Diskussion über Revolutionen ein. Ziehen Sie dazu die Materialien des Kernmoduls heran.
   → Text, Kernmodul (Seite 98 – 101)
3. ●●● Interpretieren Sie das Plakat M1.
   → Text, M1

6. Der Aufstieg der Bolschewiki und die Oktoberrevolution

Aufstieg der Bolschewiki

Noch während der Februarrevolution 1917 waren die Bolschewiki eine kleine Splittergruppe radikaler marxistischer Berufsrevolutionäre, deren politisches Programm kaum jemand verstand. Und als im Juni 1917 in Petrograd der erste Allrussische Kongress der Arbeiter- und Soldatendeputierten zusammenkam, beschickt von 82 Sowjets aus dem ganzen Land, stellten die Bolschewiki nur 105 der insgesamt 822 Teilnehmer. Viele führende Köpfe der Partei hatten 1917 langjährige Haft, Verbannung und Emigration hinter sich; sie waren daher in der russischen Gesellschaft kaum vernetzt. Kaum vier Monate später riss die Partei die Macht im Staat ohne größeren Widerstand an sich. Wie war das möglich? Und man kann zusätzlich fragen: Warum war gerade im russländischen Reich der Umbruch derart radikal und fundamental? Auch andere europäische Monarchien und Vielvölkerstaaten erlebten schließlich nach dem Ende des Ersten Weltkriegs 1918 einen tiefgreifenden politischen Wandel oder gar Zerfall, man denke an das Deutsche Reich, die Habsburgermonarchie Österreich-Ungarn, das Osmanische Reich. Aber in keinem anderen Land gelang es einer Partei, deren erklärtes Ziel die proletarische Weltrevolution war, – für viele Jahrzehnte – die Macht zu erobern.

Im April 1917 kehrte der politische Kopf der Bolschewiki, Wladimir Ilijtsch Uljanow (1870–1924), genannt Lenin, aus dem Schweizer Exil zurück. Die Fahrt Lenins und einer Unterstützergruppe im Zug von Zürich über Schweden und Finnland nach Petrograd hatte die deutsche Regierung ermöglicht. Beide Seiten hatten das gleiche Ziel, verbanden damit aber ganz unterschiedliche Erwartungen: Die deutsche Reichsleitung wollte eine Revolutionierung Russlands, um anschließend einen Separatfrieden im Osten zu erreichen. Lenin wiederum setzte darauf, von Russland aus eine globale Revolution auszulösen – und in der von ihm erhofften Kettenre-

M1 ***Lenins Reiseroute aus seinem Exil in der neutralen Schweiz nach Russland***
Wegen der Kriegsfronten konnte er nicht den kürzesten Weg nehmen.

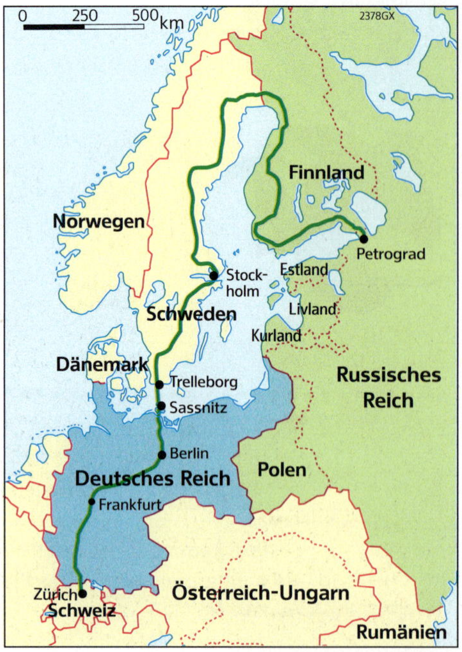

M2 ***Lenin bei seiner Ankunft aus dem Exil in Petrograd***
Foto, 3. April 1917

aktion stand das Deutsche Reich an erster und wichtigster Stelle.

Lenins Rückkehr nach Petrograd war für die weitere Entwicklung ein Schlüsselereignis. Direkt nach seiner Ankunft veröffentlichte er in der Prawda seine berühmt gewordenen „Aprilthesen“, die zunächst auf heftigen innerparteilichen Widerstand trafen. Mit Einsatz, Härte und Überzeugungskraft gelang es ihm jedoch innerhalb weniger Wochen, die Bolschewiki auf seinen neuen Kurs festzulegen: ein in seiner Radikalität beispielloses Programm, die kompromisslose Konfrontation mit der Provisorischen Regierung und die scharfe Abgrenzung zu den anderen linken Parteien, Menschewiki und Sozialrevolutionäre vor allem. Deren Zusammenarbeit mit der Provisorischen Regierung entlarve sie als kleinbürgerliche Opportunisten, die dem Einfluss der Bourgeoisie verfallen seien. Die Revolution müsse jetzt in ihr nächstes Stadium getrieben werden, bis zum Sturz der Regierung und der Errichtung eines – natürlich bolschewistischen – Rätestaates. Damit stellte sich Lenin schroff gegen die bis dahin weit verbreitete marxistische Stadienlehre, wonach Russland noch nicht „reif“ sei für eine proletarische Revolution und zunächst die bürgerliche Revolutionsetappe abschließen müsse.

Lenins Aprilthesen wurden im Laufe des Sommers 1917 zur Grundlage für die radikalen Forderungen der Bolschewiki: Sofortiges Friedensangebot an die Mittelmächte; Aufruf an alle Armeen zur Verbrüderung; allgemeine Volksbewaffnung statt der alten Armee; sofortige Enteignung der Großgrundbesitzer; Verstaatlichung von Grund und Boden sowie die Übergabe des Landes an die Bauern und die Landarbeiterräte; Verstaatlichung der Banken; Kontrolle der Betriebe durch die Belegschaft; nationales Selbstbestimmungsrecht für alle Nationalitäten und damit Öffnung des russländischen „Völkergefängnisses“.

Dieses Programm versprach im Prinzip (fast) allen (fast) alles und machte Lenins Partei im Laufe des Sommers 1917 zu einem populistischen Sammelbecken der Unzufriedenen, Kriegsmüden und Verzweifelten. Die Provisorische Regierung und die sie tragenden Parteien verloren hingegen immer weiter an Autorität, Ansehen und Unterstützung. Zwischen Februar und Oktober 1917 wuchsen die Bolschewiki von rund 10000 auf über 200000 Mitglieder an; das war fast schon die Größenordnung der Menschewiki, nur die Sozialrevolutionäre hatten noch deutlich mehr Mitglieder (etwa eine Million). Aber die Bolschewiki waren schlagkräftig und straff organisiert, Menschewiki und Sozialrevolutionäre nicht.

Im Laufe des Sommers verstärkten die Bolschewiki ihren Einfluss in den Arbeiter- und Soldatenräten beträchtlich; ihr Programm fiel angesichts der allgemeinen Unzufriedenheit, der Versorgungsnöte und der katastrophalen Lage an der Front auf fruchtbaren Boden. Im August 1917 erreichte Lenins Partei bei den Wahlen zum Petrograder Stadtparlament sensationelle 33 % der Stimmen. Am 24. September gewann sie die Stadtparlamentswahlen in Moskau. Einen Tag später wählte der Petrograder Sowjet Lenins engen Vertrauten Leo Trotzki (1879–1940) zum Vorsitzenden. Damit war die zweite Säule der „Doppelherrschaft“ unter die Kontrolle der Bolschewiki geraten, mit weitreichenden Folgen: Trotzki organisierte von seiner neuen Position aus ganz maßgeblich den Oktoberumsturz. Am 16. Oktober 1917 wurde unter seiner Federführung das Militärrevolutionäre Komitee des Arbeiter- und Soldatenrats gegründet, mit dem er den bevorstehenden Aufstand vorbereitete. Hinzu kamen die ebenfalls von Trotzki aufgebauten Kampfverbände der Roten Garden, einer bewaffneten Arbeitermiliz, die später in der Roten Armee aufging.

M3 Das Smolny-Institut in Petrograd

Sitz des Petrograder Arbeiter- und Soldatenrates. Von hier aus wurde der Umsturz im Oktober organisiert, Foto, Oktober 1917.

Vor dem berühmten Oktoberumsturz geriet der Aufstieg der Bolschewiki aber noch einmal ins Stocken: Im Juli 1917 scheiterte ein Aufstandsversuch in Petrograd („Juliaufstand"), an dem sich die Bolschewiki beteiligt hatten. Trotz des Fehlschlags war deutlich geworden, dass sie inzwischen in der Lage waren, Hunderttausende auf die Straße zu bringen. Lenin floh nach Finnland, während Kerenskij, nun anstelle Lwows Ministerpräsident der Provisorischen Regierung, führende Bolschewiki verhaften ließ und die Parteizeitung Prawda verbot.

Es war aber just Kerenskij, der die Bolschewiki kurz darauf mit einer personellen Fehlentscheidung wieder zurück ins Spiel brachte: Er ernannte den General Lawr Kornilow (1870–1918) zum Oberbefehlshaber der russischen Armee. Kornilow hatte als Militärchef von Petrograd den Juliaufstand niedergeschlagen und war entschlossen, energisch gegen die Linke vorzugehen. Er forderte für diesen Kampf von Kerenskij weitgehende Vollmachten, die dieser aber nicht geben wollte. Als Kerenskij Kornilow daraufhin absetzte, zettelte dieser einen Militärputsch gegen die Provisorische Regierung an („Augustputsch"). Diesen Putsch konnte Kerenskij niederschlagen, indem er sich auf die Hilfe des Petrograder Arbeiter- und Soldatenrats und der bolschewistischen Roten Garden stützte. Damit trug Kornilows rechter Putschversuch dazu bei, die radikale Linke wieder aufzuwerten. Kerenskij amnestierte alle nach dem Juliaufstand inhaftierten Führer der Bolschewiki und setzte die Unterdrückungspolitik gegen die Linke aus.

Die Oktoberrevolution

Seit Mitte September 1917 drängte Lenin aus seinem finnischen Versteck seine Parteigenossen, einen bewaffneten Aufstand vorzubereiten. Anfang Oktober kehrte er gegen die ausdrückliche Weisung des bolschewistischen Zentralkomitees (ZK) nach Petrograd zurück und schaltete sich sofort in die Diskussion ein. Die Strategie, die letztlich zum Umsturz – zum „Roten Oktober" – führte, war im ZK höchst umstritten. Im Kern ging es dabei um eine grundsätzliche programmatische Frage: Wie sollte der Weg an die Macht gestaltet werden? Etliche Mitglieder, vor allem die etablierten und einflussreichen Genossen Lew Kamenew (1883–1936) und Grigori Sinowjew (1883–1936), wollten einen friedlichen Übergang der Macht unter der Beteiligung möglichst aller revolutionären Kräfte des Landes. Sie bezweifelten, dass die Bolschewiki bereits die Mehrheit hinter sich hatten. Ihnen war „der Gedanke zuwider, einen Staatsstreich ohne Mandat zu machen" (Dietrich Geyer). Des-

M4 *„Sturm auf das Winterpalais"*
Propagandagemälde, 1917

wegen warben sie auch für eine sozialistische Allparteienkoalition, die der Zweite Allrussische Rätekongress einsetzen sollte. Dieser Kongress war just für den 25. Oktober 1917 nach Petrograd einberufen worden.

Lenin hingegen plädierte energisch für den sofortigen Aufstand und die revolutionäre Machtübernahme, ohne Rücksicht auf den anstehenden Kongress, auf Mehrheitsfragen oder auf die Haltung anderer linker Parteien und der Gewerkschaften. Weiter zu warten sei „vollendete Idiotie oder vollendeter Verrat“. (Wladimir I. Lenin). Mit dieser Position setzte er sich schließlich im ZK durch.

Daraufhin besetzten in der Nacht vom 24. auf den 25. Oktober 1917 Rote Garden wichtige Straßen und Plätze in Petrograd. Vielen Soldaten, die sich auf Weisung des Militärrevolutionären Komitees der Operation anschlossen, war gar nicht klar, dass sie sich an einem bolschewistischen Umsturz beteiligten. Sie glaubten an eine erneute Konterrevolution wie im August. Nach einigen Stunden Belagerung wurde ohne größeren Widerstand der Winterpalast eingenommen, in dem die Provisorische Regierung saß. Die Minister wurden nach Hause geschickt, nachdem sie zugesichert hatten, sich aus der Politik zurückzuziehen; der Ministerpräsident Kerenskij war bereits geflohen. Er versuchte noch, militärischen Widerstand aufzubauen, flüchtete dann aber ins Exil nach Frankreich und später in die USA.

Der Zweite Allrussische Rätekongress diente Lenin nun als Bühne für die förmliche Machtübernahme. Da die Abgeordneten der Menschewiki und der Sozialrevolutionäre die Versammlung mehrheitlich aus Protest verließen, gelang es den Bolschewiki und einigen zu ihnen übergelaufenen linken Sozialrevolutionären leicht, den Umsturz nachträglich absegnen zu lassen. Lenin proklamierte die Sozialistische Sowjetrepublik, die von einem neuen Rat der Volkskommissare geführt wurde. Er selbst übernahm den Vorsitz, Trotzki die auswärtigen Angelegenheiten. Trotzki hatte den abziehenden Menschewiki und Sozialrevolutionären noch hinterhergerufen: „Denen, die weggegangen sind, und denen, die solche Vorschläge machen, sagen wir: Ihr seid elende Bankrotteure, ihr habt ausgespielt; schert euch hin, wohin ihr von nun an gehört: auf den Kehrrichthaufen der Geschichte!“

Die Revolutionsforschung tut sich schwer damit, diesen fast geräuschlosen und geradezu geschäftsmäßigen Umsturz als „Revolution“ zu bezeichnen. Oft ist von „Putsch“ und „Staatsstreich“ die Rede, denn es fehlen wesentliche Charakteristika, die eine Revolution ausmachen: vor allem eine öffentlich sichtbare, unterstützende Massenbewegung, aber auch der (meist) gewalthaft umstürzende Wesenszug einer Revolution. Die revolutionäre Dimension der Ereignisse vom 25. Oktober 1917 erschließt sich erst im Rückblick.

Insbesondere dem vielzitierten „Sturm auf den Winterpalast“ fehlte eigentlich alles, was eine Revolution ausmacht. Das störte vor allem die Sieger. Sie vermissten das Dramatische und Heroische, um aus diesem einzigen Schlüsselereignis des „Roten Oktobers“ einen identitätsstiftenden Mythos schmieden zu können. Diesem Manko begegneten sie sehr bald mit propagandistischen Gemälden, Freilichtschauspielen, Reenactments, Denkmälern und geschönten Erinnerungen. Ein Höhepunkt dieser künstlich geschaffenen Erinnerung war Sergej Eisensteins Revolutionsfilm „Oktober“, der zum 10. Jahrestag in offiziellem Parteiauftrag entstand. Eisenstein inszenierte mit Tausenden Laiendarstellern, Geschützdonner und dramatischen Einstellungen eine fesselnde und mitreißende Geschichte. Sein Streifen prägte das Bild der Oktoberrevolution für Generationen, und noch heute werden Ausschnitte des Films für Originalaufnahmen gehalten. Dabei war bei der Inszenierung 1927 im Winterpalast mehr kaputtgegangen als bei der tatsächlichen Einnahme zehn Jahre zuvor.

1. a) ●○○ Fassen Sie die Ereignisse während der Oktoberrevolution des Jahres 1917 knapp zusammen.
b) ●●○ Erklären Sie, wie es zum Aufstieg der Bolschewiki kam.
c) ●●● Prüfen Sie, ob der Begriff „Revolution“ im Sinne von Karl Marx bzw. von Lenin für die sogenannte Oktoberrevolution treffend ist.
d) ●●● Diskutieren Sie eine treffende Bezeichnung für die Machtübernahme der Bolschewiki.
e) ●●● Erörtern Sie, ob die Machtübernahme demokratisch legitimierbar war.
→ Text

2. ●●● Untersuchen Sie, ob das Gemälde M4 die damalige Situation treffend wiedergibt.
→ Text, M4

Lenins Aprilthesen – Eine schriftliche Quelle interpretieren

M5 Die „Aprilthesen"

W. I. Lenins Abhandlung „Über die Aufgaben des Proletariats in der gegenwärtigen Revolution" wurde am 7. April 1917 in der „Prawda" veröffentlicht:

1. […] Die breiten Schichten der Anhänger des revolutionären Oboronzentums [damit sind die gemäßigten Sozialisten gemeint] in der Masse, die es zweifellos ehrlich meinen und den Krieg nur als notwendiges Übel gelten lassen, nicht aber weil sie Eroberungen wollen, die jedoch von der Bourgeoisie betrogen werden, muss man besonders gründlich, beharrlich und geduldig über ihren Fehler aufklären. Man muss ihnen den untrennbaren Zusammenhang zwischen Kapital und imperialistischem Krieg klarmachen, man muss ihnen beweisen, dass die Beendigung des Krieges durch einen wahrhaften demokratischen Frieden, nicht durch einen Gewaltfrieden, ohne den Sturz des Kapitals unmöglich ist. Organisierung der breitesten Propaganda dieser Auffassung unter den Fronttruppen. Verbrüderung.

2. Die Eigenart der gegenwärtigen Lage in Russland besteht in dem Übergang von der ersten Etappe der Revolution, die infolge des ungenügend entwickelten Klassenbewusstseins und der mangelhaften Organisiertheit des Proletariats die Bourgeoisie an die Macht brachte, zur zweiten Etappe, die die Macht in die Hände des Proletariats und der armen Schichten der Bauernschaft legen muss. Dieser Übergang wird charakterisiert einerseits durch ein Höchstmaß von Legalität (Russland ist zur Zeit das freieste von allen kriegführenden Ländern), andererseits durch das Fehlen einer Gewaltherrschaft über die Massen, und endlich durch die blinde Vertrauensseligkeit der Massen gegenüber der Regierung der Kapitalisten, der ärgsten Feinde des Friedens und des Sozialismus. Diese Eigenart verlangt von uns die Fähigkeit, uns den besonderen Bedingungen der Parteiarbeit unter den ungeheuren, eben erst zum politischen Leben erwachten Massen des Proletariats anzupassen.

3. Keinerlei Unterstützung der Provisorischen Regierung, Aufdeckung der ganzen Verlogenheit aller ihrer Versprechungen, besonders der des Verzichts auf Annexionen.

[…]

4. […] Solange wir in der Minderheit sind, ist unsere Arbeit die Kritik und Aufdeckung der Fehler, wobei wir gleichzeitig den unerlässlichen Übergang der gesamten Staatsgewalt auf die Arbeiterdeputiertenräte propagieren, damit die Massen ihre Fehler durch Erfahrung überwinden.

5. Nicht parlamentarische Republik – eine Rückkehr von den Arbeiterdeputiertenräten zu dieser wäre ein Schritt rückwärts –, sondern eine Republik von Arbeiter-, Landarbeiter- und Bauerndeputiertenräten im ganzen Lande, von unten bis oben. Abschaffung der Polizei, der Armee, des Beamtentums. Entlohnung aller Beamten, die durchweg wählbar und jederzeit absetzbar sein müssen, nicht über dem Durchschnittslohn eines qualifizierten Arbeiters.

6. Im Agrarprogramm Verlegung des Schwergewichts auf die Landarbeiterdeputiertenräte. Enteignung des gesamten adligen Grundbesitzes. Nationalisierung des gesamten Bodens im Lande; über ihn verfügen die örtlichen Landarbeiter- und Bauerndeputiertenräte. Schaffung von besonderen Deputiertenräten der armen Bauern.

[…]

7. Sofortige Verschmelzung aller Banken des Landes zu einer Nationalbank, die der Kontrolle des Arbeiterdeputiertenrates untersteht.

8. Nicht „Einführung" des Sozialismus als unsere unmittelbare Aufgabe, sondern einstweilen nur sofortige Übernahme der Kontrolle der gesellschaftlichen Produktion und Verteilung der Erzeugnisse durch den Arbeiterdeputiertenrat.

9. Aufgaben der Partei:
(1.) Sofortiger Parteitag;
(2.) Änderung des Parteiprogramms, vor allem:
   a) über den Imperialismus und den imperialistischen Krieg,
   b) über die Stellung zum Staat und unsere Forderung eines „Kommunestaats",
   c) Änderung des veralteten Minimalprogramms;
(3.) Änderung des Namens der Partei. [statt „Sozialdemokratie" Kommunistische Partei]

10. Erneuerung der Internationale. Initiative zur Schaffung einer revolutionären Internationale […].

W. I. Lenin: „Über die Aufgaben des Proletariats in der gegenwärtigen Revolution"; in: ders., Werke Bd. 24, Berlin: Dietz Verlag 1959, S. 1–8.

Umgang mit schriftlichen Quellen

Schriftliche Quellen

Ohne das Studium von Quellen keine Geschichte. Das heißt, um eine Geschichte erzählen zu können, muss man die Quellen zu dem historischen Sachverhalt erschließen und interpretieren.

1. ●●● Analysieren Sie die Quelle M5 gemäß den vorgegebenen Arbeitsschritten.
   → M5, Trainingsseite
2. a) ●●● Formulieren Sie eine Fragestellung für die Interpretation der Quelle, z. B.: Hat Lenin mit diesen Thesen die von ihm formulierten Kernelemente für den revolutionären Kampf umgesetzt?
   b) ●●● Beantworten Sie die gewählte Fragestellung.
   → M5, Trainingsseite

Arbeitsschritte zur Interpretation von schriftlichen Quellen

1. Eine Quelle erschließen

a) Die Quelle beschreiben
Die quellenkritische Analyse betrifft die äußere Beschreibung der Quelle. Sie ist erforderlich, um den Inhalt der Quelle besser einordnen und verstehen zu können. Die Quellenkritik bildet damit die Grundlage für die Interpretation der Quelle. Bei der quellenkritischen Analyse werden folgende Aspekte untersucht:
- Urheberin bzw. Urheber,
- Adressat(en),
- Zeitpunkt der Entstehung und der Veröffentlichung der Quelle,
- Anlass der Entstehung,
- Absicht, mit der der Text geschrieben wurde, z. B. informierend, argumentierend, appellierend, normierend, unterhaltend,
- Gattung der Quelle,
- Thema der Quelle,
- Kernaussage der Quelle.
- ggf. Stil: z. B. sachlich, ironisch, diffamierend.

b) Den Gedankengang und den Inhalt der Quelle strukturiert wiedergeben:
Bei der strukturierten Wiedergabe der Quelle geht es darum, ihren Inhalt und ihren Gedankengang (Argumentationsstruktur) zu beschreiben. Der Gedankengang lässt sich mit Verben verdeutlichen, die die sprachlichen Handlungen des Autors bezeichnen. Bei der Darstellung des Gedankengangs werden zugleich die Inhalte der Quelle in eigenen Worten wiedergegeben.

2. Die Quelle historisch einordnen

Zum besseren Verständnis der Quelle ist es oft erforderlich, historische Hintergründe zu erläutern. Das können in der Quelle erwähnte Meinungen, Absichten, Sachverhalte und Ereignisse sein, die in einen historischen Kontext einzuordnen sind.

3. Die Quelle unter einer bestimmten Fragestellung beurteilen

Eine Quelle wird immer unter einer bestimmten Fragestellung interpretiert. Vor dem Hintergrund dieser Frage werden die bisherigen Ergebnisse der Quellenanalyse, die Aussagen, Auffassungen und Intentionen der Quelle kritisch überprüft. Dabei setzt man sich in der Regel mit der Intention und Kernaussage der Quelle abwägend auseinander. Die Ergebnisse dieser Deutung werden in einem Fazit zusammengefasst.

Kritik an Lenins Strategie der Machtübernahme

M6 Eine innerparteiliche Kritik

Erklärung von Lew Kamenew und Grigori Sinowjew gegenüber dem bolschewistischen Zentralkomitee vom 11. Oktober 1917 zur Strategie der Machtübernahme. Kamenew und Sinowjew waren in der Abstimmung des ZK am 10. Oktober 1917 der von Lenin vertretenen Position unterlegen:

Wir sind aufs Tiefste überzeugt, dass jetzt den bewaffneten Aufstand zu erklären bedeutet, das Schicksal nicht nur unserer Partei, sondern auch der russischen und internationalen Revolution aufs Spiel zu setzen. Ohne Zweifel gibt es historische Situationen, in denen die unterdrückte Klasse erkennen muss, dass es besser ist, einer Niederlage entgegenzugehen, als sich kampflos zu unterwerfen. Befindet sich aber heute die russische Arbeiterklasse in einer solchen Lage? Nein, tausendmal nein!!

[...]

Man sagt: 1. für uns ist schon die Mehrheit des Volkes in Russland, und 2. für uns ist die Mehrheit des internationalen Proletariats. Leider ist weder das eine noch das andere wahr, und das ist der springende Punkt.

In Russland ist die Mehrheit der Arbeiter und ein ansehnlicher Teil der Soldaten für uns. Aber alles andere ist zweifelhaft. Wir sind z. B. alle überzeugt, dass, wenn es jetzt zu Wahlen zur Konstituierenden Versammlung kommt, die Bauern in ihrer Mehrheit für die Sozialrevolutionäre stimmen werden. Ist das etwa ein Zufall? Die Soldatenmasse unterstützt uns nicht wegen der Losung des Krieges, sondern wegen der Losung des Friedens. Das ist ein höchst wichtiger Umstand. Berücksichtigen wir ihn nicht, so laufen wir Gefahr, alle unsere Berechnungen auf Sand zu bauen. Wenn wir jetzt die Macht allein übernehmen und (kraft der gesamten Weltlage) in die Notwendigkeit geraten sollten, einen revolutionären Krieg zu führen, so fiele die Masse der Soldaten von uns ab.

[...]

Ohne Zweifel würde eine proletarische Regierung sofort dazu übergehen, die wirtschaftlichen Lasten des Krieges der Bourgeoisie aufzuerlegen, – sie ließe der Bourgeoisie nur „eine Kruste Brot“, sie „zöge ihr die Stiefel aus“. Das sollte die Begeisterung der Massen erregen. Aber das gewährleistet noch keinen Sieg über den deutschen Imperialismus im revolutionären Krieg. Das gegenwärtige Russland, das sich entgegen dem Willen der Arbeiterklasse vom imperialistischen Krieg erschöpfen ließ, bliebe trotzdem ein Land mit verhältnismäßig rückständiger Technik, mit einem unterhöhlten Eisenbahnsystem, ohne Waren, ohne die erforderliche militärisch-technische Ausrüstung usw. [...] Wo sind die Anhaltspunkte, die dafür sprechen, dass die proletarische Partei allein – trotz des Widerstandes der kleinbürgerlichen Demokratie – jetzt die Verantwortung für eine solche Lage der Dinge und deren unvermeidliche Folgen auf sich und nur auf sich nehmen muss.

Damit kommen wir zur zweiten Behauptung, – dass das Weltproletariat schon jetzt in seiner Mehrheit für uns sei. Das ist leider noch nicht der Fall. Der Aufstand in der deutschen Flotte hat eine ungeheure symptomatische Bedeutung. Vorzeichen einer ernsthaften Bewegung gibt es auch in Italien. Aber das ist noch sehr weit entfernt von einer einigermaßen aktiven Unterstützung der proletarischen Revolution in Russland, die der ganzen bürgerlichen Welt den Krieg erklärt. Es ist sehr schädlich, die Kräfte zu überschätzen. Es ist uns ohne Zweifel viel gegeben und es wird von uns viel gefordert. Aber wenn wir jetzt das ganze Spiel auf eine Karte setzen und eine Niederlage erleiden, versetzen wir auch der proletarischen Weltrevolution einen schweren Schlag, die zwar sehr langsam heranreift, aber doch im Heranreifen ist.

[...]

So weit die Wahl von uns abhängt, können und müssen wir uns jetzt auf die Defensive beschränken. Der Provisorischen Regierung fehlt oft die Kraft, ihre konterrevolutionären Absichten auch durchzuführen. Sie ist erschüttert. Die Kräfte der Soldaten und Arbeiter reichen aus, um solche Schritte der Kerenski und Konsorten nicht zur Wirklichkeit werden zu lassen. Die Bauernbewegung steckt erst in den Anfängen. Eine Massenunterdrückung der Bauernbewegung kann bei der jetzigen Stimmung der Armee den Kadetten nicht gelingen. Die Provisorische Regierung ist zu ohnmächtig, um die Wahlen zur Konstituierenden Versammlung verfälschen zu können. Die Sympathien für unsere Partei werden wachsen. Der Block zwischen Kadetten, Menschewiki und Sozialrevolutionären wird zerfallen. In der Konstituierenden Versammlung werden wir eine so starke oppositionelle Partei bilden, dass im Lande des allgemeinen Wahlrechts unsere Gegner uns auf Schritt und Tritt werden nachgeben müssen, oder wir bilden zusammen mit den linken Sozialrevolutionären, parteilosen Bauern usw. einen Regierungsblock, der im Wesentlichen unser Programm wird durchführen müssen. Das ist unsere Meinung.

Der Geschichte, dem Weltproletariat, der russischen Revolution und der russischen Arbeiterklasse gegenüber haben wir nicht das Recht, die ganze Zukunft jetzt auf die eine Karte des bewaffneten Aufstandes zu setzen. Es wäre irrig, zu glauben, dass eine solche Aktion im Falle eines Misserfolges jetzt auch nur zu den Folgen führen würde, wie der 3.–5. Juli. Jetzt geht es um mehr. Jetzt geht es um die Entscheidungsschlacht, und eine Niederlage in dieser Schlacht wäre die Niederlage der Revolution.

[…]

Die Kräfte der proletarischen Partei sind freilich sehr bedeutend, aber die entscheidende Frage ist, ob die Stimmung unter den Arbeitern und Soldaten der Hauptstadt tatsächlich so ist, dass sie selbst nur im Straßenkampf ihre Rettung sehen, auf die Straße drängen. Nein. Eine solche Stimmung ist nicht vorhanden. Selbst die Anhänger der Aktion erklären, dass die Stimmung der Werktätigen und der Soldatenmassen keineswegs z. B. an die Stimmung vor dem 3. Juli erinnert. Eine in den tiefen Massen der hauptstädtischen Armut herrschende kämpferische, auf die Straße drängende Stimmung könnte als Gewähr dafür dienen, dass eine Initiativ-Aktion jene großen Organisationen (Eisenbahner-, Post- und Telegrafenarbeiterverband usw.) mitreißen würde, in denen der Einfluss unserer Partei schwach ist. Da aber eine solche Stimmung nicht einmal in den Betrieben und Kasernen vorhanden ist, wäre es Selbstbetrug, darauf irgendwie zu rechnen.

Man sagt: aber die Eisenbahner und die Post- und Telegrafenbeamten hungern, sind verelendet, murren gegen die Provisorische Regierung. Das ist alles natürlich wahr. Aber das bietet noch keine Gewähr dafür, dass sie einen Aufstand gegen die Regierung entgegen den Sozialrevolutionären und Menschewiki unterstützen würden. Die Eisenbahnarbeiter und Eisenbahnbeamten waren auch 1906 verelendet, sind es auch in Deutschland und Frankreich. Trotzdem gewährleistet das auch nicht die Unterstützung des Aufstandes. Wenn alle verelendeten Menschen immer bereit wären, einen bewaffneten Aufstand der Sozialisten zu unterstützen, hätten wir schon längst den Sozialismus erobert.

Das unterstreicht unsere nächste Aufgabe. Der Rätekongress ist für den 20. Oktober angesetzt. Er muss um jeden Preis einberufen werden. Er muss den wachsenden Einfluss der proletarischen Partei organisatorisch festlegen. Er muss zu dem Sammelpunkt werden aller proletarischen und halbproletarischen Organisationen wie der Verbände der Eisenbahner, der Postbeamten, der Bankangestellten usw. um die Räte. Eine feste organisatorische Verbindung besteht noch nicht zwischen diesen Organisationen und den Räten. Das kann nur bewertet werden als ein Symptom der organisatorischen Schwäche der proletarischen Partei. Eine solche Verbindung ist in jedem Falle die Vorbedingung der tatsächlichen Verwirklichung der Losung: „Alle Macht den Räten“. Für jeden gegebenen Augenblick bedeutet diese Losung selbstverständlich den entschiedensten Widerstand gegen die geringste Antastung der Rechte der Räte und der von ihnen geschaffenen Organisationen durch die Regierung. Unter solchen Umständen wäre es ein tiefes historisches Unrecht, die Frage des Übergangs der Macht in die Hände der proletarischen Partei so zu stellen: entweder jetzt oder nie. […]

Übers. zit. nach: https://sites.google.com/site/sozialistischeklassiker2punkt0/sinowjew/1917/g-sinowjew-und-l-kamenew-erklaerung [letzter Zugriff: 17.05.2023].

1. **a)** ●●○ Arbeiten Sie aus dem Text M6 die zentralen Kritikpunkte von Kamenew und Sinojew an Lenins Position heraus.
b) ●●● Diskutieren Sie die Schlüssigkeit und die Berechtigung der einzelnen Punkte.
→ Text, M6

Einblick in die Werkstatt der Historikerinnen und Historiker

M7 Zu den Ursachen der Oktoberrevolution

Die Diskussion in der Geschichtswissenschaft über die Ursachen der Oktoberrevolution fasst der Historiker Manfred Hildermeier in einem Forschungsbericht zusammen (2016):

Heftiger war innerhalb der westlichen Forschung die unmittelbare Vorgeschichte des „roten Oktober“ umstritten. Die Kernfrage lautete dabei, ob das Februarregime Opfer seines eigenen Versagens und der besonderen Lasten einer schwierigen inneren und äußeren Lage mit dem Ergebnis der Diskreditierung bei der Mehrheit der engagierten Stadtbevölkerung wurde oder ob es einer Handvoll fanatischer Revolutionäre unter der Führung Lenins gelang, die Unzufriedenheit vor allem der Arbeiter und der Garnisonssoldaten zum Zwecke der eigenen Machtergreifung bis zum Umsturz zu schüren.
Es liegt auf der Hand, dass sich dieser Dissens [Uneinigkeit] unauflöslich mit dem Problem der begrifflichen Kennzeichnung des Geschehens verband: Ob von einem „Staatsstreich“ oder einem „revolutionären Aufstand“, ob von einem ganz und gar illegitimen Coup oder einer zumindest partiellen [teilweisen] Rechtfertigung durch temporäre [zeitweilige] Zustimmung der Mehrheit der politisch aktiven Bevölkerung in den Hauptstädten die Rede sein sollte, lässt sich nur durch einen Blick auf das gesamte, so schicksalhafte Dreivierteljahr zwischen Ende Februar und Ende Oktober 1917 beantworten. Dabei war von Anfang an eine ausgeprägte Unversöhnlichkeit der wissenschaftlichen Kontrahenten zu beobachten. Allem Anschein nach lässt sie sich nicht nur für die ersten Jahrzehnte durch den Gegensatz der weltanschaulich-politischen Positionen erklären. Auch nach dem Tod der Zeitgenossen und in der Bindung an die Regeln des wissenschaftlichen Diskurses sind lebensweltliche Vorprägungen so wirksam geblieben, dass sich kein Konsens herstellen ließ.

Ungeachtet dessen ist der Weg dorthin doch so weit geebnet worden wie nie zuvor. Aus postsowjetischer und methodenkritischer Perspektive bietet es sich an, diesen Tatbestand auf eine erhebliche Homogenität und zugleich ungewöhnliche numerische Stärke einer Generation primär von angelsächsischen Russlandhistorikern zurückzuführen, die in den sechziger und siebziger Jahren wissenschaftlich „sozialisiert“ wurden oder schon so in den Beruf eintraten. Diese Generation räumte der Sozialgeschichte hohe Priorität ein und widmete sich Problemen, die zumindest verschüttet waren. Ins Zentrum rückten die wirtschaftliche und sonstige Politik der Regierung, die Lage der Arbeiterschaft und ihr – nicht zuletzt an der Streik- sowie der Rätebewegung gemessener – Stimmungswandel, die Politik und Struktur der liberalen, menschewistischen und sozialrevolutionären Partei auf der einen Seite sowie der Bolschewiki auf der anderen Seite, der Zerfall der Armee und der Niederschlag all dieser Entwicklungen auf die politischen Sympathien jener Teile der städtischen Bevölkerung, die ihre Wünsche und Abneigungen auf der ‚Straße‘ zur Geltung bringen konnten. Bei Unterschieden im Einzelnen kamen alle diese Studien zu dem Ergebnis, dass sich die politische Stimmung der Arbeiter und Soldaten seit etwa Juni 1917 tiefgreifend zu Lasten der Regierung verschob. Darunter litten die „rechten“ Sozialrevolutionäre, die Menschewiki sowie die Liberalen, und davon profitierten die Gegner der Koalition und des Februarregimes insgesamt, allen voran die Bolschewiki und die von ihr dominierten Räte in den Fabriken und Regimentern. Bei den Arbeitern trugen der rapide wirtschaftliche Niedergang, Arbeitslosigkeit und wachsende materielle Not nachhaltig zur Enttäuschung über die Früchte ‚ihrer‘ Revolution bei, unter den Soldaten an der Front und in den Garnisonen die fatale Juli-Offensive.
Im Ergebnis liefen beide Gruppen den gemäßigten Kräften davon und verschafften den radikalen die Oberhand: Nur auf diese temporäre Popularität gestützt konnte Lenin die „Kunst des Aufstands“ erfolgreich demonstrieren. Zugleich war er klug genug – und darin bestand die zweite Voraussetzung des Handstreichs –, die ‚schwarze Umteilung‘ auf dem Dorf umgehend zu billigen und den Bauern ihren ‚Revolutionsgewinn‘ zu bestätigen. Als sich zu Beginn des nächsten Jahres die Gegner formierten und sich erster Widerstand bei den Arbeitern zeigte, hatten sich die neuen Herren schon an den Schalthebeln der Macht eingerichtet.

Diesem Konsens der sozialhistorischen Forschung der letzten Jahrzehnte steht eine Auffassung gegenüber, die auch methodisch andere Weg geht und sich laut Ausweis der Fachrezensionen [Buchbesprechungen] eher am Rand der Lehrmeinungen bewegt. Sie wurde aber nicht nur in der umfangreichsten Geschichte der Russischen Revolution [von Richard Pipes] mit großer öffentlicher Resonanz vertreten, sondern hat auch vom Zusammenbruch der Sowjetunion und des kommunistischen Systems in Europa profitiert. Diese Deutung setzt im Kern die kadettisch-liberale Selbstexegese fort [also die nachträgliche Interpretation der Ereignisse durch die Liberalen, insbesondere die Kadetten], gibt ihr aber eine darüber hinausgehende Zuspitzung gegen ideologisch-totalitäres Denken allgemein. Die Bolschewiki mit Lenin und Trotzki an der Spitze erscheinen als typische Repräsentanten einer fanatischen *intelligencija*, der es gelang, den Unmut der hungernden Arbeiter und kriegsmüden Soldaten für die eigenen Ziele auszunutzen. Die zweifellos fragile „Notstandsdemokratie“ (Dietrich Geyer) des Februar fiel einer Machtbesessenheit zum Opfer, die über Leichen ging und ihre Skrupellosigkeit aus dem unerschütterlichen Glauben an die Richtigkeit der Sache gewann.

So begründet die Kritik an der Selbstgerechtigkeit und terroristischen Disposition einer mit absolutem Geltungsanspruch ausgestatteten Utopie ist, so unbefriedigend bleibt die Antwort auf die Frage, warum sich die anfangs unbedeutende Minderheit radikaler Revolutionäre schließlich durchzusetzen vermochte. Der Hinweis auf die Überlegenheit bedenkenloser totalitärer Gesinnung reicht ebensowenig aus wie der Rekurs [die Bezugnahme] auf die unzweifelhaft herausragende Bedeutung der Autorität und der agitatorischen wie organisatorischen Fähigkeiten Lenins und Trotzkis. Beide Vorgehensweisen blenden die Voraussetzungen für den Erfolg radikaler Agitation weitgehend aus und schieben damit auch den Ertrag von drei Jahrzehnten intensiver sozialhistorischer Forschung beiseite.

Manfred Hildermeier, Geschichte der Sowjetunion 1917–1991. Entstehung und Niedergang des ersten sozialistischen Staates, München: C. H. Beck 2016 (3. Aufl.), S. 106ff.

Info

Was ist ein Forschungsbericht?

Wissenschaftliche Forschung lebt davon, dass Thesen aufgestellt, begründet und überprüft werden. Ziel ist es, zu belastbaren Ergebnissen zu kommen, die im Idealfall allgemein akzeptiert werden. Die historische Entwicklung folgt jedoch nicht Naturgesetzen und die Überlieferung der Quellen ist nicht immer eindeutig, sodass verschiedene Deutungen möglich sind. Auch unterscheiden sich die Erkenntnisinteressen und die Fragestellungen der Historikerinnen und Historiker. Zudem wandeln sie sich im Lauf der Zeit. Da die Forschung immer weiter fortschreitet, immer spezialisierter und immer internationaler wird, können oft nur noch Expertinnen und Experten ein Forschungsfeld überblicken. Um sich über den Stand der Forschung zu vergewissern, also das bereits Erreichte und das noch nicht hinreichend Untersuchte zu beschreiben, und um Außenstehenden einen Einblick zu vermitteln, werden Forschungsberichte verfasst.

1. **a)** ●○○ Fassen Sie wesentliche Positionen und Stationen der historischen Forschung zur Russischen Revolution zusammen.
b) ●●○ Stellen Sie den Gang der Forschung grafisch dar.
→ M7

2. **a)** ●●○ Arbeiten Sie Stellen heraus, an denen der Autor eine Forschungsposition möglichst neutral wiedergibt.
b) ●●○ Markieren Sie Stellen, an denen der Autor seine eigene Einschätzung formuliert.
c) ●●● Zeigen Sie anhand von Beispielen, dass es sich bei dem vorliegenden Text M7 um einen Forschungsbericht handelt.
→ M7, Infokasten auf dieser Seite

Malerei als Propaganda

Die russische Revolution wurde Gegenstand propagandistischer Darstellungen, wobei die Malerei eine wichtige Rolle spielte. So entstanden Gemälde zu verschiedenen Ereignissen der Revolution, die bis heute das Bild prägen. Ein Beispiel ist das Bild „Lenin proklamiert die Sowjetmacht" aus dem Jahr 1947/48. Wie stellt der Maler Wladimir Alexandrowitsch Serow die Revolution dar?

M 8 *„Lenin proklamiert die Sowjetmacht"* *Gemälde von Wladimir Alexandrowitsch Serow, entstalinisierte Fassung von 1962, in der u. a. Stalin und Trotzki wegretuschiert wurden.*

M9 Wladimir Alexandrowitsch Serow (1910–1968)

Der 1920 geborene Künstler studierte im heutigen St. Petersburg und erlebte dort auch den Zweiten Weltkrieg. Er trat 1942 in die Kommunistische Partei der Sowjetunion ein (KPdSU) und war ein wichtiger Kunstfunktionär in der Sowjetunion. Von ihm stammen wichtige Bilder, die die russische Revolution darstellen.

M10 Ein Augenzeugenbericht

Nikolai Suchanow (1882–1940) war Augenzeuge des Geschehens. In seinem Revolutionstagebuchs schreibt er zu den Ereignissen des 25. Oktobers 1917:

Der Moskauer Arbeiter unterschied sich schon vom Petersburger Proletarier wie das Huhn vom Pfau [...] Auf diesem Kongress war der Saal mit gänzlich anderen Menschen angefüllt. Was da aus den Schützengräben und aus den dunkelsten Winkeln herausgekrochen war, waren ganz und gar ungehobelte und finstere Gestalten; ihre Ergebenheit der Revolution gegenüber bestand aus Verbitterung und Verzweiflung, ihr „Sozialismus" aus Hunger und einem unerträglichen Drang nach Ruhe. Das war kein schlechtes Material für Experimente; aber die Experimente mit einem solchen Material waren eine riskante Angelegenheit. Der Saal war voll solcher finsteren, gleichgültigen Gesichter und grauen Militärmäntel. Ich kämpfte mich durch nach vorn, wo für mich ein Platz reserviert sein sollte. Auf der Bühne drängten sich viel mehr Menschen, als es die elementarsten Grundsätze von Ordnung und Organisation erlaubten. [...] Ich suchte Lenin mit dem Blick, aber er war wohl nicht auf dem Podium. [...] Ich erreichte meinen Platz in einer der ersten Reihen, als Dan die Tribüne bestieg, um den Kongress im Namen des Zentralen Exekutivkomitees zu eröffnen. Ich habe während der gesamten Revolution keine Sitzung erlebt, in der eine derartige Unordnung und ein solcher Tumult geherrscht hätten. Dan eröffnete sie [...]. Awanessow [Bolschewik!] hatte eine fertige Liste für das Präsidium in den Händen, aber die Vertreter der Menschewiken und der SR [Sozialrevolutionäre] erklärten, sich am Präsidium nicht beteiligen zu wollen.

Nikolai Suchanow, 1917. Tagebuch der Russischen Revolution (übers. v. Nikolaus Ehlert), München: Piper 1967, S. 666.

M11 Ablauf der Ereignisse in St. Petersburg (Petrograd)

Der Historiker Michael Wobring schreibt (2015):

In den Morgenstunden des 25. Oktober 1917 besetzten Truppen [...] die strategisch wichtigen Punkte der Stadt. Gegen Mittag lösten aufständische Soldaten und Rotgardisten das Vorparlament auf und forderten die Kapitulation der Provisorischen Regierung im Winterpalais. Für Lenin war der Sturz der Provisorischen Regierung, der legalen Autorität, vor Zusammentritt des Allrussischen Sowjetkongresses zentral. In den frühen Morgenstunden des 26. Oktober 1917 verschafften sich die Truppen Zugang zum Winterpalais und verhafteten die Regierung, mit Ausnahme Kerenskis, der bereits am Morgen des Vortags in die US-amerikanische Botschaft geflohen war.

Erstellen Sie ein Plakat, auf dem Sie das Bild M8 analysieren und seinen propagandistischen Gehalt herausarbeiten. Werten Sie dafür die vorliegenden Materialien aus. Die folgenden Aufgaben dienen dabei als Hilfestellung.

1. **a)** ●●○ Erläutern Sie das dargestellte Ereignis und ordnen Sie es historisch ein.
b) ●●● Zeigen Sie, welche Situation genau dargestellt wird und überprüfen Sie die Authentizität der Darstellung. Achten Sie auf Auslassungen und Ergänzungen.
→ M8–M11

2. **a)** ●●○ Ergänzen Sie die Bildbeschreibung M12. Bestimmen Sie dabei die dargestellten Figuren.
b) ●●○ Analysieren Sie den Aufbau des Bildes. Achten Sie insbesondere auf die Blickrichtung der Figuren, die Anordnung der Gruppen und die Lichtgestaltung.
→ M8–M14

3. ●●● Diskutieren Sie den propagandistischen Gehalt des Bildes.
→ M8

4. **a)** ●●○ Suchen Sie im Internet die ursprüngliche Fassung des Bildes aus dem Jahr 1947/48 und beschreiben Sie die wesentlichen Änderungen.
b) ●●● Diskutieren Sie, ob sich die Aussage des Bildes durch die Entfernung von Stalin und Trotzki ändert.
→ M8, Internet

Malerei als Propaganda

Der Raum, in dem das historische Ereignis stattfand, war der schmucklose, große Ballsaal des erst 1906 am Rande von Petrograd errichteten Smolny-Instituts, einer ehemaligen Erziehungseinrichtung für Adelstöchter. Seit Juli 1917 hatte das Exekutivkomitee der Räte sein Hauptquartier aus dem renommierten Taurischen Palast dorthin verlegt. In dem von bewaffneten Posten bewachten Institut hatten sich Büros der verschiedenen revolutionären Organisationen eingerichtet. In den verschmutzten Gängen schliefen Soldaten. Das Zentrum des Smolny bildete der Saal, in dem die Sitzungen des Rates abgehalten wurden. Von der Wand hinter dem Podium, auf dem das Exekutivkomitee saß, hatten die Revolutionäre das Porträt des Zaren entfernt.

Als der Kongress, wie beabsichtigt, erst am späten Abend, gegen 23.00 Uhr, eröffnet wurde, löste Lenins erster öffentlicher Auftritt seit Juli 1917 Zustimmung und Jubel aus. In einer kurzen Rede rief er nicht nur eine neue, allein von den Räten getragene Regierung aus, sondern sprach von einer weiteren, einer dritten russischen Revolution, die schließlich zum Sieg des Sozialismus führen solle.

[...]

Am Beginn der Verhandlungen forderten Abgeordnete der Menschewiki und Sozialrevolutionäre unter Boykottandrohung, die Verhandlungen mit der Regierung wieder aufzunehmen. Ihr anschließender Austritt aus dem Kongress veränderte die Stimmenverhältnisse zugunsten der Bolschewiki, die dadurch über die absolute Mehrheit verfügten. Das Präsidium bestand somit aus vierzehn Bolschewiki und sieben Linken Sozialrevolutionären, dem „Rat der Volkskommissare“ (SNK).

[...]

Der Kongress nahm am frühen Morgen des 26. Oktober das Manifest an, das zum Gründungsakt der Sowjetrepublik wurde. „Getragen von der überwältigenden Mehrheit der Arbeiter, Soldaten und Bauern und gestützt auf den siegreichen Aufstand der Arbeiter und der Garnison von Petrograd, beschließt der Kongress hiermit, die Regierungsmacht in seine Hände zu nehmen. Die Provisorische Regierung ist abgesetzt und die Mehrheit ihrer Mitglieder verhaftet. [...]

Der Kongress beschließt, dass alle lokale Befehlsgewalt auf die Täter der Arbeiter-, Soldaten- und Bauerndeputierten übertragen wird, die den Auftrag erhalten, die revolutionäre Ordnung durchzusetzen.“

Am Morgen des 26. Oktober 1917 verabschiedeten die Delegierten zwei Dekrete, die ihnen die Zustimmung der Bevölkerung außerhalb der Städte sicherten und den Abschluss des bolschewistischen Umsturzes symbolisierten: das „Dekret über den Frieden“, d.h. die Beendigung des Krieges ohne Forderungen nach Annexion und Kontribution, sowie die formelle Anerkennung der bereits vollzogenen Umverteilungen, das „Dekret über Grund und Boden“. Dazu kam das Versprechen zur Einführung der „Arbeiterkontrolle“ in den Fabriken. Gegen 6.00 Uhr früh wurde die Sitzung abgeschlossen.

Michael Wobring, Wladimir A. Serow: „Lenin proklamiert die Sowjetmacht 1917“; in: Michael Wobring/Susanne Popp (Hg.), Der europäische Bildersaal. Europa und seine Bilder. Analyse und Interpretation zentraler Bildquellen, Bonn: bpb 2015, S. 115f.

M 12 Das dargestellte Ereignis im Bild

Der Historiker Michael Wobring schreibt (2015):

Das im Hochformat angelegte Werk eröffnet den Blick in einen hell erleuchteten, eleganten Saal, vor dessen Stirnseite, rechts im Bild, eine zentral herausgestellte Figur steht, die von einem erhöhten Standpunkt aus zu einer dicht gedrängten Menschenmenge spricht [...]. Die Komposition des großformatigen Ölgemäldes (210 x 270 cm) ist klar strukturiert und ermöglicht dem Betrachter, das zentrale Geschehen von einem leicht erhöhten Standpunkt aus zu überschauen [...].

Die Hauptfigur, ein Mann mittleren Alters, mit Kinn- und Oberlippenbart, dessen Gesicht, fast ins Profil gedreht, sehr gut erkennbar ist, überragt auf einem Podium stehend alle anderen im Bild versammelten Personen. Er streckt seinen rechten Arm mit der nach unten gespreizten Hand über seinen Zuhörern aus. Er ist formell gekleidet und trägt einen schwarzen Anzug mit weißem Hemd und dunkler Krawatte. Der ins Plenum gerichtete Blick weist über sein Publikum hinaus in einen imaginären Teil des Geschehens. Der Gesichtsausdruck und die hohe klare Stirn strahlen souveräne Ruhe und Entschlossenheit aus. Das Licht fällt von einem großen Lüster im linken oberen Bereich des Bildes auf die Hauptfigur und die gedrängte Menschenmenge [...]. Dabei steht die dunkle Kleidung des Protagonisten in starkem Kontrast zu den weißen Wänden des Saals und den im Hintergrund bis zur Decke emporragenden glatten Säulen und Pilastern. Reich verzierte Säulenkapitelle und andere Stuckelemente sind im obersten Bildteil erkennbar und lassen die Höhe und Größe des Raumes erahnen.

Die nächtliche Stunde ist durch die dunklen Fenster und Glastüren im Hintergrund erkennbar.
Die in überwiegend dunklen und erdigen Farben gestaltete Menge im unteren Drittel des Bildes ...

Michael Wobring, Wladimir A. Serow: „Lenin proklamiert die Sowjetmacht 1917"; in: Michael Wobring/Susanne Popp (Hg.), Der europäische Bildersaal. Europa und seine Bilder. Analyse und Interpretation zentraler Bildquellen, Bonn: bpb 2015, S. 116.

M 13 Eine Deutung

Der Historiker Michael Wobring schreibt (2015):

Die Wahl des Formats, die kompositorische Anlage des Bildes und die Betrachterperspektive sind darauf gerichtet, die überragende Bedeutung der Hauptfigur optimal herauszustellen. Die Geste der rechten Hand scheint ihr eine geradezu sakrale Aura zu verleihen. Das Hinaufblicken zu dieser Figur wird durch die senkrecht aufstrebenden Säulen und die Raumhöhe noch verstärkt. Auch der starke Kontrast zwischen der schwarzen Kleidung der Hauptfigur und dem hellen leeren Raum in der Höhe unterstützt diese Wirkung. Durch die formelle Kleidung hebt sich die Hauptfigur zudem deutlich von der Menschenmenge ab, die ihrerseits einen Kontrast zu der eleganten Atmosphäre des Saals bildet.
[...]
Die Gestaltung des Publikums konzentriert sich auf die Herausstellung charakteristischer Typen, die verschiedenen Gesellschaftsgruppen angehören, und doch in einer emotional bewegten Revolutionsentschlossenheit zur Gemeinschaft verschmolzen sind. Matrose und Soldat stehen für das kriegsmüde Militär [...], das sich der Revolution angeschlossen hat. Die fehlende Munition in den Gurten deutet an, dass sie an Kämpfen teilgenommen haben. Das Marschgepäck des Soldaten steht wohl mit der Frontheimkehr in Verbindung. Die Figuren im Vordergrund und rechts am Rand [...] werden als Kosak und Bauer gedeutet. Der Mann mit Armbinde steht für den Rotgardisten [...] und der Mann, der zur Fahne greift, vielleicht für einen Arbeiter [...]. Die Frau im Bild könnte aufgrund ihrer Kleidung eine Arbeiterin aus der Stadt darstellen [...].
Die Komposition des Gemäldes ist klar und für jedermann intuitiv verständlich. Der emotionale, sakral überhöhte Appell lädt die Betrachter zur uneingeschränkten Zustimmung zu Lenins Botschaft ein und legt ihnen die Identifikation mit dem revolutionsentschlossenen Volk nahe. Zweifel oder Ablehnung haben keinen Platz in dieser Imagination [...]. Diese Wirkung wird durch die nahezu lebensgroße Darstellung Lenins noch verstärkt.
Das Aussehen und die Gesten, mit denen Serow die Hauptfigur ausstattet, entsprechen der 1947 längst etablierten Lenin-Ikonografie, die man in zahllosen Gemälden und Skulpturen vorfindet. Sie entsprach jedoch nicht dem tatsächlichen Aussehen Lenins beim dargestellten Ereignis; so war er beispielsweise seit seiner Rückkehr aus dem Untergrund im September 1917 bartlos. Was nun aber die beiden anderen Akteure im Bühnenhintergrund anbelangt, so konnte bis heute nicht geklärt werden, wo exakt sie sich während des dargestellten historischen Moments befanden. Als Serow an diesem Werk arbeitete, lagen das historische Ereignis drei Jahrzehnte und auch das Ende des Zweiten Weltkriegs bereits zwei Jahre zurück, aus dem die Sowjetunion als Sieger hervorgegangen war [...].
Die Auseinandersetzung über die Schlüsselereignisse der Oktoberrevolution sowie die Rollenzuweisung und Gewichtung der Akteure hatten gleich nach den Ereignissen eingesetzt und einen festen Platz in der sowjetischen Historiografie und Propaganda erhalten. Da es zu den historischen Ereignissen kaum fotografisches Material gab, kam der Bilddarstellung durch konventionelle Techniken wie Malerei und Grafik eine zentrale Rolle bei der Aufgabe zu, die offiziellen Lesarten, besonders bei der Lenin-Ikonografie, publikumswirksam umzusetzen.

Michael Wobring, Wladimir A. Serow: „Lenin proklamiert die Sowjetmacht 1917"; in: Michael Wobring/Susanne Popp (Hg.), Der europäische Bildersaal. Europa und seine Bilder. Analyse und Interpretation zentraler Bildquellen, Bonn: bpb 2015, S. 117.

M 14 Propaganda

Die Bundeszentrale für politische Bildung definiert wie folgt (2020):

[lat.] P. bezeichnet die schriftliche, mündliche oder anderweitige, z. B. auch elektronische (mobile) Verbreitung (politischer, religiöser etc.) Überzeugungen, oft in Verbindung mit weiterer persönlicher Überzeugungsarbeit. Der Begriff P. hat (ebenso wie Agitation, Indoktrination) einen negativen Unterton und wird oft mit den politischen Manipulationen autoritärer und totalitärer Regime in Verbindung gebracht (z. B. dem nationalsozialistischen „Reichsminister für Volksaufklärung und Propaganda" J. Goebbels).

Klaus Schubert/Martina Klein, Das Politiklexikon, Bonn: Dietz 2020 (7. Aufl.); https://www.bpb.de/kurz-knapp/lexika/politiklexikon/18075/propaganda/ [letzter Zugriff: 17.05.2023].

7. Erste Maßnahmen der Bolschewiki zur Machtsicherung

Die Bolschewiki hatten am 25. Oktober 1917 in Petrograd die Macht erobert, indem sie die Schwäche der Provisorischen Regierung und der sie tragenden Parteien ausnutzten. Die Übernahme der Macht in der Hauptstadt war aber nicht gleichbedeutend mit ihrer Durchsetzung im gesamten Reich. Es gab auch keinen Masterplan, wie nun weiter zu verfahren sei, und keine Einigkeit innerhalb der bolschewistischen Führung über das weitere Vorgehen. Im Gegenteil: Während der folgenden Jahre musste – erstens – der politische, wirtschaftliche und gesellschaftliche Kurs immer wieder angepasst werden, und das war – zweitens – begleitet von permanenten Richtungskämpfen innerhalb der Partei. All dies vollzog sich unter den gewaltigen Belastungen von Krieg und Bürgerkrieg (1918–1921), nationalen Abspaltungen, Hungersnöten und Versorgungskrisen, Bauernunruhen und Arbeiterstreiks, und war immer wieder begleitet von exzessiver Gewalt.

Hinzu kam: Die von den Bolschewiki eigentlich fest erwartete Weltrevolution blieb aus. Nach der Machtübernahme hatte der neue Volkskommissar für auswärtige Angelegenheiten, Leo Trotzki, noch gemeint, man brauche nun nur noch ein paar revolutionäre Proklamationen zu verkünden und könne dann „die Bude schließen", da die Weltrevolution in Zukunft klassische Diplomatie unnötig mache. Aber der revolutionäre Funke mochte nicht auf andere Länder überspringen. Spätestens 1923 war klar, dass sich gerade das Deutsche Reich, das bedeutendste Element in Lenins Modell der Weltrevolution, zumindest vorläufig nicht zu „Sowjetdeutschland" revolutionieren ließ.

M 1 ***Leo Trotzki (1879–1940)***
Militärischer Organisator der Oktoberrevolution, wurde von einem Agenten Stalins im mexikanischen Exil ermordet.

Um der Revolution innerhalb Russlands zum Durchbruch zu verhelfen und ihre Macht zu sichern, erließen die Bolschewiki nach dem Umsturz eine Reihe von Dekreten, in die sie ihre zentralen vorrevolutionären Versprechen aufnahmen: Das „Dekret über den Frieden" enthielt einer Art Selbstverpflichtung zu einem sofortigen Kriegsende „ohne Annexionen und Kontributionen"; das „Dekret über Grund und Boden" anerkannte im wesentlichen die bereits vollzogene „schwarze Umverteilung" auf dem Land; die „Deklaration der Rechte der Völker Russlands" betonte das Recht auf nationale Selbstbestimmung; die „Einführung der Arbeiterkontrolle" sicherte die Mitsprache der Belegschaft bei sämtlichen innerbetrieblichen Entscheidungen zu.

Hinzu trat eine Fülle weiterer Maßnahmen, die alle gesellschaftlichen Bereiche erfassten und den „alten Staat" vollständig zertrümmern sollten: Dazu gehörten etwa die Verstaatlichung der Banken, die Trennung von Kirche und Staat, die Wahl von Laien zu Richtern und Staatsanwälten statt professioneller Juristen, hierher gehört auch die Einrichtung von „Revolutionstribunalen". Milizen und „Volksbewaffnung" sollten das stehende Heer ersetzen, dazu kam die Abschaffung der Offiziersränge und die Wahl der Vorgesetzten durch die Mannschaften; aber auch die Gleichberechtigung der Frau sowie die Gleichstellung unehelicher mit ehelichen Kindern; im Schulwesen gab es u. a. Regelungen für die Wahl der Lehrer, Bestimmungen über die Abschaffung der Noten, die Einführung von Gemeinschaftsschulen, das Verbot von Schuluniformen und die Streichung von Latein aus dem Kanon der Pflichtfächer. – Aber das war kein wirklich ausgefeiltes und gut durchgeplantes Programm, denn eine klare Konzeption hatten die Bolschewiki nicht. Vieles blieb Stückwerk oder war widersprüchlich (die Arbeiterkontrolle z. B.), und einiges wurde bald wieder ganz oder teilweise zurückgenommen (etwa in den Bereichen Militär und Justiz).

Am 12. November 1917 fanden die immer wieder verschobenen Wahlen zur Verfassungsgebenden Versammlung statt. Es waren die ersten (und für über 70 Jahre auch die letzten) freien Wahlen in Russland, erstmals hatten auch Frauen aktives und passives Wahlrecht. Klarer Wahlsieger waren die Sozialrevolutionäre mit über 50 % der abgegebenen Stimmen, die Bolschewiki erhielten weniger als 25 %, die Kadetten unter 5 %, die Menschewiki gut 3 %. Auch wenn Lenins Partei in den großen Städten sowie bei den Arbeitern und Soldaten Mehrheiten gewann, war das Ergebnis für sie insgesamt eine klare Niederlage.

Die Bolschewiki hatten ihre Machtübernahme Ende Oktober 1917 noch unter den Vorbehalt der Bestätigung durch die Verfassungsgebende Versammlung gestellt. Angesichts der Mehrheitsverhältnisse dort drohte nun aber eine Abwahl des Rats der Volkskommissare und damit ein abruptes Ende der bolschewistischen Revolution. Als die Versammlung am 5. Januar 1918 zur ersten Sitzung zusammentrat, weigerte sich die Mehrheit, die Räteverfassung und die bisherigen Entscheidungen der Lenin-Regierung

M2 „Revolution“
Rohrfederzeichnung von George Grosz (1893–1953), 1925. Der Maler und Karikaturist reiste 1922 in die Sowjetunion und verbrachte dort über ein halbes Jahr. Er war einer der schärfsten Kritiker der Konservativen in der Weimarer Republik und seit 1919 Mitglied der KPD. Von seiner Reise in das Land der proletarischen Revolution kehrte er allerdings ernüchtert zurück.

als bindend anzuerkennen. Daraufhin ließen die Bolschewiki die Verfassungsgebende Versammlung am nächsten Tag, 6. Januar 1918, durch Rote Garden auflösen. Gegen diese Zwangsmaßnahme erhoben sich zwar blutige Proteste in Petrograd und vor allem in Moskau. Diese ließen sich jedoch rasch niederschlagen, denn die Soldaten, auf deren Widerstand vor allem die Sozialrevolutionäre gehofft hatten, blieben passiv, ebenso die Bauern auf dem Land.

Damit war der Weg frei für das neue Regime, seine Staatsform durchzusetzen: Noch im Januar 1918 billigte der bolschewistisch dominierte 3. Allrussische Rätekongress die Auflösung der Verfassungsgebenden Versammlung und verabschiedete eine „Deklaration der Rechte des werktätigen und ausgebeuteten Volkes“, in der die Grundstruktur des neuen Sowjetstaates – noch vor Inkrafttreten der Verfassung am 10. Juli 1918 – fixiert wurde: Die „Diktatur des Proletariats“ sollte sich über ein pyramidenförmiges, von der lokalen Ebene bis zur Staatsspitze reichendes Rätesystem vollziehen, wobei die Räte auf allen unteren Ebenen Exekutive und Legislative in sich vereinigten. Nur an der Spitze der Pyramide galt formal Gewaltenteilung: Oberstes Organ war ein periodisch tagender Rätekongress; zwischen den Rätetagungen repräsentierte ein Exekutivkomitee diese oberste Gewalt. Die „Arbeiter- und Bauernregierung“, also der Rat der Volkskommissare, war von ihnen zu bestellen und ihnen verantwortlich. Soweit die Theorie.

In der Praxis gab es drei wichtige Einschränkungen: Erstens gelang es lange Zeit nicht, überall auf lokaler Ebene Räte einzurichten. Insbesondere in den Dörfern lebten die alten Landgemeindeversammlungen fort, sie wurden manchmal nur einfach umbenannt. In den Bürgerkriegswirren bekam das System immer größere Lücken, weil sich vielerorts die Räte nicht halten konnten oder schlichtweg keine Wahlen mehr durchgeführt wurden. Zweitens wurden während des Bürgerkriegs zahlreiche „außerordentliche Organe“ geschaffen, die Zuständigkeiten und Vollmachten in einer Person („Kommissar für besondere Aufgaben“) oder einem kleinen Gremium bündelten. Das war effizienter als Stufe um Stufe kollegial im Sowjet zu entscheiden; aber es war auch der Weg in eine „kollektive Diktatur mit Lenin an der Spitze“ (Manfred Hildermeier). Die eigentlich vorgesehene Entscheidungsteilhabe „von unten“ wurde auch nach dem Ende des Bürgerkriegs 1921 nicht umgesetzt; dem standen die Bürokratisierung und die Zentralisierung des gesamten Staatsapparats sowie der Führungsanspruch der Parteielite entgegen. Aus der verheißenen „Diktatur des Proletariats“ wurde so die „Diktatur einer Handvoll Politiker“, wie die deutsche Sozialistin Rosa Luxemburg (1871 – 1919) schrieb.

Und das führt zum dritten Punkt: Nach dem Bürgerkrieg entstand neben der Sowjetstruktur allmählich eine streng hierarchisch von oben nach unten durchgegliederte Organisation der Kommunistischen Partei, wie sich die Bolschewiki seit März 1918 nannten. Dort, nicht in den Räten, wurden die wesentlichen Entscheidungen getroffen. Deswegen war auch bald klar: Wer aufsteigen wollte, musste in die Partei. An der Spitze der Kommunistischen Partei standen das seit 1922 von Josef Stalin als Generalsekretär geleitete Zentralkomitee mit seinen Abteilungen, darunter das „Politbüro“ (zuständig für Außen-, Finanz- und Wirtschaftspolitik), das „Organisationsbüro“ (zuständig für den Parteiaufbau) und die Zentrale Kontrollkommission (zuständig für Disziplinarmaßnahmen und die Einhaltung der Parteilinie). Es galt das von Lenin in seinem Buch „Was tun?“ (1902) entwickelte Prinzip des „Demokratischen Zentralismus“: Die jeweils höhere Instanz der Partei war der niedrigeren gegenüber weisungsberechtigt, Abweichungen oder „Fraktionsbildungen“ waren untersagt. Damit reichte der Arm der Parteiführung bald bis in die unterste „Parteizelle“ in kleinen Städten und Dörfern.

1. a) ●●○ Arbeiten Sie aus dem Darstellungstext die Maßnahmen heraus, die die Bolschewiki ergriffen, um ihre Macht zu sichern.
b) ●●○ Erläutern Sie, wie die Bolschewiki diese Maßnahmen rechtfertigten.
→ Text

2. a) ●●● Interpretieren Sie die Zeichnung M2 von George Grosz.
b) ●●● Beurteilen Sie die Sichtweise des Zeichners.
→ Text, M2

3. ●●● Erörtern Sie, ob die Maßnahmen der Bolschewiki demokratisch legitimiert waren. Berücksichtigen Sie dabei die Sichtweise der Bolschewiki und ihrer Gegner.
→ Text

Erste Maßnahmen der Sowjetregierung

M3 Dekrete

a) Dekret über den Frieden (26.10. [8.11.] 1917):

Die Arbeiter- und Bauernregierung, die durch die Revolution vom 24. – 25. Oktober geschaffen wurde und die sich auf die Sowjets der Arbeiter-, Soldaten- und Bauerndeputierten stützt, schlägt allen Krieg führenden Völkern und ihren Regierungen vor, sofort Verhandlungen über einen gerechten demokratischen Frieden zu beginnen. […] Ein solcher Friede ist nach Auffassung der Regierung ein sofortiger Friede ohne Annexionen (d. h. ohne Aneignung fremder Territorien, ohne gewaltsame Angliederung fremder Völkerschaften) und ohne Kontributionen [erzwungene Abgaben]. […]
Die Regierung schlägt allen Regierungen und Völkern aller Krieg führenden Länder vor, sofort einen Waffenstillstand abzuschließen. […]
Die Provisorische Arbeiter- und Bauernregierung Russlands, die dieses Friedensangebot an die Regierungen und an die Völker aller Krieg führenden Länder richtet, wendet sich gleichzeitig insbesondere an die klassenbewussten Arbeiter der drei fortgeschrittensten Nationen der Menschheit und der größten am gegenwärtigen Kriege beteiligten Staaten: England, Frankreich und Deutschland. Die Arbeiter dieser Länder haben der Sache des Fortschritts und des Sozialismus die größten Dienste erwiesen […], sie werden die ihnen jetzt gestellte Aufgabe der Befreiung der Menschheit von den Schrecken des Krieges und seinen Folgen begreifen; denn diese Arbeiter werden uns durch ihre allseitige, entschiedene, rückhaltlos energische Tätigkeit helfen, die Sache des Friedens und zugleich damit die Sache der Befreiung der werktätigen und ausgebeuteten Volksmassen von jeder Sklaverei und jeder Ausbeutung erforderlich zu Ende zu führen.

Übers. zit. nach: Wolfgang Lautemann/Manfred Schlenke (Hg.), Günter Schönbrunn (Bearb.), Geschichte in Quellen Band 5: Weltkriege und Revolutionen 1914 – 1945, München: Bayerischer Schulbuch-Verlag 1975 (2. Aufl.), S. 80f.

b) Dekret über den Grund und Boden (26.10. [8.11.] 1917):

1. Das Eigentumsrecht der Gutsbesitzer an Grund und Boden wird unverzüglich ohne jede Entschädigungszahlungen aufgehoben.
2. Die gutsherrlichen Besitzungen sowie alle Domänenverwaltungen, Klöstern und Kirchen gehörenden Ländereien gehen mit allem lebenden und toten Inventar, allen Baulichkeiten und allem Zubehör in die Verfügungsgewalt der Amtsbezirks-Landkomitees und der Kreissowjets der Bauerndeputierten über, bis zum Zusammentritt der Konstituierenden Versammlung.
3. Jedwede Schädigung des konfiszierten Eigentums, das von nun an dem ganzen Volk gehört, wird als Schwerverbrechen angesehen und vom Revolutionsgericht geahndet.

Übers. zit. nach: Helmut Altrichter/Heiko Haumann (Hg.), Die Sowjetunion von der Oktoberrevolution bis zu Stalins Tod, Bd. 2: Wirtschaft und Gesellschaft, © dtv Verlagsgesellschaft, München 1987, S. 25.

c) Dekret über die Presse (27.10. [9.11.] 1917):

In der schweren, entscheidenden Stunde des Umsturzes und in den Tagen, die ihm unmittelbar folgten, war das Provisorische Revolutionskomitee gezwungen, eine ganze Reihe von Maßnahmen gegen die konterrevolutionäre Presse […] zu ergreifen. […]
Jedermann weiß, dass die bürgerliche Presse eine der wichtigsten Waffen der Bourgeoisie ist. Besonders im kritischen Moment, da die neue Macht, die Macht der Arbeiter und Bauern, sich erst konsolidierte, war es gänzlich unmöglich, diese Waffe in den Händen des Feindes zu lassen, sie wäre zu diesem Zeitpunkt nicht weniger gefährlich gewesen als Bomben und Maschinengewehre. […]
Wenn sich die Neuordnung erst gefestigt hat, werden alle administrativen Beeinträchtigungen der Presse beseitigt, wird sie die vollständige Freiheit erhalten.

Übers. zit. nach: Helmut Altrichter/Heiko Haumann (Hg.), Die Sowjetunion von der Oktoberrevolution bis zu Stalins Tod, Bd. 2: Wirtschaft und Gesellschaft, © dtv Verlagsgesellschaft, München 1987, S. 29.

1. **a)** ●○○ Fassen Sie die zentralen Bestimmungen der drei Dekrete zusammen.
b) ●●○ Bestimmen Sie, inwieweit die Dekrete für die Sicherung der Macht notwendig waren.
c) ●●● Erörtern Sie, ob und wie sie legitimiert waren.
→ Text, M3

2. ●●● Untersuchen Sie den Erfolg der Maßnahmen.
→ Text

Die Bolschewiki an der Macht

M 4 Die Versprechungen der Revolution und ihr Alltag

Der Schriftsteller Maxim Gorkij in einem Petrograder Zeitungsartikel (Auszug), 20. Dezember 1917. Gorki (1886–1936) war in der Opposition gegen das Zarenregime aktiv gewesen und in dieser Zeit auch ein Weggefährte Lenins. Er lehnte die Oktoberrevolution jedoch als verfrüht ab, wie viele gemäßigte Linke:

Jetzt hat das Proletariat die Macht in der Hand und damit auch die Möglichkeit freier schöpferischer Arbeit. Es ist angebracht und an der Zeit zu fragen, worin sich diese Arbeit denn äußert. Die Erlasse der „Regierung der Volkskommissare" sind Zeitungsfeuilletons, nichts weiter. Sie sind eine Literatur, die sozusagen „in den Sand" geschrieben ist, und wenn diese Erlasse auch wertvolle Ideen enthalten, so bietet die heutige Wirklichkeit keinerlei Möglichkeiten zur Realisierung dieser Ideen.

Was bringt die Revolution also Neues; wie verändert sie unsere tierische russische Lebensweise; wird sie in der Finsternis des Volkslebens viel Licht verbreiten? [...]

Seit vierzehn Tagen schon plündern Scharen von Menschen Nacht für Nacht die Weinkeller, besaufen sich, schlagen sich gegenseitig mit Flaschen die Schädel ein, zerschneiden sich an den Glasscherben die Hände und wälzen sich wie Schweine in Schmutz und Blut. [...]

Bei diesen Weinpogromen wurden Menschen wie tollwütige Wölfe abgeknallt; so gewöhnt man sich allmählich daran, seinen Mitmenschen seelenruhig zu erledigen.

In der „Pravda" heißt es aber, diese Pogrome seien „von den Bourgeois provoziert worden", was natürlich eine Lüge ist, „Schönfärberei", die das Blutvergießen noch vergrößern wird. Diebstahl und Plünderungen nehmen zu; schamlose Beamte lassen sich ebenso skrupellos bestechen wie früher die Beamten des zaristischen Regimes. Finstere Typen, die sich um den Smolnyj[1] geschart haben, versuchen, die eingeschüchterten Bürger zu erpressen. Die Brutalität der Vertreter der „Regierung der Volkskommissare" wird allgemein beklagt, und das mit Recht.

Allerlei kleine Leute, die sich an der neuen Macht ergötzen, behandeln den Bürger wie einen besiegten Feind, d. h. genauso, wie die Polizei des Zaren ihn behandelt hat. Sie brüllen jeden an, sie brüllen wie die Polizeiposten in Konotop oder Cuchloma[2]. Das alles geschieht im Namen des „Proletariats" und der „sozialen Revolution", ist ein Sieg unserer Vertierung und vertieft weiter unsere Primitivität, an der wir bei lebendigem Leibe verfaulen.

1 Sitz des Rats der Volkskommissare in Petrograd.

2 Städte in der Provinz (in der Ukraine und im Gouvernement von Kostroma).

Übers. zit. nach: Helmut Altrichter/Heiko Haumann (Hg.), Die Sowjetunion von der Oktoberrevolution bis zu Stalins Tod, Bd. 2: Wirtschaft und Gesellschaft, © dtv Verlagsgesellschaft, München 1987, S. 41f.

M 5 Einrichtungen der Russischen Sozialistischen Föderativen Sowjetrepublik

Die Resolution des 3. Allrussischen Sowjetkongresses vom 28. Januar 1918 zeigt den gewünschten, idealen Staatsaufbau der föderativen Sowjetrepublik auf:

1. Die Russische Sozialistische Sowjetrepublik wird auf der Grundlage des freiwilligen Zusammenschlusses der Völker Russlands als Föderation der Sowjetrepubliken dieser Völker geschaffen.
2. Oberstes Machtorgan innerhalb der Grenzen der Föderation ist der Allrussische Rätekongress der Arbeiter-, Soldaten-, Bauern- und Kosakendeputierten, der nicht seltener als alle drei Monate einberufen wird.
3. Der Allrussische Sowjetkongress der Arbeiter-, Soldaten-, Bauern- und Kosakendeputierten wählt das Allrussische Zentrale Exekutivkomitee. In der Zeit zwischen den Sowjetkongressen ist das Allrussische Zentrale Exekutivkomitee das oberste Organ.
4. Die Regierung der Föderation, der Rat der Volkskommissare, wird in seiner Gesamtheit und in Teilen vom Allrussischen Sowjetkongress oder vom Allrussischen Zentralen Exekutivkomitee gewählt und entlassen. [...]
6. Alle Lokalangelegenheiten werden ausschließlich von den lokalen Sowjets entschieden. Den obersten Sowjets wird das Recht zuerkannt, die Beziehungen zwischen den unteren Sowjets zu regeln und zwischen ihnen entstehende Meinungsverschiedenheiten zu entscheiden. Die zentrale Sowjetmacht ist verpflichtet, für die Beachtung der Grundlagen der Föderation zu sorgen, und sie repräsentiert die Russische Räteföderation als Ganze. Die zentrale Gewalt ist auch für die Durchführung von Maßnahmen verantwortlich, die nur im gesamtstaatlichen Rahmen durchgeführt werden können, wobei freilich die

Rechte der einzelnen Gebiete, die der Föderation beitreten, nicht verletzt werden dürfen.
7. Die Ausarbeitung dieser Grundlagen einer Verfassung der Russischen Föderativen Republik und ihre Einbringung auf dem nächsten Rätekongress wird dem Zentralen Räteexekutivkomitee übertragen.

Einrichtungen der Russischen Sozialistischen Föderativen Sowjetrepublik, Übers. zit. nach: Helmut Altrichter, Heiko Haumann (Hg.), Die Sowjetunion von der Oktoberrevolution bis zu Stalins Tod, Bd. 1: Staat und Partei, © dtv Verlagsgesellschaft, München 1986, S. 32f.

M6 „Brief an amerikanische Arbeiter“

Lenin schrieb einen öffentlichen Brief (20.8.1918):

Genossen! Ein russischer Bolschewik, der die Revolution von 1905 mitgemacht hatte und dann viele Jahre in Eurem Lande lebte, hat mir angeboten, Euch einen Brief von mir zu übermitteln. Ich mache mit Freuden von diesem Angebot Gebrauch, fällt ja gerade jetzt den amerikanischen revolutionären Proletariern eine besonders wichtige Rolle zu, insofern sie die Todfeinde des amerikanischen Imperialismus sind, dieses Imperialismus, der am frischesten und mächtigsten ist und der als letzter in das Weltgemetzel der Völker wegen der Teilung der kapitalistischen Profite eingetreten ist. Gerade jetzt haben die amerikanischen Multimillionäre, diese modernen Sklavenhalter, eine besonders tragische Seite in der blutgetränkten Geschichte des blutrünstigen Imperialismus aufgeschlagen. Dies geschah, indem sie ihre Einwilligung – einerlei, ob diese Einwilligung direkt oder indirekt, offen oder heuchlerisch verbrämt war – zu dem bewaffneten Feldzug der anglo-japanischen Raubtiere zur Erdrosselung der ersten sozialistischen Republik gaben. [...]
Im amerikanischen Volke lebt eine revolutionäre Tradition, die die besten Vertreter des amerikanischen Proletariats übernommen haben, – jene Vertreter, die wiederholt ihre völlige Solidarität mit uns, Bolschewiki, kundgaben. Diese Tradition rührt aus dem Befreiungskriege gegen die Engländer im 18. Jahrhundert und dem Bürgerkriege im 19. Jahrhundert her. [...] Wir rechnen mit der Unausbleiblichkeit der internationalen Revolution; das bedeutet aber noch keineswegs, dass wir dummerweise mit dem Eintreffen der Revolution zu einem bestimmten nahen Zeitpunkt rechnen. Wir haben in unserm Lande zwei große Revolutionen erlebt, die von 1905 und von 1917; und wir wissen, dass Revolutionen weder auf Kommando noch auf Verabredung gemacht werden. Wir wissen, dass die Umstände uns, Russlands sozialistisches Proletariat, nur vorgeschoben haben, und zwar nicht dank unserer Verdienste, sondern infolge der besonderen Rückständigkeit Russlands; bis zum Ausbruch der internationalen Revolution können aber die einzelnen Revolutionen noch eine Reihe von Niederlagen erleiden.
Und dennoch sind wir fest davon überzeugt, dass wir unbesiegbar sind, denn die Menschheit wird an dem imperialistischen Gemetzel nicht gebrochen hervorgehen, sondern wird das Gemetzel überwinden. [...] Wir stehen außerhalb der imperialistischen Verpflichtungen, wir entfalteten vor der ganzen Welt das Banner des Kampfes für den völligen Sturz des Imperialismus. Wir befinden uns in einer belagerten Festung, solange uns andere Armeen der internationalen sozialistischen Revolution nicht zu Hilfe gekommen sind. Aber diese Armeen sind vorhanden, sie sind zahlreicher als die unsrigen; sie wachsen, gedeihen, erstarken, je länger die Brutalitäten des Imperialismus fortgesetzt werden. [...] Langsam aber unentwegt nähern sich die Arbeiter der kommunistischen und bolschewistischen Taktik, der proletarischen Revolution, die einzig und allein imstande ist, die Kultur und die Menschheit überhaupt vor dem Untergang zu retten.
Kurz, wir sind unbesiegbar, denn unbesiegbar ist die internationale proletarische Revolution.

Übers. zit. nach: https://de.wikisource.org/wiki/Ein_Brief_an_die_amerikanischen_Arbeiter [letzter Zugriff: 17.05.2023].

1. a) ●●○ Erarbeiten Sie aus der Quelle M4, wie sich das Leben der Menschen im Alltag änderte.
   b) ●●● Beurteilen Sie, inwieweit diese Beschreibung stichhaltig ist. Berücksichtigen Sie dabei die Position des Autors.
   → Text, M4
2. a) ●●○ Skizzieren Sie in einem Schaubild auf der Grundlage von M5 den angestrebten Staatsaufbau.
   b) ●●○ Untersuchen Sie den Einfluss der Sowjets und der Partei sowie ihr Verhältnis zueinander und zeigen Sie auf, wie sich das Machtverhältnis zwischen beiden langfristig verschob.
   → Text, M5
3. a) ●●○ Arbeiten Sie aus dem Text M6 die zentrale Absicht Lenins heraus.
   b) ●●● Begründen Sie, warum er sich an „amerikanische Arbeiter“ gewendet hat.
   → Text, M6
4. ●●● Beurteilen Sie zusammenfassend die durch die Oktoberrevolution ausgelösten Veränderungen.
   → Text, M1 – M6

Info

Bürgerkrieg

Wer sich für den bei uns weitgehend vergessenen Bürgerkrieg näher interessiert, findet hier einen vorzüglichen Einstieg:

https://dlf.uzh.ch/sites/stalindigital/2021/09/06/buergerkrieg/

8. Krieg und Bürgerkrieg

Krieg und Frieden

Nach der Machtübernahme bemühten sich die Bolschewiki, den Krieg zu beenden. „Frieden" war schließlich eines ihrer wirkungsvollsten Versprechen gewesen, um die Unterstützung der Bevölkerung zu gewinnen. Auch für den Umbau des Staates brauchten sie dringend Ruhe an der Kriegsfront. Nach dem Waffenstillstand mit den Mittelmächten vom 2. Dezember 1917 (15.12.1917) gingen die Friedensverhandlungen allerdings nicht voran. Die harten deutschen Forderungen lösten in der sowjetischen Führung heftige Kontroversen aus. Hinzu kam die Erwartung, die bevorstehende Weltrevolution werde zu einem allgemeinen Völkerfrieden führen und konventionelle diplomatische Verhandlungen hinfällig machen. Daraufhin begannen die Mittelmächte am 19. Februar 1918 eine neue Großoffensive, während sich die russländische Armee weitestgehend aufgelöst hatte. Deutsche Truppen besetzten innerhalb von zwei Wochen weite Gebiete der Ukraine, Weißrusslands sowie des Baltikums. Gegenüber dem Waffenstillstand verschoben sie die Frontlinie um bis zu 500 Kilometer nach Osten und kamen Petrograd gefährlich nahe. Die sowjetische Regierung wurde deswegen nach Moskau verlegt, das in der Folge dauerhaft Hauptstadt blieb.

Angesichts der bedrohlichen Lage unterzeichnete die sowjetische Führung schließlich am 3. März 1918 den „Raubfrieden" von Brest-Litowsk, wie der Vertrag später in der Sowjetunion und auch in der DDR genannt wurde. Russland gab darin Finnland, Russisch-Polen, das Baltikum, Weißrussland und die Ukraine auf. Es verlor damit ein Drittel seiner Bevölkerung (60 Millionen Menschen), ein Drittel der landwirtschaftlich nutzbaren Fläche, ein Viertel des Eisenbahnnetzes und etwa 90 Prozent der Schwerindustrie (Eisen- und Stahlindustrie, Kohlebergwerke). Der Gewaltfriede von Brest-Litowsk galt allerdings nicht einmal ein Jahr: Er wurde schon im Waffenstillstandsvertrag des Deutschen Reichs mit Großbritannien und Frankreich am 11. November 1918 wieder aufgehoben.

Die Folgen für die nationale und staatliche Ordnung in der Region wird im nächsten Teilkapitel thematisiert. Hier ist es zunächst noch wichtig festzuhalten, dass die linken Sozialrevolutionäre aus Protest gegen den Friedensschluss das politische Bündnis mit den Bolschewiki aufkündigten und sich der breiten Allianz ihrer Gegner anschlossen. In diesem Zusammenhang steht auch das Attentat der Sozialrevolutionärin und Anarchistin Fanny Kaplan (1890–1918) auf Lenin am 30. August 1918, das Lenin verletzt, aber mit schweren gesundheitlichen Folgen überlebte.

M1

Der Friede von Brest-Litowsk
- Grenze Russlands 1914
- Mittelmächte und Verbündete
- Frontverlauf 1918
- Russische Verluste im Frieden von Brest-Litowsk (3.3.1918)
- 3.11.1918 Unabhängigkeitserklärungen
- Russische Sozialistische Föderative Sowjetrepublik (seit 1917)

Bürgerkrieg und Terror

Dieser Gedanke führt zum Russischen Bürgerkrieg, der im Sommer 1918 ausbrach und erst im Laufe des Jahres 1921 allmählich sein Ende fand. Die Bolschewiki kämpften in diesem Bürgerkrieg um ihr politisches Überleben. Sie standen als „Rote" gegen die vielgestaltige Allianz der „Weißen". Deren militärische Verbände einte eigentlich nur die Gegnerschaft zu den Bolschewiki: Monarchisten, Liberale, Sozialrevolutionäre, regionale Warlords und national-separatistische Bewegungen zählten darunter. Zeitweilig mischten sich auch Interventionstruppen aus Deutschland, Großbritannien, Frankreich, Japan und den USA in das Geschehen ein. Hinzu kamen, vor allem in der Ukraine, bäuerliche Gruppen, sogenannte „Grüne", die sich sowohl gegen „Rote" als auch gegen „Weiße" wandten, aber auch wild umherziehende Banden und bewaffnete Gruppen, die vor allem die Zivilbevölkerung terrorisierten. Ungefähr drei Millionen elternlose Kinder zogen in sogenannten Kinderarmeen plündernd und kämpfend durchs Land.

Man darf sich das Geschehen daher auch nicht als Auseinandersetzung an einer einheitlichen Front vorstellen; es gab vielmehr eine schier unendliche Kette von Kämpfen, Aufständen, Überfällen, Pogromen, Gewaltexzessen und Gemetzeln. In weiten Teilen des Landes herrschten Chaos und Anarchie. Wie so häufig in Bürgerkriegen verliefen auch hier die Auseinandersetzungen weitgehend regellos und wurden mit äußerster Brutalität geführt.

Eine wichtige Rolle auf Seiten der Bolschewiki spielte dabei die schon im Dezember 1917 gegründete Tscheka („Allrussische außerordentliche Kommission zur Bekämpfung von Konterrevolution, Spekulation und Sabotage"), eine äußerst brutal operierende Geheimpolizei unter der Leitung von Feliks Dzierżynski (1877–1926). Die Tscheka verstand sich als „Schild und Schwert der Partei" und entfaltete skrupellosen Terror, um das Machtmonopol der Bolschewiki durchzusetzen. Ihre Geheimpolizisten und Folterknechte setzten um, was die Parteiführung erwartete. Lenin forderte „die Säuberung der russischen Erde von allem Ungeziefer" und verlangte, jeden Zehnten „Sozialparasiten" zu erschießen. Um wen es sich dabei handelte, erklärte Martyn Latsis (1888–1938), einer der Stellvertreter Dzierżynskis, so: „Wir führen nicht Krieg gegen einzelne. Wir vernichten die Bourgeoisie als Klasse. Während der Untersuchung suchen wir nicht nach Beweisen, dass der Beschuldigte in Worten und Taten gegen die Sowjetmacht gehandelt hat. Die ersten Fragen, die gestellt werden müssen, lauten: Zu welcher Klasse gehört er? Was ist seine Herkunft? Was ist seine Bildung und sein Beruf? Und es sind diese Fragen, die das Schicksal des Beschuldigten bestimmen sollten. Darin liegen die Bedeutung und das Wesen des roten Terrors."

Es ging also nicht um individuelles „Fehlverhalten", sondern um die bloße Zugehörigkeit zu einer Klasse, die als feindliches Kollektiv wahrgenommen wurde, weil sie dem verheißenen Sozialismus im Weg stehe. Latsis' Parteigenosse Grigori Sinowjew (1883–1936), Parteichef von Petrograd, forderte Ende September 1918 in einem Zeitungsartikel: „Um unsere Feinde zu überwinden, brauchen wir unseren eigenen sozialistischen Militarismus. Von der einhundert Millionen zählenden Bevölkerung Sowjetrusslands müssen wir 90 Millionen mit uns nehmen. Was den Rest angeht, so haben wir ihm nichts zu sagen. Er muss vernichtet werden."

Sinowjews menschenverachtende Rechnung wurde vermutlich noch übertroffen: Nach neuesten Schätzungen fielen den Bürgerkriegswirren fünf bis zehn Millionen Menschen zum Opfer, sie starben in Kämpfen und bei Gewaltaktionen, an Seuchen und Krankheiten; weitere fünf Millionen Menschen kamen im Winter 1921/22 in einer großen Hungersnot ums Leben. Etwa 90 Prozent aller Opfer waren Zivilisten. Weitere zwei Millionen – oft gut ausgebildete – Menschen verließen Russland in dieser Zeit. Dieser Exodus war auch ein gewaltiger „brain drain", also ein Verlust qualifizierter Fachkräfte; das erschwerte später den Wiederaufbau.

Kriegskommunismus

Im Zusammenhang mit dem Bürgerkrieg steht die Einführung des sogenannten „Kriegskommunismus". Das war ein Bündel von staatlich angeordneten Maßnahmen, mit denen der vorherrschenden Not, insbesondere der katastrophalen Versorgungslage, begegnet und alle Ressourcen für den Kampf der Roten Armee im Bürgerkrieg mobilisiert werden sollten. Die eingesetzten Instrumente entstammten dem ideologischen Baukasten der Bolschewiki und sollten auf die Schnelle eine sozialistische Plan- und Verteilungswirtschaft durchsetzen. Sie waren allerdings weder praktisch erprobt noch gut durchdacht.
Im Kern zielten die Maßnahmen darauf, privates Eigentum, privaten Handel und den freien Markt zu beseitigen, dazu gehörte auch die Abschaffung des Geldes. Stattdessen sollten Naturalwirtschaft und Tauschhandel durchgesetzt und alle knappen Ressourcen nach zentraler Planung bewirtschaftet werden. Dafür zustän-

M2 ***Feliks Dzierżynski (1877–1926)*** *Gründer der Tscheka (der bolschewistischen Geheimpolizei) und Organisator des „Roten Terrors"*

dig waren zwei staatliche Behörden: das „Volkskommissariat für Ernährung" und der „Oberste Volkswirtschaftsrat".

Auf dem Land sollten die Bauern gegen ihren Widerstand in kollektiven Betrieben zusammengeführt werden, sogenannten Sowchosen und Kolchosen. Industrielle Güter sollten sie im Austausch gegen Naturalwaren erhalten. Als das fehlschlug, weil die Industrie nur noch für den Bedarf der Roten Armee produzierte, wurde ein zentralisiertes System zur Nahrungsmittelbeschaffung und -verteilung eingeführt, das sich auf Quoten stützte. Militär beschlagnahmte nun teilweise mit brutalster Gewalt Getreide in den Dörfern. Es gab Proteste und Aufruhr wegen dieses „ungleichen Tauschhandels", der letztlich nichts anderes war als Raub. Viele Bauern versuchten, ihre Ernte zu verstecken. Als die Truppen auch Saatgut beschlagnahmten, ruinierten sie die Ernte des Folgejahres; die Hungernot von 1921/22 wurde unter anderem dadurch ausgelöst.

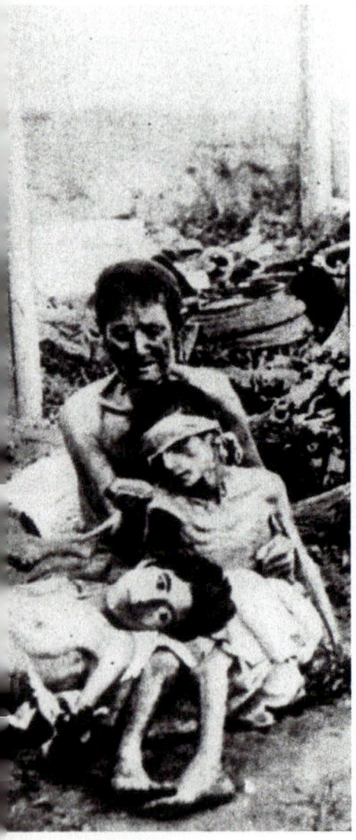

M3 ***Opfer des Bürgerkriegs***
Fotografie, um 1921/22

Bald brachen der Waren- und Wirtschaftskreislauf vollständig zusammen. Die Industrieproduktion des Landes fiel 1921 auf ein Drittel des letzten Vorkriegsjahres 1913; die offiziellen Lebensmittelrationen in den Städten lagen unter 1000 Kalorien pro Tag und Person. Dort kam es nun verbreitet zu Streiks und Protesten der Arbeiterschaft, der eigentlich wichtigsten Klientel der Bolschewiki. Zugleich lieferten Zehntausende von Bauern zwischen der Ukraine und Sibirien den staatlichen Beschlagnahmetrupps blutige Gefechte. Es war dieser kombinierte Aufruhr in Stadt und Land, der Lenin letztlich zu einer Kurskorrektur veranlasste und ab 1921 die Phase der „Neuen Ökonomischen Politik" (NEP) einläutete.

Gründe für den Sieg der Bolschewiki

Weshalb konnten sich die Bolschewiki trotz dieses allgemeinen Niedergangs im Bürgerkrieg gegen die breite Allianz der „Weißen" durchsetzen? Die historische Forschung bietet fünf Erklärungsansätze an, die einander nicht ausschließen; umstritten bleibt letztlich nur die Gewichtung im einzelnen.

- Die Bolschewiki kontrollierten während des Bürgerkriegs das wichtige Zentrum des Landes. Sie verfügten damit stets über die überlegenen Ressourcen (Verwaltung, Kommunikationslinien, Menschen, Wirtschaftskraft).
- Die von Trotzki aufgebaute und geleitete Rote Armee war den Truppen der „Weißen" organisatorisch und militärstrategisch überlegen.
- Die „Weißen" einte nur ihr gemeinsamer Gegner, das war zu wenig für eine tragfähige Allianz.
- Die „Weißen" gewannen keine Unterstützung bei den Bauern, weil ihr Programm auf eine Rückabwicklung der Landreform hinauslief; die Bauern sahen die Bolschewiki letztlich als das kleinere Übel an. Genau wegen dieses Konzepts eines „Roll back" fehlte den „Weißen" auch der Rückhalt in den nichtrussischen Regionen: Das bolschewistische Programm erschien dort attraktiver, weil es im Unterschied zu den Vorstellungen der „Weißen" gleichberechtigte Kooperation, Autonomie oder nationale Selbstständigkeit zu ermöglichen schien.
- Insbesondere die jüngere Forschung betont das rücksichtslose Gewalt- und Terrorregime der Bolschewiki, die vor keiner Brutalität zurückschreckten, um ihre Herrschaft zu sichern.

1. a) ●●○ Stellen Sie die Entwicklung des Ersten Weltkriegs bis zum Frieden von Brest-Litowsk kurz dar.
b) ●●○ Erläutern Sie die Gründe für den Abschluss des Friedens von Brest-Litowsk und die wesentlichen Bestimmungen.
c) ●●○ Zeigen Sie, welche Auswirkungen der Frieden für den weiteren Kriegsverlauf, für die bolschewistische Führung und für die Bevölkerung hatte.
→ Text, M1

2. a) ●●○ Arbeiten Sie aus dem Darstellungstext die Ursachen des Bürgerkrieges und den Verlauf des Bürgerkrieges heraus.
b) ●●● Erörtern Sie die Folgen, die der Bürgerkrieg für den weiteren Verlauf der Revolution hatte.
→ Text

3. ●●○ Erläutern Sie den Begriff „Kriegskommunismus" und beschreiben Sie die Folgen für die Bevölkerung.
→ Text

4. ●●● Gewichten Sie die Gründe für den Sieg der Bolschewiki: Welche waren Ihrer Meinung nach entscheidend?
→ Text

Propaganda im Bürgerkrieg – Plakate analysieren

M4 *Bolschewistisches Propagandaplakat „An die Ukrainischen Genossen“*
1920

M5 *Propagandaplakat der „Weißen“*
1919

1. ●●● Analysieren Sie die beiden Plakate im Hinblick auf die jeweilige propagandistische Aussage.
→ M4, M5

2. a) ●●○ Erarbeiten Sie aus dem Text M6 (auf Seite 82), wie die Historiker die Frage beantworten: „Wie gelang es den Bolschewiki, sich an der Macht zu halten?“
b) ●●○ Zeigen Sie anhand des Textes M6, wie die Historiker argumentativ vorgehen.
c) ●●● Finden Sie die Antworten der Historiker überzeugend? Begründen Sie Ihre Meinung.
→ Text, M6

Wie gelang es den Bolschewiki, sich an der Macht zu halten? – Mit einer Darstellung arbeiten

M 6 Auf den Umsturz folgen Chaos, Gewalt und Terror

Die Historiker Jörg Baberowski, Robert Kindler und Christian Teichmann schreiben (2007):

Dem Umsturz folgte die Gewalt; erst in Petrograd, dann überall in Russland. [...] Auf den Straßen der Städte herrschte das Gesetz des Stärkeren. „Revolutionäre" Soldaten und bewaffnete Arbeiter zogen marodierend umher. Die zur Aufrechterhaltung der Ordnung eingesetzten „Roten Garden" und „Arbeitermilizen" waren kriminelle Banden, die niemand unter Kontrolle halten konnte. Mancherorts suchten sich die entsetzten Bürger vor der Gewalt zu schützen. Doch ihre schlecht bewaffneten Milizen erwiesen sich als machtlos. Den Exzessen der Straße hatten sie nichts entgegenzusetzen. Bis zum Sommer 1918 hielt die anarchische Gewaltwelle an.

In diesem Chaos ließ sich Herrschaft nur mit kompromisslosem Terror durchsetzen. Deshalb institutionalisierten ihn die neuen Machthaber alsbald. Die Gründung der „Außerordentlichen Allrussischen Kommission zur Bekämpfung von Konterrevolution, Spekulation und Sabotage" (Tscheka) Anfang Dezember 1917 war der Beginn der systematischen Vernichtung von „Feinden" und „Verrätern", „Bürgerlichen" und „Ehemaligen". Unter ihrem Vorsitzenden Feliks Dzierżynski entfachte die Tscheka alsbald erbarmungslosen Terror. Denn der Staat der Bolschewiki sollte ein „System organisierter Gewalt" gegen den erklärten Hauptfeind Nummer eins – die Bourgeoisie – sein. Alle Anstrengungen galten dem Ziel „der Säuberung der russischen Erde von allem Ungeziefer, von den Flöhen – den Gaunern, von den Wanzen – den Reichen", wie es Lenin formulierte [...]. Im Sommer 1917 hatte er in seiner Schrift „Staat und Revolution" verkündet, dass der Staat, so wie er bislang bestanden hatte, zum „Absterben" verurteilt sei. Jeder, der die vier Grundrechenarten beherrsche, könne künftig an der Verwaltung des Gemeinwesens teilhaben. Mit ihrem Eintreten für die Sowjets als höchsten Organen der Macht schienen die Bolschewiki diese theoretischen Überlegungen auch in die Praxis umzusetzen. Doch nach der Revolution verloren die Sowjets bald an Bedeutung. Der „Rat der Volkskommissare" und das Zentralkomitee der bolschewistischen Partei entwickelten sich zu den eigentlichen Zentren der Macht. Die Bolschewiki brachten den Staatsapparat nicht zum Verschwinden. Vielmehr schufen sie eine Vielzahl neuer Institutionen und Einrichtungen, mittels derer sie inmitten des Chaos die Kontrolle in der Hand zu halten suchten.

Angesichts des Chaos und der Gewalt, die die Revolution der Bolschewiki hervorbrachten, stellt sich die Frage, wie es ihnen gelang, sich an der Macht zu halten. Die Revolution der Bolschewiki hatte ein doppeltes Gesicht. Neben dem Zwang gab es Anreize zum Mitmachen, die in einer Situation von Hunger und Mangel durch einfache Privilegien (wie Zugang zu Lebensmitteln und Heizmaterial oder die Aussicht auf geregelte Arbeit und Einkommen) große Wirkung erzielten. Viele, die 1918 oder 1919 in die Kommunistische Partei eintraten, taten dies nicht, weil sie die Ideologie der Bolschewiki befürworteten. Denn wer wusste schon, was es mit dem „Kommunismus" auf sich hatte? Auch die Kommunisten mussten im Alltag des Chaos und des Mangels bestehen, und die Partei gab ihnen dafür die Möglichkeiten an die Hand. [...]

Aber viele Jugendliche, traumatisierte Soldaten, entwurzelte Kriegsflüchtlinge und Angehörige nationaler Minderheiten sahen in den Bolschewiki Retter und Befreier in einer feindseligen Gegenwart. Sie schlossen sich der neuen Macht an, weil die radikale und disziplinierte Bewegung der Bolschewiki ihnen im Chaos des Bürgerkriegs Halt und Sicherheit garantieren konnte. Auf viele wirkten auch die Zukunftsversprechen der Bolschewiki anziehend: Die Mangelgesellschaft der Gegenwart werde sich in eine Überflussgesellschaft verwandeln. Im Goldenden Zeitalter der Zukunft werde es keine Ungleichheit mehr geben, keine Ausbeutung und Erniedrigung. Jeder, der imstande sei, zu arbeiten, werde ein gutes Auskommen und die „Ausbeutung der arbeitenden Bevölkerung durch Kapitalisten" für immer ein Ende haben. Diese utopischen Theorien münzten die Propagandisten in wirkungsvolle Slogans um, die für jedermann leicht verständlich waren: „Wer nicht arbeitet, soll auch nicht essen!" Es war also eine Mischung aus populärer Ideologie und der Macht des Faktischen, die den Bolschewiki und ihren Anhängern die Kraft verlieh, den Bürgerkrieg durchzustehen und am Ende auch zu gewinnen.

Jörg Baberowski/Robert Kindler/Christian Teichmann, Revolution in Russland 1917 bis 1921, Jena: Friedrich-Schiller-Universität 2010, S. 27f.

9. Vom zarischen Vielvölkerreich zum sowjetischen Imperium

Beseitigung des zarischen „Vielvölkergefängnisses"

Im Bürgerkrieg eroberte die Rote Armee Regionen, die während der Revolutionszeit versucht hatten, das zarische „Vielvölkergefängnis" (Lenin) zu verlassen und staatliche Unabhängigkeit zu gewinnen. Diese sogenannte „rote Reconquista" stützte sich nicht nur auf militärische Gewalt, sondern auch auf das politische Programm der Bolschewiki: Sie boten den nationalen Bewegungen eine politische Alternative zum Ziel der „Weißen", das letztlich nichts anderes war als die Rückkehr zur zarischen, großrussisch dominierten Reichseinheit. Die Bolschewiki versprachen dagegen, nur in einem Sowjetstaat werde es wahre nationale Selbstbestimmung geben.

Tatsächlich vertrat insbesondere Lenin zumindest in dieser Phase glaubhaft eine Politik, die den nichtrussischen Völkern eine gleichberechtigte Zusammenarbeit und Autonomie innerhalb des Sowjetreiches zu eröffnen schien. Unter allen Umständen müsse vermieden werden, schrieb er im Dezember 1922, dass „der typische russische Bürokrat, dieses großrussische, chauvinistische Pack" im Gewand des Sowjetbeamten wiederkehre. Und zumindest in den 1920er-Jahren trug diese Politik auch noch Früchte: Um den Eindruck „russischer Fremdherrschaft" zu vermeiden, wurden gezielt und sehr erfolgreich einheimische Eliten gefördert; auch die im Zarenreich häufig unterdrückten nichtrussischen Sprachen und Kulturen konnten aufleben.

„Nationale Selbstbestimmung" und die Ukraine

Wichtig ist aber: Von Anfang an war für die Bolschewiki klar und nicht verhandelbar, dass das Recht auf „nationale Selbstbestimmung" untrennbar zur „Diktatur des Proletariats" zu gehören hatte. Deswegen konnte auch nur die bolschewistische Partei(führung) entscheiden, wie das nationale Selbstbestimmungsrecht konkret auszufüllen sei. Die Partei war die entscheidende Klammer des Staates. Das sollte sich auch beim Umgang mit der ukrainischen Unabhängigkeitsbewegung zeigen.

Ein entscheidender Faktor für die Lebensfähigkeit und Machtentfaltung des neuen sowjetischen Staates war die Zugehörigkeit der Ukraine. Dort lebten rund 45 % der Bevölkerung des gesamten Landes, sie war als „Kornkammer" zentral für die Lebensmittelversorgung und zugleich ein wichtiger Standort der Schwerindustrie. Es ist daher nicht überraschend, dass die Ukraine zu einem Brennpunkt der politischen Auseinandersetzungen und des Bürgerkriegs wurde. Hinzu kam aber noch, dass sich das Schicksal der Ukraine mit einer umfassenden staatlichen Neuordnung in ganz Ostmitteleuropa nach dem Ersten Weltkrieg verband. Ausgelöst hatten diese Neugestaltung vor allem 1. der Zusammenbruch des Vielvölkerreichs Österreich-Ungarn, 2. die Kriegsniederlage des Deutschen Reichs, 3. die von den Siegermächten des Weltkriegs unterstützte Wiedererrichtung des 1795 untergegangenen Staates Polen und 4. grundsätzlich das vom amerikanischen Präsidenten Woodrow Wilson (1856–1924) im Januar 1918 in seinen „14 Punkten" propagierte „Selbstbestimmungsrecht der Völker". Dieses Programm führte in den ethnisch zersplitterten Gebieten Osteuropas zu heftigen und lang anhaltenden Turbulenzen.

In der Ukraine hatte sich kurz nach der Februarrevolution 1917 ein Zentralrat („Rada") gebildet, der unter Führung von Sozialrevolutionären und Sozialdemokraten stand. Ihren Rückhalt hatte diese nationale Bewegung insbesondere bei den Bauern: Viele Grundbesitzer waren russische oder polnische Adlige, die Landforderungen der ukrainischen Bauern bekamen so rasch auch eine nationale Dimension. Die Städte und die Industriegebiete der Ukraine waren dagegen russisch und jüdisch dominiert. Die soziale Basis der ukrainischen Nationalbewegung war daher schmal, und das sollte sich am Ende als ein großer Nachteil erweisen.

Nach der Oktoberrevolution und der Machtübernahme der Bolschewiki begann die Rada die Ukraine von Russland zu lösen. Am 12. Januar 1918 erklärte sie die Unabhängigkeit des Landes: „Von diesem Tag an wird die Ukrainische Volksrepublik unabhängig und selbstständig, ein freier und souveräner Staat des ukrainischen Volkes".

Dieser Schritt traf freilich auf erbitterten Widerstand der Bolschewiki. Schon am 26. Januar 1918 eroberte die Rote Armee Kiew; dies sollte aber nur der erste von insgesamt neun Machtwechseln in Kiew innerhalb der folgenden drei Jahre sein. In ihrer Bedrängnis nahm die ukrainische Führung Zuflucht bei den Mittelmächten: Im sogenannten „Brotfrieden" (27. Januar 1918)

M1 *Die sowjetrussische Westgrenze nach 1922*

schloss sie einen Separatfrieden mit dem Deutschen Reich und Österreich-Ungarn und versprach umfangreiche Lebensmittellieferungen. Dafür erkannten diese die Ukraine als unabhängigen Staat an und versprachen Unterstützung gegen die Bolschewiki.

Damit war ein Muster geschaffen, das bis zum endgültigen Sieg der Bolschewiki erhalten blieb: Die ukrainische Nationalregierung war zu schwach, um sich alleine zu behaupten. Das Land wurde so zum Spielball unterschiedlicher Mächte, die in der Ukraine lediglich ihre eigenen Interessen verfolgten. Die Mittelmächte waren hauptsächlich an Lebensmitteln interessiert; als die Lieferungen stockten, setzten sie kurzerhand die Rada ab und installierten eine eigene Regierung in Kiew. Nach dem Ende des Weltkriegs im November 1918 und dem Abzug der Mittelmächte geriet die ukrainische Nationalarmee zwischen die Fronten von „Roten", „Weißen" und „Grünen" sowie ausländischen Interventionstruppen. Diese Kämpfe gingen direkt über in den polnisch-sowjetischen Krieg (1919–1921); auch hier war das Land ein zentrales Schlachtfeld. Im Frieden von Riga (18.3.1921) erhielt schließlich Polen den größten Teil der sogenannten Westukraine, kleinere Gebiete gingen an Rumänien und die Tschechoslowakei. Der östliche Teil des Landes trat – nun unter Kontrolle der Bolschewiki und der Roten Armee – als Ukrainische Sozialistische Sowjetrepublik der UdSSR bei. Damit war der erste Anlauf zur Gründung eines ukrainischen Nationalstaats gescheitert.

Union der Sozialistischen Sowjetrepubliken (UdSSR)

Am 30. Dezember 1922 kodifizierte ein Unionsvertrag die „rote Reconquista" des Bürgerkriegs: Die Russische Sozialistische Föderative Sowjetrepublik (RSFSR), die Ukrainische Sozialistische Sowjetrepublik (USSR), die Weißrussische Sozialistische Sowjetrepublik (BSSR) und die Transkaukasische Sozialistische Föderative Sowjetrepublik verbanden sich zur Union der Sozialistischen Sowjetrepubliken (UdSSR). Später folgten in diese Union noch Usbekistan, Turkmenistan, Tadschikistan, Kirgistan sowie – nach Auflösung der Transkaukasischen SSR 1936 – Armenien, Aserbaidschan und Georgien.

Der bereits schwer kranke Lenin hatte gegen Stalins großrussische Hegemoniebestrebungen noch durchgesetzt, dass der Zusammenschluss wenigstens formal nach dem Prinzip der Freiwilligkeit und der Gleichberechtigung erfolgte, und – wieder formal – verbunden war mit dem Recht auf freien Austritt aus der Union. Am 31. Januar 1924 trat schließlich die (erste) Verfassung der Sowjetunion in Kraft.

Mit ihrem imperialen Charakter übernahm die Sowjetunion das Erbe des Zarenreiches. Einige Regionen des untergegangenen Reiches hatten allerdings in den Wirren der Revolution und des Bürgerkriegs (national-)staatliche Unabhängigkeit erlangt: Dazu gehörten Finnland, die drei baltischen Staaten Estland, Lettland und Litauen sowie die Republik Moldau; letztere hatte im Zarenreich als Gouvernement Bessarabien firmiert und schloss sich schließlich 1918 Rumänien an. Im Gefolge des „Hitler-Stalin-Pakts" 1939 und des Zweiten Weltkriegs verloren diese Staaten ihre Unabhängigkeit wieder und wurden in die UdSSR eingegliedert; nur Finnland konnte sich im Krieg gegen die Sowjetunion behaupten.

Nationalitäten in der Sowjetunion – heutige Geschichtspolitik beurteilen

M2 Eine aktuelle Einschätzung

Den Blick des russischen Präsidenten Wladimir Putin auf die Gründung der Sowjetunion analysiert der Journalist Reinhard Veser (2023):

Der russische Präsident hält den Zerfall der Sowjetunion für eine der größten Katastrophen des 20. Jahrhunderts. Im Akt ihrer Gründung am 30. Dezember 1922 sieht er einen Grund für den Krieg gegen die Ukraine.

Drei Tage vor dem Angriff auf die Ukraine im Februar hat Wladimir Putin ausführlich über die Gründung der Sowjetunion gesprochen. Zur Erläuterung der Motive für das Handeln Russlands seien einige Worte zur Geschichte nötig, sagte er in der Rede zur Anerkennung der „Volksrepubliken“ Donezk und Luhansk als „unabhängige Staaten“.

Die heutige Ukraine sei von den Bolschewiki nach der Oktoberrevolution 1917 geschaffen worden, indem sie von Russland einen Teil seines Gebietes abgetrennt hätten. Revolutionsführer Lenin habe den nichtrussischen Völkern des Imperiums „großzügige Geschenke“ gemacht, indem er ihnen eigene Republiken gegeben und diesen auch noch das Recht auf Austritt aus der Sowjetunion zugestanden habe.

[...]

Dieses Recht ist der letzte Punkt jenes Vertrags, mit dem die Sowjetunion vor 100 Jahren, am 30. Dezember 1922, von vier formal gleichberechtigten Republiken gegründet wurde: den sozialistischen Sowjetrepubliken Russland, Ukraine, Belarus und Transkaukasien, in dem Georgien, Aserbaidschan und Armenien zusammengefasst waren. Die Grundzüge dieses Vertrags gingen tatsächlich auf Lenin zurück.

Doch Putins Behauptung, Lenin habe die Ukraine auf Kosten Russlands erschaffen, ist Geschichtsklitterung. In Wirklichkeit war die Schaffung der nationalen Teilrepubliken eine pragmatische Reaktion auf die Entwicklungen nach dem Sturz der Monarchie 1917. Bis Ende 1918 waren in allen einstigen westlichen und südlichen Randgebieten des Zarenreiches unabhängige Staaten ausgerufen worden: in Polen, dem Baltikum, Belarus, der Ukraine und dem Kaukasus. Und selbst im Zentrum Russlands, etwa bei den Tataren an der Wolga, wurden Forderungen nach Autonomie laut.

Diese Bewegungen hatten sich schon im Zarenreich formiert und konnten nach dem Wegfall von dessen Unterdrückungsapparat mit einer Mischung aus nationalen und sozialen Forderungen weite Teile der Bevölkerung mobilisieren. Ein wichtiger Grund für den Sieg der „Roten“ im Bürgerkrieg von 1918 bis 1920 war, dass die Gegner der Kommunisten das „unteilbare Russland“ wiederherstellen wollten und damit diese Nationalbewegungen gegen sich hatten. Vor diesem Hintergrund brach in den Reihen der Bolschewiki nach dem Bürgerkrieg, in dem sie einen Teil der nichtrussischen Gebiete wieder unter ihre Kontrolle gebracht hatten, ein Streit über die Gestalt des künftigen Sowjetstaates aus.

Sie teilten zwar den Glauben, dass sich die nationale Frage bei Erreichung des Kommunismus von selbst erledigen werde, hatten jedoch gegensätzliche Vorstellungen über den Weg dorthin. Lenin wandte sich in scharfen Worten gegen den „großrussischen Chauvinismus“. Er sah in ihm eine Gefahr für den Sieg des Sozialismus, weil er die Unterstützung für die Bolschewiki bei nichtrussischen Völkern gefährdete. Stalin dagegen wollte den Sieg der Revolution gegen den Druck von außen durch einen zentralisierten Einheitsstaat sichern.

[...]

Lenin war schwer krank und kaum noch handlungsfähig, als die Gründung der Sowjetunion vorbereitet wurde. Stalin konnte sich nicht offen gegen die Autorität des Parteiführers stellen, aber er konnte doch viele seiner Vorstellungen durchsetzen. Der Gründungsvertrag der Sowjetunion gab der Moskauer Zentralmacht große Kompetenzen. Die hatte sie de facto freilich schon vorher. Obwohl die Sowjetrepubliken bis Ende 1922 formell nur durch bilaterale Verträge verbunden waren, wurden die wichtigen Entscheidungen in Moskau getroffen. Denn wichtiger als der Staatsaufbau war die zentralistische Struktur der Kommunistischen Partei.

Die Nationalitätenpolitik der Sowjetunion folgte nach Lenins Tod 1924 noch einige Jahre dessen Vorstellungen. Der Anteil der nichtrussischen Völker im Parteiapparat wurde gezielt erhöht, Sprachen und Kulturen der nichtrussischen Völker wurden gefördert. In der Ukraine führte das zu einer Blüte, die zeigte, wie groß das zuvor unterdrückte Bedürfnis nach Bildung in ukrainischer Sprache war.

Frei war diese Entwicklung freilich nicht: Das Motto „National in der Form, sozialistisch im Inhalt" zeigte klare ideologische Grenzen. Aber auch diese sehr begrenzte Freiheit wurde von Stalin ab Anfang der Dreißigerjahre gewaltsam beendet. Intellektuelle und Parteifunktionäre, die des „bürgerlichen Nationalismus" verdächtigt wurden, wurden zu Zehntausenden getötet oder in Lager gesteckt. Damit einher ging die Integration eines großrussischen Nationalismus in die sowjetische Ideologie.

Lenins Nationalitätenpolitik sei für das Schicksal Russlands „viel schlimmer als ein Fehler" gewesen, sagte Putin im Februar. Stalins Vorstellungen dagegen lobte er, bedauerte aber, dass dieser die unter seiner Herrschaft schon leere Fassade des Föderalismus nicht ganz abgeschafft hatte. Diese Darstellung des Gegensatzes zwischen Lenin und Stalin ist wichtig für das Verständnis von Putins Geschichtsbild: Die von Lenin geführte Revolution von 1917 war aus seiner Sicht eine Katastrophe, weil sie das alte russische Imperium zerstörte, in der von Stalin seit Mitte der Zwanzigerjahre immer straffer geführten Sowjetunion sieht er dessen Wiederherstellung.

Neu ist diese Sicht nicht: Sie wurde bereits seit den Zwanzigerjahren des 20. Jahrhunderts von antikommunistischen russischen Emigranten in Westeuropa vertreten, auf deren ideologische Schriften sich Putin und seine Umgebung berufen. Das ist der Grund dafür, dass er 2005 das Ende der Union als die „größte geopolitische Katastrophe des 20. Jahrhunderts" bezeichnete – oder als „Zerfall des historischen Russlands unter der Bezeichnung Sowjetunion", wie er im Februar kurz vor dem Überfall auf die Ukraine sagte.

Reinhard Veser: „30. Dezember 1922. Putin und sein Blick auf die Gründung der Sowjetunion"; in: F.A.Z. 30.12.2022, *https://www.faz.net/aktuell/politik/ausland/gruendung-der-sowjetunion-ein-grund-fuer-putins-krieg-gegen-die-ukraine-18566313.html [letzter Zugriff: 17.05.2023].*

1. ●●○ Arbeiten Sie aus dem Text die Veränderungen der inneren Struktur Russlands heraus. Ziehen Sie dafür auch die Karte M1 heran.
→ Text, M1

2. ●●● Untersuchen Sie, ob sich die Stellung der Nationalitäten dadurch verbesserte.
→ Text, Internet

3. **a)** ●●○ Erschließen Sie die zentralen Aussagen des Zeitungsartikels M2.
b) ●●○ Erläutern Sie, inwieweit Putins Politik durch die Entwicklungen zur Zeit der Russischen Revolution geprägt ist.
→ Text, M2

4. ●●● Beurteilen Sie den Umgang mit Nationalitäten im Zarenreich, während der Oktoberrevolution, zur Zeit der Gründung der UdSSR und heute.
→ Text, M2

10. Die Neue Ökonomische Politik (NEP) und der Aufstieg Stalins

Neue Ökonomische Politik (NEP)

Auf einem Parteitag im März 1921 beschlossen die Bolschewiki die Abkehr vom Kriegskommunismus und die Einführung einer Neuen Ökonomischen Politik, abgekürzt NEP oder NÖP. Hintergrund dieses Kurswechsels war die katastrophale wirtschaftliche und soziale Lage im Land. Es ging darum, „der ausgezehrten, zwischen Wut und Verzweiflung dahinvegetierenden Bevölkerung glaubwürdige Perspektiven zu öffnen“ (Dietrich Geyer).

Was waren diese Perspektiven, und was waren die Inhalte der NEP? Sechs Punkte sind wichtig:

- Die NEP war eine Mischform aus freier Marktwirtschaft im Kleinen und staatlicher Planwirtschaft im Großen. Ihr Ziel war es, die Versorgungslage zu verbessern und die wirtschaftliche Erholung des Landes insgesamt zu fördern.

M1 ***„Kommunismus ist Sowjetmacht plus Elektrifizierung des ganzen Landes.“***
Propagandaplakat von 1920/21

- Im Mittelpunkt der NEP standen die Bauern. Das „Gesicht dem Dorf zuzuwenden“ war die Parole der Reform. Die Bauern mussten zwar weiterhin eine (hohe) Naturalsteuer leisten, sie erhielten nun aber die Möglichkeit, ihre übrigen Agrarprodukte frei zu verkaufen. Schon im folgenden Sommer erhöhte sich das Warenangebot auf den Märkten deutlich. Auch der „Agrarkodex“ vom Oktober 1922 war betont bauernfreundlich. Er bestätigte den bäuerlichen Besitzstand, wie er durch die „Schwarze Umverteilung“ nach der Oktoberrevolution entstanden war, und auch die traditionelle Selbstverwaltung des Dorfes, also etwa die Kompetenzen der bäuerlichen Landgemeinden (obščina). Das entspannte die Lage auf dem Land deutlich, auch wenn die jüngere Forschung gezeigt hat, dass sich beide Seiten – bolschewistische Obrigkeit und bäuerliche Welt – weiterhin tief misstrauten.
- Auch im Kleinhandel und Kleingewerbe ermöglichte die NEP neue privatwirtschaftliche Freiheiten. Seit Juli 1921 durfte jeder erwachsene Bürger einen Laden oder einen Betrieb eröffnen, wenn er nicht mehr als 20 Lohnarbeiter beschäftigte. Bereits verstaatlichte Unternehmen bis zu dieser Größe wurden unter bestimmten Bedingungen an ihre ehemaligen Besitzer zurückgegeben.
- Auf den „Kommandohöhen“ (Lenin) galt allerdings weiterhin die staatliche Steuerung. Großindustrie, Banken und Außenhandel blieben verstaatlicht. Großbetriebe wurden zu Kartellen und großen Gesellschaften (Trusts) zusammengeschlossen. Sie sollten aber – unter Oberaufsicht des Staates – „wirtschaftlich“ arbeiten und an der Leistung orientierte Löhne bezahlen.
- Die NEP führte so zum zeitweiligen Nebeneinander von zwei konträren Wirtschafts- und Gesellschaftsformen. Staatlich-sozialistische und privat-kapitalistische Elemente bestanden parallel. Die Parteiführung um Lenin begründete dieses Abweichen vom bisherigen ideologischen Weg mit der Einsicht, dass die materiellen Voraussetzungen für die rasche Durchsetzung des Sozialismus in

M2 ***Markt in Smolensk nach der Einführung der Neuen Ökonomischen Politik***
Foto, 1921

Russland noch nicht gegeben seien und nun erst nachgeholt werden müssten.

- Daraus ergibt sich aber zugleich, dass die NEP von Beginn an nicht auf Dauer geplant war. Niemand in der bolschewistischen Führung legte sich jedoch auf einen konkreten Zeithorizont fest. Auch in der historischen Forschung ist diese Frage umstritten. Man vermutet, dass Lenin eine Übergangszeit von zehn bis 20 Jahren kalkulierte, möglicherweise auch an eine ganze Generation. Es kam allerdings ganz anders.

Die NEP war gedacht als ein befriedendes Signal an die Bevölkerung und diente in diesem Sinne der Machtbehauptung der Bolschewiki. Sie rief ein „partnerschaftliches Nebeneinander von Proletariat und Bauernschaft" aus und führte tatsächlich zu einer gewissen Befriedung und Liberalisierung sowie zu einer Verbesserung der Lebensverhältnisse im Land. Allerdings darf man sich nichts vormachen: Auch im NEP-System folgte eine wirtschaftliche Problemlage auf die nächste. Das hatte vor allem damit zu tun, dass der Staat auf die Steuerung der Volkswirtschaft ja letztlich nicht verzichtete. Und die Steuerhebel bedienten nun einmal marxistische Ideologen, die zugleich volkswirtschaftliche Dilettanten waren. Es gelang ihnen nicht, landwirtschaftliche Produktion, Agrarpreise und bäuerliche Kaufkraft auf der einen Seite in ein stimmiges Verhältnis zu bekommen zur Industrieproduktion, dem Angebot an Konsumgütern und der Lebensmittelversorgung der städtischen Bevölkerung auf der anderen Seite. Die volkswirtschaftliche Waage war ständig aus dem Lot. Ob sie sich innerhalb der NEP jemals ins Gleichwicht hätte bringen lassen, ist zweifelhaft; das Problem war die 1917/18 etablierte sozialistische Planwirtschaft an sich.

So war etwa die – am Ende für die weitere Entwicklung mit entscheidende – „Getreidekrise" 1927/28 von einer amtlichen Senkung der Ankaufspreise für Getreide im Vorjahr ausgelöst worden. Damit sollte die (zu hohe) Kaufkraft der bäuerlichen Haushalte vermindert werden, denn diese hatte in den Jahren davor zu einer nicht mehr stillbaren Konsumnachfrage geführt. Die Folge der Getreidepreissenkung war allerdings, dass die Bauern nun andere Produkte anbauten, so dass im Winter 1927/28 das Getreide knapp wurde. Es fehlte für den Export, den man aber dringend benötigte, um Devisen für den Ankauf von wichtigen Industrieprodukten im Ausland zu erhalten. Und es fehlte im Inland, wo nun eine weitere Versorgungskrise drohte.

Was also war zu tun?
Unstrittig in der Partei war das langfristige Ziel allen Handelns: die Sowjetunion durch den Aufbau den Sozialismus in die Moderne katapul-

tieren und die Rückständigkeit gegenüber „dem Westen“ abbauen, der den Handelnden permanent als Vergleichsfolie diente. Und zu diesem „Sprung in die Moderne“ gehörten für die kommunistische Elite damals neben der „Bildung für alle“ vor allem eine umfassende Industrialisierung: Dazu gehörten Schwerindustrie, Technisierung, Elektrifizierung, und auf dem Land großbäuerliche Kollektivbetriebe mit Traktoren und anderem modernen Gerät.

Umstritten war aber der Weg zu diesem Ziel: Ein „rechter“ Flügel der Partei um Nikolai Bucharin (1888 – 1938) glaubte, die Industrialisierung der Sowjetunion könne nur mithilfe der allmählich wachsenden Kaufkraft der vielen Millionen Bauern erreicht werden. Das sprach dafür, die in der NEP getroffenen marktwirtschaftlichen Maßnahmen zunächst beizubehalten oder gar auszubauen. Berühmt geworden ist Bucharins Aufruf von 1925 an die Bauern: „Bereichert Euch!“. Er verband ihn mit dem Ziel, „auf dem Rücken der Bauern in den Sozialismus zu reiten“. Dieser Linie folgte zunächst auch Stalin, allerdings ohne sich in der Diskussion zu exponieren.

Ein „linker“ Flügel der Partei um Leo Trotzki orientierte sich dagegen an der klassisch marxistischen Linie: Die Rückständigkeit des Landes zwang dazu, die Industrialisierung rasch und im Stil des Kriegskommunismus „von oben“ durchzusetzen. Die Bauern hatten in diesem Modell den industriellen Fortschritt zu bezahlen: durch höhere Steuern, höhere Preise für Industriegüter, Zwangsabgaben, niedrige Agrarpreise und ihre Zusammenführung in agrarischen Großbetrieben – und mit dieser Kollektivierung verbunden war natürlich die politische Unterwerfung des stets widerspenstigen bäuerlichen Landes. Das sprach dafür, die NEP und den bauernfreundlichen Kurs sofort zu beenden.

M3 ***Propagandaplakat zum Fünfjahresplan von 1928***
Der Fünfjahresplan, den ein „Kapitalist“ mit den Begriffen „Fantasie, Lüge und Utopie“ kommentiert, erweist sich später als voller Erfolg, sodass der „Kapitalist“ verärgert sein Gesicht verzieht, Plakat, 1933.

Der Aufstieg Stalins

Diese innerparteiliche Diskussion um die Neue Ökonomische Politik war von Beginn an verwoben mit dem Machtkampf um die Nachfolge Lenins. Lenin hatte, vermutlich als Spätfolge des Attentats vom August 1918, im Mai 1922, im Dezember 1922 und im März 1923 Schlaganfälle erlitten, die seine Handlungsfähigkeit zunehmend einschränkten. Seit dem letzten Schlaganfall war er halbseitig gelähmt und konnte nicht mehr sprechen. Er starb schließlich am 21. Januar 1924.

Im Ringen um Lenins Erbe konnte sich schließlich der Generalsekretär der Partei, Josef Dschughaschwili (1878 – 1953), seit 1912 Stalin (der „Stählerne“) genannt, durchsetzen. Lenin hatte die Partei noch im Dezember 1923 in einer berühmten Ergänzung seines „politischen Testaments“ gewarnt, Stalin sei charakterlich nicht geeignet, mit der Machtfülle seines Amtes umzugehen. Dennoch gelang es Stalin bis 1927, erst die Konkurrenten des „linken“ Flügels der Kommunistischen Partei um Leo Trotzki und anschließend bis 1929 die des „rechten“ Flügels um Nikolai Bucharin auszuschalten.

Über die Gründe für den Triumph Stalins ist viel spekuliert worden. Drei sind vermutlich ausschlaggebend gewesen: Er war als Generalsekretär und Politbüromitglied in der Partei bestens vernetzt, und viele Parteigenossen verdankten ihm ihr Amt. Stalin hatte sich – im Unterschied zu Linken wie Trotzki – von der utopisch gewordenen „permanenten Revolution“ verabschiedet und plädierte stattdessen für einen „russischen Weg“, nämlich den „Aufbau des Sozialismus in einem Lande“. Die Mehrzahl der jüngeren Parteifunktionäre unterstützte diesen pragmatischen Kurs. Und: Stalin war ein gewiefter Taktiker. Das zeigte sich auch beim Streit um die NEP, bei dem er sich lange bedeckt gehalten hatte: Erst schaltete er gemeinsam mit dem „rechten“ Flügel die Linken um Trotzki aus; dann vollzog er einen Kurswechsel und richtete sich mit „linken“ Argumenten gegen Bucharin und seinen „rechten“ Flügel. Dabei nutzte er auch die eben erwähnte „Getreidekrise“ von 1927/28 als ein Argument gegen die NEP, gegen die „Marktanarchie“ und gegen die nach der Oktoberrevolution weiterhin erhalten gebliebenen bäuerlichen Familienbetriebe und ihre Dorfstruktur.

Diese Entwicklung führte die Sowjetunion auf den Weg in den Stalinismus. Was ab 1929 folgte war eine beispiellose Revolution von oben, deren politische, wirtschaftliche, soziale und kulturelle Auswirkungen die Oktoberrevolution von 1917 noch übertrafen. Zu ihren Merkmalen gehörten eine zentralistische Kommandowirtschaft, eine „terroristische Brachial-Industrialisierung“ in Fünfjahresplänen und die „mörderische Unterwerfung des Dorfes“ durch Zwangskollektivierung (Manfred Hildermeier).

M4 ***Josef Stalin (1879 – 1953)***
Das Propagandabild zeigt Stalin auf dem XVIII. Parteitag 1939, Gemälde von Alexander Gerassimow.

1. a) ●●○ Erklären Sie den Begriff „Neue Ökonomische Politik“.
   b) ●●○ Erläutern Sie die Motive und die Maßnahmen.
   c) ●●● Beurteilen Sie den Erfolg der Maßnahmen.
   → Text
2. a) ●●○ Zeigen Sie, wie es zum Aufstieg von Stalin kam.
   b) ●●○ Erläutern Sie anhand der vorgenommenen Maßnahmen die politische Position Stalins und seine politische Taktik.
   c) ●●● Weisen Sie nach, dass es sich bei M4 um ein Propagandabild handelt. Ziehen Sie dazu ggf. die Materialien im Kapitel „Malerei als Propaganda“ (Seite 68 – 71) heran.
   → Text, M4

Der Aufstieg Stalins – Quellen und Darstellung

M5 Über die „innere Lage der Sowjetunion“

Stalin schrieb in einem Bericht für den 14. Parteitag der Kommunistischen Partei der Sowjetunion (1925):

Wir arbeiten und bauen unter den Bedingungen der kapitalistischen Umkreisung. […] Das ist der Rahmen, innerhalb dessen der Kampf der beiden Systeme vor sich gehen muss, des sozialistischen Systems und des kapitalistischen Systems. […]

Hieraus folgt: Wir müssen unsere Wirtschaft so aufbauen, dass unser Land nicht zu einem Anhängsel des kapitalistischen Weltsystems wird, dass es nicht in das Gesamtsystem der kapitalistischen Entwicklung als deren Hilfsbetrieb einbezogen wird, dass sich unsere Wirtschaft nicht als ein Hilfsbetrieb des Weltkapitalismus entwickelt, sondern als eine selbstständige Wirtschaftseinheit, die sich hauptsächlich auf den inneren Markt, auf den Zusammenschluss unserer Industrie mit der bäuerlichen Wirtschaft unseres Landes stützt.

Es gibt zwei Generallinien: Die eine geht davon aus, dass unser Land noch lange ein Agrarland bleiben müsse, dass es landwirtschaftliche Erzeugnisse ausführen und Maschinen einführen, dass es dabei bleiben und sich auch in Zukunft in der gleichen Bahn weiterentwickeln müsse. […] Diese Linie bedeutet eine Abkehr von den Aufgaben unseres Aufbaus. Das ist nicht unsere Linie.

Es gibt eine andere Generallinie, die davon ausgeht, dass wir alle Kräfte aufbieten müssen, um unser Land zu einem wirtschaftlich selbstständigen, unabhängigen, auf dem inneren Markt basierenden Land zu machen, zu einem Land, das zum Anziehungsfeld für alle anderen Länder wird, die nach und nach vom Kapitalismus abfallen und in die Bahnen der sozialistischen Wirtschaft einlenken werden. […] Das ist unsere Aufbaulinie, die die Partei einhält und die sie auch künftig einhalten wird. Diese Linie ist unerlässlich, solange es eine kapitalistische Umkreisung gibt.

Übers. zit. nach: Helmut Altrichter/Heiko Haumann (Hg.), Die Sowjetunion von der Oktoberrevolution bis zu Stalins Tod, Bd. 1: Staat und Partei, © dtv Verlagsgesellschaft, München 1986, S. 87ff.

M6
„Wir bauen den Sozialismus auf“
Plakat (72 x 54 cm) von Jurij I. Pimenow zum Fünfjahresplan von 1928.

M7 Überwindung der Rückständigkeit

Vor Industriefunktionären hielt Stalin am 4. Februar 1931 folgende Rede:

Zuweilen wird die Frage gestellt, ob man nicht das Tempo etwas verlangsamen, die Bewegung zurückkönnte. Nein, das kann man nicht, Genossen! Das Tempo darf nicht herabgesetzt werden! Im Gegenteil, es muss nach Kräften und Möglichkeiten gesteigert werden. Das fordern die Verpflichtungen gegenüber den eigenen Arbeitern und Bauern, gegenüber der Arbeiterklasse der ganzen Welt. Das Tempo verlangsamen, das bedeutet Zurückbleiben. Und Rückständige werden geschlagen. Wir aber wollen nicht die Geschlagenen sein […].

Jetzt aber, wo wir den Kapitalismus gestürzt haben und bei uns die Arbeiter an der Macht stehen, haben wir ein Vaterland und werden seine Unabhängigkeit verteidigen. Wollt ihr, dass unser sozialistisches Vaterland geschlagen wird und seine Unabhängigkeit verliert? Wenn ihr das nicht wollt, dann müsst ihr in kürzester Frist seine Rückständigkeit beseitigen und ein wirklich bolschewistisches Tempo im Aufbau seiner sozialistischen Wirtschaft entwickeln. Andere Wege gibt es nicht. Darum sagte Lenin zur Zeit des Oktobers: entweder Tod oder die fortgeschrittenen kapitalistischen Länder einholen und überholen. Wir sind hinter den fortgeschrittenen Ländern um fünfzig bis hundert Jahre zurückgeblieben. Wir müssen diese Distanz in zehn Jahren durchlaufen. Entweder bringen wir das zu Stande, oder wir werden zermalmt.

Übers. zit. nach: Georg v. Rauch, Machtkämpfe und soziale Wandlungen in der Sowjetunion 1923–1961, Stuttgart: Klett 1972, S. 15f.

M8 Stalins Herrschaft der Gewalt

Der Historiker Jörg Baberowski schreibt zum Aufstieg Stalins und zum Einsatz des Lenin-Kults (2012):

Wie kam es, dass sich ausgerechnet Stalin, der im Kreis der führenden Bolschewiki weder als bedeutender Theoretiker noch als wortgewandter Redner in Erscheinung getreten war, am Ende gegen alle Widersacher durchsetzte und zum Herrn über Leben und Tod wurde? Selbst die engsten Vertrauten Stalins hatten sich in den Jahren der Revolution und des Bürgerkrieges nicht vorstellen können, dass ausgerechnet er im Kampf um die Macht obsiegen würde. Viele kannten 1917 nicht einmal seinen Namen. Im Westen haben sich die Historiker darüber nur deshalb gewundert, weil sie geglaubt hatten, auch in der Sowjetunion habe sich die Diktatur durch die Mobilisierung der Volksmassen legitimieren müssen. Man konnte sich den Revolutionär offenbar nur als Volkstribun in einer modernen Massengesellschaft, aber nicht als entrückten Despoten vorstellen, der sich hinter den Kremlmauern verschanzte. Die sowjetische Diktatur aber war schwach, sie hatte überhaupt nicht die Möglichkeiten, die Untertanen für ihre Zwecke zu mobilisieren. Sie berief sich auf den Volkswillen, ohne ihn zum Sprechen bringen zu können. In einer solchen Diktatur kam es vor allem darauf an, dass der Herrscher Macht über seine Gefolgsleute und Apparate ausübte, denn auf den Willen des Volkes konnte er sich nicht stützen, er konnte ihn nicht einmal aufrufen. Niemand erwartete deshalb von Stalin, feurige oder demagogische Reden zu halten und die Massen zu begeistern. Stalin war ein Meister der Intrige und des Spiels mit der Macht. Er spielte die Kontrahenten gegeneinander aus, er ließ Wohnungen abhören und Briefe öffnen, und er wusste stets im voraus, was seine Widersacher gegen ihn ins Spiel bringen wollten. Vor allem aber wusste er sich der Mitläufer, Karrieristen und Gewalttäter zu bedienen, die er in Verbrechen verstrickte und zwang, sich ihm vollständig auszuliefern. [...] Mit großem Geschick gelang es ihm, seine Umgebung so zuzurichten, dass am Ende der zwanziger Jahre Widerspruch nur noch als Verrat wahrgenommen werden konnte. [...]

Unmittelbar nach dem Tod Lenins begann die Parteiführung damit, Fabriken, Schulen, Straßen und Plätze nach dem verstorbenen Revolutionsführer zu benennen. Petrograd, die Wiege der Revolution, wurde in Leningrad umbenannt, Lenins Körper einbalsamiert und in einem Mausoleum auf dem Roten Platz in Moskau zur Schau gestellt. Lenin erhielt postum den Status eines Heiligen der Revolution, seine Schriften wurden kanonisiert [als maßgebend festgeschrieben] und sakralisiert [in einem übertragenen Sinn geheiligt]. Sie durften zitiert, aber nicht mehr kritisiert werden. Wer sich in der Partei zu Gehör bringen wollte, musste sein Anliegen im Verweis auf die Werke Lenins vortragen. Und es war Stalin, der als Generalsekretär und großer Manipulator am Ende darüber befand, wie und worüber geredet werden durfte. Jetzt erst sprachen die Mitglieder des Führungskreises vom Leninismus als einem Kanon von Glaubenssätzen, dem sich jedes Mitglied der Partei bedingungslos zu unterwerfen hatte. [...] Wer gegen Stalin und seine Anhänger sprach, verstieß gegen das Gebot der Einheit. Er übte Verrat am Leninismus und den vorherrschenden Lehren, die von der Mehrheitsfraktion in den Rang von göttlichen Gesetzen erhoben wurden.

Jörg Baberowski, Verbrannte Erde. Stalins Herrschaft der Gewalt, München: C. H. Beck 2012, S. 116 f., 128.

1. a) ●●○ Erarbeiten Sie aus den Texten Stalins (M5 und M7) seine politischen Ziele und Maßnahmen.

b) ●●○ Untersuchen Sie die Konsequenzen, die sich daraus ergaben.

→ Text, M5, M7

2. ●●○ Analysieren Sie die Propagandaplakate M1, M3 und M6 im Hinblick auf die jeweilige zentrale Aussage und die Gestaltung.

→ Text, M1, M3, M6

3. a) ●●○ Vergleichen Sie die im Schulbuchtext geäußerten Auffassungen über die Entstehung des Stalinismus mit den Auffassungen von Jörg Baberowski (M8).

b) ●●○ Finden Sie mithilfe des Internets Begriffserklärungen für den Stalinismus und vergleichen Sie diese tabellarisch.

c) ●●● Erstellen Sie ein Schaubild zum Thema: „Die Prinzipien des Stalinismus“.

d) ●●● Führen Sie ein Streitgespräch durch zum Thema: „Der Stalinismus hat die Chance auf einen Sozialismus für immer verspielt.“

→ Text, M8, Internet

Der Holodomor

M9 ***Opfer des Holodomor***
Verhungerte Menschen in Kiew (Ukraine), Foto, Anfang der 1930er-Jahre

M10 „Hungersnot in Russland?“

Die Berliner Zeitung schreibt im März 1932 Folgendes:

Der bisherige politische Sekretär von Lloyd George [einflussreicher britischer Politiker], Garreth-Jones, hat über das Bestehen einer den größten Teil des europäischen Russlands umfassenden Hungersnot, die sich in den nächsten Monaten weiter verschärfen werde und der Katastrophe von 1921 bereits gleichstehe, schlüssiges Material aus Russland mitgebracht, dessen Publikation bevorsteht. Nur Moskau und Leningrad seien davon ausgenommen.

Jones hat u. a. Teile der Ukraine zu Fuß durchwandert und hat in Moskau flüchtende Bauern aus allen Teilen Russlands gefragt. Er hat aus Quellen, an deren Zuverlässigkeit er nicht zweifelt, die Nachricht bekommen, dass bereits ein Fünftel der Bevölkerung von Kasachstan an Hunger zugrunde gegangen sei.

Der Schrei, „es gibt kein Brot, wir müssen sterben“, sei ihm überall auf seinen Reisen entgegengeklungen, auch in Kollektiven, deren er eine große Anzahl besucht hat. Vor den Augen eines Kommunisten, der das Bestehen von Hunger in Russland bestritt, habe ein Bauer, der im gleichen Eisenbahnwagon saß, ein Stück Brot aus einem Spucknapf herausgeholt, das Jones aus der Hand gefallen war. [...]

Dass die Sowjetunion mit allen Mitteln die Wahrheit über den fürchterlichen Ausgang des Kollektivierungsversuchs von 140 Millionen russischen Bauern seit Langem unterdrückt, war bekannt. Garreth-Jones weist darauf hin, dass die ausländischen Korrespondenten in Moskau seit geraumer Zeit nicht mehr in das Innere Russlands hineindürfen. Im Übrigen sei es auch bekannt, dass Korrespondenten in Moskau durch die Zensur und andere Mittel, besonders durch Druck in der Aufenthaltsbewilligung behindert werden, die Wahrheit zu schreiben. [...]

Berliner Zeitung, 31.03.1932.

M11 Holodomor

Der Historiker Martin Schulze Wessel analysiert den sogenannten „Holodomor“, eine Hungerkatastrophe, von der die Ukraine besonders betroffen war. Der Deutsche Bundestag hat den Holodomor im November 2022 in einer Resolution als Genozid (Völkermord) am ukrainischen Volk anerkannt.

Am Ende der zwanziger Jahre wurde die Ukraine von einer Hungersnot ergriffen, die ihre primären Ursachen nicht in der Nationalitätenpolitik, sondern in Stalins Kurs der forcierten Industrialisierung hatte. Um die Industrialisierung und Urbanisierung der Sowjetunion voranzutreiben, wurde der Agrarsektor einer Transformation und hohen Abgabequoten unterworfen. Millionen von Bauern und Bäuerinnen wurden gezwungen, in Kolchosen [staatseigene landwirtschaftliche Großbetriebe] einzutreten. Als sich herausstellte, dass die eingeplanten Getreideabgaben nicht geleistet wurden, begann eine stalinistische Kampagne gegen die sogenannten Kulaken, womit wohlhabendere Bauern gemeint waren. Tatsächlich wurde der Klassenkampf auf dem Land auch gegen ärmere Bauern geführt [...], es konnte alle treffen, die sich verdächtig gemacht hatten oder auch lokalen Parteiakteuren aus irgendwelchen Gründen missliebig waren. Diese Kampagne verschärfte die Hungersnot dramatisch, zumal der sowjetische Staat Trupps in die Getreideanbaugebiete schickte und selbst Saatgut requirieren ließ. [...] Selbst als sich der Hunger 1932 schon ausgebreitet hatte, exportierte die Sowjetunion über Odessa noch Getreide und andere Lebensmittel in den Westen, um Investitionsgüter für die Industrialisierung und Aufrüstung importieren zu können. [...] Westliche Staaten importierten weiterhin Nahrungsmittel aus der Sowjetunion, obwohl Informationen über die Hungersnot vorlagen. Ganze Familien und Dörfer starben qualvoll, es gab Fälle von Kannibalismus. In der Sowjetunion kam es zum Hungertod von etwa sieben Millionen Menschen, davon etwa vier Millionen in der Ukraine und weiteren Millionen in Südrussland und in Kasachstan, das im Verhältnis zur Gesamtbevölkerung am stärksten betroffen war.

Trotzdem greift es zu kurz, die Hungersnot nur als eine grausame Folge forcierter Modernisierung zu beschreiben, die eine gesamtsowjetische Erfahrung bildete. In Bezug auf die Ukraine nahm Stalin die Katastrophe auch durch die Brille der imperialen Geschichte wahr. Er wurde von der Befürchtung getrieben, dass die Ukraine aus dem Imperium wegbrechen könnte. Als die staatlichen Getreideforderungen in der Ukraine aus seiner Sicht nicht schnell genug Ergebnisse zeitigten, schrieb er im April 1932 wütend an den Generalsekretär der KP(b)U Stanisław Kosior (1889 – 1939). Die Sowjetmacht, so Stalin, habe „anscheinend an manchen Orten in der Ukraine aufgehört zu existieren". Einige Monate später entsandte er Kaganovič und Molotov in die Ukraine, die er am 2. Juli 1932 mahnte: „Werft ein noch strengeres Auge auf die Ukraine". Stalin äußerte die Befürchtung, dass „die Ukraine am Ende noch verloren gehen" könne. Im August, als ihm detaillierte Geheimdienstberichte von der kritischen Stimmung unter einfachen ukrainischen Parteifunktionären vorgelegt worden waren, warnte er Kaganovič: „Die Hauptsache ist jetzt die Ukraine. Die Dinge in der Ukraine stehen schrecklich." Damit meinte er nicht die sich anbahnende humanitäre Katastrophe, sondern die mangelnde Festigkeit der ukrainischen Partei bei der Aufgabe, die Getreideabgaben durchzusetzen. Erneut äußerte er die Befürchtung, die Ukraine zu verlieren. [...]

Dass in der Ukraine nicht nur ein Klassenkampf auf dem Dorf geführt wurde, sondern es auch um den Kampf gegen die ukrainische Nation ging, machten zwei Dekrete des Moskauer Politbüros deutlich, die am 14. und 15. Dezember 1932 die Politik der Ukrainisierung anprangerten. Sie waren die Grundlage für einen Kulturkampf, den Moskau während der großen Hungersnot gegen die ukrainische Intelligenz führte. Um die „nationalistische Konterrevolution" auszuschalten, entsandte Stalin im Januar 1932 Pavel Postyšev (1887 – 1939) in die Ukraine, der eine Säuberung innerhalb der Partei durchführte und die ukrainischen Intellektuellen verfolgte. Schon vorher unterlag die Ukrainische Orthodoxe Autokephale Kirche, die als Rückhalt der ukrainischen Nation galt, der Verfolgung. Zwischen 1930 und 1934 wurden 32 ihrer 34 Bischöfe verhaftet. [...]

Folge und Zweck des Holodomor und des Terrors war die Entukrainisierung der Ukraine [...]. In der KP(b)U wurden im Zuge des Holodomor die nationalukrainischen Führungskader beseitigt, an ihre Stelle rückten Kommunisten in das Zentralkomitee ein, die nur zum Teil Ukrainisch sprachen und bedingungslos der zentralistischen Moskauer Parteiführung anhingen. Die ukrainische Nationalkultur verstummte als Folge der Kampagne gegen die ukrainischen Intellektuellen.

Martin Schulze Wessel, Der Fluch des Imperiums. Die Ukraine, Polen und der Irrweg in der russischen Geschichte, München: C. H. Beck 2023, S. 186 – 192.

1. ●●○ Erklären Sie, was der sogenannte Holodomor war.
→ Text, M9, M10, M11

2. a) ●●○ Erarbeiten Sie aus dem Text M11, wie es zum Holodomor kam.
b) ●●○ Untersuchen Sie, wie der Autor von M11 die Schuldfrage beantwortet.
→ Text, M11

3. ●●● Erörtern Sie, ob der Holodomor zurecht als Völkermord bezeichnet wird.
→ Text, M11

11. Ausblick

Gedenken in der Sowjetunion bis 1991

In zahlreichen Publikationen werden die Jahre zwischen 1927 und Stalins Todesjahr 1953 als „Stalinismus" bezeichnet. Im Jahr 1956 vollzog Stalins Nachfolger Nikita Chruschtschow eine klare Abkehr davon. Er ließ Stalindenkmäler entfernen; Straßen und Gebäude wurden umbenannt. Rund zehn Jahre später feierte man den 50. Jahrestag der Oktoberrevolution fast eine Woche lang, ohne dass Stalin Erwähnung fand. Der seit 1964 an der Spitze der Kommunistischen Partei der Sowjetunion stehende Leonid Breschnew betonte vielmehr, dass durch die Errungenschaften unter Lenin die besondere Stärke der Sowjetunion entstanden sei, durch welche das Land im Zweiten Weltkrieg den Sieg gegen Deutschland errungen habe. Die Revolution erklärte Breschnew für beendet. Bereits im Jahr 1927 hatte die Sowjetunion den 7. November zum arbeitsfreien Staatsfeiertag erklärt und fortan regelmäßig gefeiert. Nach dem Ende der Sowjetunion im Jahr 1991 blieb dieser Feiertag in Russland in Kraft.

Gedenken im postsowjetischen Russland

Im Jahr 1996 benannte man den Feiertag in „Tag der Aussöhnung und Eintracht" um, bis die Duma ihn Ende 2004 abschaffte. Grund dafür war, dass die Erinnerung an die Russische Revolution immer mehr geprägt wurde von Forderungen nach einer erneuten Revolution gegen die politischen Missstände und die Amtsführung der russischen Regierenden rund um den erstmals im Jahr 2000 gewählten Präsidenten Wladimir Putin. Daher fand seit dem Jahr 2005 am 4. November ein „Tag der Aussöhnung des Volkes" als Ersatz-Staatsfeiertag statt. Bei einer Meinungsumfrage sprach sich allerdings noch im Jahr 2011 die Hälfte der Befragten gegen die Abschaffung des Revolutionsjubiläums aus. Bei der Hundertjahrfeier der Revolution im Jahr 2017 betonte Präsident Putin daher die russische Vaterlandsliebe und andere Traditionen, die weiter als einhundert Jahre zurückreichen würden. Die politische Praxis der Bolschewiki dagegen erfuhr eine Dämonisierung. Das Jahr 1917 sei eine „schlimme Tragödie" gewesen. Wichtiger sei es, die Kontinuitäten der russischen Geschichte anzuerkennen, schrieb der russische Außenminister Lawrow im Jahr 2016.

M1 ***Lenin im Mausoleum,*** *Foto, 2008*

Gedenken im postsowjetischen Russland

M2 Eine Stellungnahme

Der Journalist Theo Sommer schreibt (2017):

Die Welt gedenkt dieser Tage der Russischen Revolution vor hundert Jahren. Sie hat dem 20. Jahrhundert ihren Stempel aufgedrückt. Sie stürzte Russland in einen Bürgerkrieg und führte binnen weniger Jahre zu Stalins Terrorregime. Ohne ihren fortwährenden ideologischen Einfluss hätte es nach dem Sieg der Alliierten über Hitler-Deutschland wohl auch keinen Kalten Krieg gegeben. Die Oktoberrevolution [...] hat den Lauf der Weltgeschichte verändert.

Der blutige Verlauf dieser Revolution bietet wahrlich keinen Anlass, um zu feiern. Aber es überrascht doch, dass Wladimir Putins Russland ihrer nicht einmal offiziell gedenken will. Nur die winzige Kommunistische Partei wird die hundertste Wiederkehr des Tages feiern, an dem Lenin in Petrograd, dem heutigen Sankt Petersburg, die Macht übernahm. Ein Festmarsch und ein Galaempfang stehen zwar auf dem Programm. Die Feierlichkeit selbst findet aber in einem biederen Konferenzhotel fern des Kremls statt, und Wladimir Putin wird nicht daran teilnehmen.

Von Lenin hält er nichts. Er nennt den Gründer der Sowjetunion einen Verräter, weil er Russland in einen Bürgerkrieg stürzte, als es noch mitten im Krieg gegen das Deutsche Reich und Österreich-Ungarn stand. Dieser Bürgerkrieg zwischen den sogenannten Roten und Weißen tobte bis 1920 – drei Jahre, in denen auch Briten, Franzosen, Polen und Japaner sich mit ihren Truppen in Archangelsk, in der Ukraine, auf der Krim und in Wladiwostok einmischten, um die Gegenrevolution zu unterstützen. Unauslöschlich bis heute setzte sich damals in den Köpfen die Vorstellung fest, Russland sei von westlicher Einkreisung bedroht. Der erbitterte Bürgerkrieg verwüstete das Land und spaltete das Volk.

[...]

Wladimir Putin verfolgt seine eigene Geschichtspolitik. Sie blendet die Russische Revolution aus. Eine schrittweise Entwicklung wäre besser für Russland gewesen als der gewaltsame Umbruch mit seiner „Zerstörung der Staatlichkeit und der rücksichtslosen Vernichtung von Millionen Menschenleben“, das ist seine Ansicht.

So verordnet er dem Land ein Geschichtsbild, in dem Peter der Große, der Reformer Pjotr Stolypin, Josef Stalin und er selbst als Diener und Wahrer russischer Größe ein patriotisches Kontinuum bilden. Der wächserne Lenin darf weiter in seinem Mausoleum am Roten Platz liegen, doch gehört er, der große Unruhestifter und revolutionäre Störer, nicht in dieses Kontinuum.

Theo Sommer: „Fünf vor acht / Wladimir Putin: Von Lenin hält er nichts. Eine Kolumne“; in: Die Zeit (31.10.2017); https://www.zeit.de/politik/ausland/2017-10/wladimir-putin-wladimir-lenin-oktoberrevolution-gedenken/komplettansicht [letzter Zugriff: 17.05.2023].

1. ●○○ Fassen Sie zusammen, wie sich das Gedenken an die Russische Revolution gewandelt hat.
→ Text

2. a) ●●○ Arbeiten Sie aus dem Text M2 die Position des Autors heraus.
b) ●●● Nehmen Sie in einem Leserbrief Stellung dazu.
→ Text, M2

3. ●●● Erstellen Sie eine Präsentation über das Lenin-Mausoleum in Moskau. Diskutieren Sie anhand dieses Beispiels Formen und Funktionen historischer Erinnerung.
→ Text, M1

Kernmodul: Was ist eine Revolution?

Auf die Frage, was eine Revolution ist, gibt es wahrscheinlich mehr Antworten, als es bisher Revolutionen gegeben hat. Das hat zunächst einmal damit zu tun, dass „Revolution“ seit geraumer Zeit ein Modewort der Alltagssprache geworden ist. Sein weit gespannter, geradezu wahlloser Einsatz hat den Begriff „Revolution“ unscharf gemacht. Umso wichtiger ist es in der Geschichtswissenschaft, genau zu sagen, was man meint, wenn man von einer Revolution in Politik, Staat oder Gesellschaft spricht.

Der Historiker Theodor Schieder hat Revolutionen einmal als eine „besondere Form des historischen Wandels“ bezeichnet. Diese Definition scheint auf den ersten Blick viel zu weit und zu vage zu sein. Man kann sie aber sehr gut als Ausgangspunkt verwenden und fragen, was erfüllt sein muss, damit eine Veränderung als Revolution verstanden wird.

Auf diese Weise kann man sechs eher allgemeine Gesichtspunkte ausmachen:

1. Für eine Revolution braucht es eine rasche, tiefgreifende und weitreichende Veränderung in Staat und Gesellschaft. In aller Regel stürzt eine Revolution die alten und legitimiert neue Machthaber. Dies allein genügt aber nicht: Wenn lediglich die Regierungsführung wechselt, spricht man meist von einem Putsch oder Staatsstreich. Dagegen werden in einer Revolution Staat und Gesellschaft auf eine neue Grundlage gestellt, etwa durch eine neue Verfassung, die neue staatliche Institutionen einführt, durch eine veränderte Eigentumsordnung, welche die soziale Zusammensetzung der Gesellschaft mehr oder weniger stark verändert, oder durch neue Normen und Ideale, die im Weiteren das Zusammenleben der Gesellschaft bestimmen.

2. Daraus ergibt sich, dass Revolutionäre absichtsvoll Veränderungen schaffen und Zukunft gestalten, nicht aber Altes und Vergangenes wiederherstellen wollen. In diesem Sinn ist „Revolution“ ein Ausdruck für Wandlungsprozesse, die charakteristisch für die Neuzeit sind. Der Begriff wurde so, wie wir

M1 ***Französische Revolution: „Die Erstürmung der Bastille am 14. Juli 1789“***
Kolorierter Kupferstich von Paul Jakob Laminit (1773–1831)

ihn heute verstehen, erst im 18. Jahrhundert im Zusammenhang mit der Amerikanischen und vor allem mit der Französischen Revolution geprägt. Der Begriff „Revolution" ist seither positiv besetzt, denn er ist mit Ideen von Fortschritt und Modernisierung, mit der Durchsetzung von Freiheits- und Gerechtigkeitsvorstellungen verbunden. Deshalb möchte niemand gerne als Rebell oder Aufrührer bezeichnet werden, wohl aber als Revolutionär.

3. Von Beginn an war der Begriff der „Revolution" mit der Vorstellung von Gewalt verknüpft; auch das ist ein Ergebnis seiner Herkunft aus dem Zeitalter der Amerikanischen und insbesondere der Französischen Revolution: Massenunruhen, Straßen- und Barrikadenkämpfe, politische Prozesse und Hinrichtungen, Bürgerkrieg – all dies gehörte und gehört noch immer zum modernen Revolutionsverständnis. Die bedeutenden Revolutionen des 20. Jahrhunderts haben dieses Bild zunächst bestätigt. Erst der Umsturz von 1989/90 im sowjetisch beherrschten Osteuropa veranlasste die Revolutionsforscher, die scheinbar zwangsläufige Verbindung von Revolution und Gewalt zu überdenken, denn abgesehen von Rumänien verliefen die Umbrüche in Osteuropa weitestgehend gewaltfrei.

4. Man unterscheidet zwischen den kurzfristigen Auslösern und den – erheblich wichtigeren – langfristigen Ursachen einer Revolution. Sicher ist, dass Revolutionen sich weder prognostizieren lassen noch gesetzmäßig ausbrechen, wie Karl Marx (1818–1883) und Friedrich Engels (1820–1895) meinten. Diese entwickelten im 19. Jahrhundert eine Theorie, nach der Revolutionen geradezu gesetzmäßig ausbrechen müssen, um die Menschheit in eine Zukunft ohne Unterdrückung und Not zu führen („klassenlose Gesellschaft"). Heutzutage sind sich die Forscher weitgehend einig, dass Revolutionen dann stattfinden können, wenn es in bestimmten Bereichen der Gesellschaft schwerwiegende Veränderungen gibt, die das politische und gesellschaftliche System aus dem Gleichgewicht bringen. Meist besteht ein erhebliches Missverhältnis zwischen den Ansprüchen und Erwartungen, den Werten und dem Selbstverständnis von Teilen der Gesellschaft einerseits und ihren tatsächlichen Lebensbedingungen andererseits. Entscheidend ist also nicht das wirkliche Ausmaß der politischen, wirtschaftli-

M2 „Friedliche Revolution" in der DDR 1989
Transparent einer Kundgebung in Berlin am 9. Dezember 1989, Foto

chen oder sozialen Missstände, sondern dass diese Missstände als untragbar empfunden werden. Der Amerikaner James Davies hat in diesem Zusammenhang die These aufgestellt, dass es zu einer Revolution kommt, wenn gestiegene Erwartungen nicht erfüllt werden, also etwa, wenn ein wirtschaftlicher Aufschwung abrupt endet oder wenn eine gesellschaftliche Gruppe ihren gestiegenen ökonomischen Einfluss nicht in politische Macht umsetzen darf. Revolutionäre rekrutieren sich demnach in der Regel aus jenen Schichten, die politische und wirtschaftliche Verluste fürchten, aus den Enttäuschten und den vom sozialen Abstieg Bedrohten. Wer dagegen schon in extremer wirtschaftlicher Not und unter totaler politischer Unterdrückung leben muss, hat nicht die Zeit, nicht die Kraft und nicht die Mittel für Widerstand.

5. Immer wieder hat man versucht, den typischen Ablauf einer Revolution zu skizzieren. Bekannt ist insbesondere das Revolutionsmodell, das der amerikanische Soziologe Crane Brinton entwickelt hat. Brinton hat in einer umfangreichen Studie die Englische, die Amerikanische, die Französische und die Russische Revolution verglichen und auf dieser Grundlage fünf Phasen des revolutionären Prozesses identifiziert: In der ersten Phase herrschen die Gemäßigten. Das sind Reformer, die versuchen, die revolutionäre Krise in rechtliche Bahnen zu lenken und auf gesetzlichem Wege zu bewältigen. Diese Gemäßigten können sich aber in der Regel nicht lange halten, weil zur Verwirklichung der revolutionären Ziele energische Maßnahmen notwendig sind. Deshalb kommt es in der zweiten Phase einer Revolution entweder zur Machtergreifung der Radikalen oder zum Sieg der Gegenrevolution. Um ihre Absichten durchzusetzen, etablieren die Radikalen in einer dritten Phase ein Terrorregime; nun „frisst die Revolution ihre eigenen Kinder“, wie der 1793 hingerichtete

M3 ***Französische Revolution: Hinrichtung des französischen Königs Ludwig XVI. am 21. Januar 1793***
Zeitgenössischer kolorierter Stich

französische Revolutionär Pierre Vergniaud formulierte. Es folgt als vierte Phase ein Gegenschlag der reaktionären Kräfte und schließlich fünftens eine Militärherrschaft, die wesentliche Errungenschaften der Revolution sichert sowie Staat und Gesellschaft stabilisiert. Man darf nicht den Fehler machen, dieses Modell starr auf jede Revolution anzuwenden und dann zu rätseln, weshalb es nicht passgenau ist. Brintons Musterablauf liefert Idealtypen, welche die Wirklichkeit nicht abbilden, sondern helfen können, sie zu ordnen. Und man darf aus diesem scheinbar regelhaften Ablauf auch nicht ohne Weiteres schließen, dass eine Revolution steuerbar sei. Unter Revolutionsforschern ist umstritten, ob und wie weit der Mensch einen revolutionären Prozess – und damit den Ablauf der Geschichte – gezielt beeinflussen kann. Fest steht, dass zwischen den Zielen von Revolutionären und den tatsächlichen Ergebnissen einer Revolution oft eine große Kluft besteht.

6. Schließlich ist der Blick auf die Handlungsmöglichkeiten der konkurrierenden Kräfte zu richten. Die Regierenden versuchen normalerweise, eine drohende Revolution abzuwenden. Sie haben dazu im Prinzip drei Möglichkeiten: Sie können Reformen einleiten, um den Revolutionären Wind aus den Segeln zu nehmen; sie können versuchen, die bislang neutral oder passiv gebliebenen Teile der Gesellschaft auf ihre Seite zu ziehen; und sie können die aufkommende revolutionäre Stimmung unterdrücken. Gelingt das Gegensteuern nicht, verliert die Regierung meist in wachsendem Tempo an Autorität und Vertrauen. Die Revolutionäre wiederum versuchen, ihre Ziele bekannt zu machen, weitere Anhänger zu gewinnen und auf diese Weise Druck aufzubauen. Jede Revolution produziert daher Bilder, Symbole, Identifikationsfiguren, Parolen und Rituale, Feste und Gedenkfeiern, Helden und meist auch Märtyrer. Die Revolutionäre brauchen Öffentlichkeit, zum Beispiel für Demonstrationen und Kundgebungen. Die Kontrolle des öffentlichen Raumes, der Straßen und Plätze, ist für Erfolg oder Misserfolg einer Revolution von ganz zentraler Bedeutung.

Als Fazit lässt sich festhalten: Der Revolutionsbegriff ist durch seine vielfältige Verwendung in der Alltagssprache ziemlich zerschlissen. Auch im Bereich der Geschichtswissenschaft gibt es nicht die eine maßgebliche Theorie der Revolution, mit der sich alle Einzelfälle überzeugend deuten und erklären ließen. Es ist deshalb sinnvoll, sich auf Merkmale zu verständigen, die ganz oder annähernd erfüllt sein müssen, um von einer Revolution sprechen zu können. Dann trägt der Begriff dazu bei, die Vielfalt des historischen Geschehens zu ordnen.

M4 ***„Die Revolution frisst ihre eigenen Kinder"***
Die Revolutionäre Saint-Just und Robespierre auf dem Weg zur Guillotine. Robespierre trägt einen Verband, da er bei der Verhaftung angeschossen worden war, Gemälde (Ausschnitt) von Alfred Mouillard, 1884.

1. a) ●○○ Fassen Sie die im Autorentext genannten sechs näheren Bestimmungen zusammen.
b) ●●○ Arbeiten Sie die Einschätzung des Autors gegenüber dem Begriff „Revolution" heraus.
c) ●●● Entwickeln Sie mit eigenen Worten eine eigene Definition des Begriffs „Revolution" sowie eine Checkliste mit Kennzeichen und Merkmalen als Grundlage für Vergleiche.
→ Text

M1 ***Menschen- und Bürgerrechte***
Gemälde (Ausschnitt) von Le Barbier, 1790

M2 ***Hinrichtung des Königs Ludwig XVI. am 21. Januar 1793***
Zeitgenössischer kolorierter Stich (Ausschnitt)

Die Französische Revolution

„Liberté, Égalité, Fraternité" (Freiheit, Gleichheit, Brüderlichkeit) – diese Begriffe finden sich heute auf französischen Euromünzen, auf Briefmarken, an den Fassaden von Schulen, Rathäusern und Gerichtsgebäuden in ganz Frankreich. Die drei Schlagworte sind die offizielle Devise der heutigen Französischen Republik. Sie fassen die Ideale des französischen Staates zusammen, der allen Menschen, die in Frankreich leben, individuelle Freiheit, Gleichheit vor dem Gesetz und gesellschaftliche Solidarität garantiert.

Die weltberühmte Devise entstand vor über zweihundert Jahren während eines historischen Umbruchs, der als Geburtsstunde des modernen, demokratischen Verfassungsstaates gilt: „Freiheit, Gleichheit und Brüderlichkeit" war die Losung der Französischen Revolution im Kampf gegen die alte Ordnung, gegen die absolutistische Monarchie und die Ständegesellschaft. Grundlage einer neuen, gerechteren Ordnung sollten die Menschen- und Bürgerrechte sein, welche im August 1789 feierlich verkündet wurden.

Schon die damaligen Revolutionäre hatten das Gefühl, an der Schwelle zu einem neuen Zeitalter zu stehen. Als im Herbst 1792 das Königtum ganz abgeschafft und die erste Republik in der Geschichte Frankreichs ausgerufen wurde, waren die Revolutionäre von der „Wiedergeburt des französischen Volkes" so beseelt, dass sie sogar eine neue Zeitrechnung einführten: Man begann, die Jahre ab der Befreiung der Franzosen von der Monarchie zu zählen. Auch wenn sich die neue Zeitrechnung auf Dauer nicht durchsetzen konnte, so zeigt dieses Projekt doch auf eindrucksvolle Weise, welch große Bedeutung die Revolutionäre den Ereignissen in ihrem Land zumaßen.

Und auch heute, im 21. Jahrhundert, wird die Französische Revolution noch als ein epochales Ereignis angesehen: Das Frankreich der Gegenwart führt seine politische Ordnung auf die „Große Revolution" von 1789 zurück. Die Revolution ist neben dem Zweiten Weltkrieg das historische Ereignis, zu dem weltweit am meisten publiziert worden ist. Die Erklärung der Menschen- und Bürgerrechte von 1789 formulierte alle wichtigen Grundsätze der liberalen Demokratie, die seither in viele moderne Verfassungen eingeflossen sind. Sie diente als Vorlage für die „Allgemeine Erklärung der Menschenrechte" der Vereinten Nationen im Jahr 1948. Während der Proteste und Streiks in China 1989 trugen Studenten den Originaltext von 1789 auf dem Platz des Himmlischen Friedens vor. 2003 wurde die französische Menschen- und Bürgerrechtserklärung schließlich in das dokumentarische Erbe der Menschheit (Memory of the World) der UNESCO aufgenommen.

Mögliche Leitfragen

- **Welche kurz- und langfristigen Veränderungen im „Ancien Régime" können als ursächlich für die Französische Revolution bezeichnet werden?**
- **Wer waren Gewinner, wer Verlierer der Revolution?**
- **Welche Konsequenzen hatten Französische Revolution und Napoleonische Herrschaft für Deutschland?**
- **Worin liegt die Bedeutung der Französischen Revolution?**

Die Französische Revolution

M1 *Ein Freiheitsbaum wird gepflanzt*
Ein Symbol für den Sieg über die absolutistische Herrschaft, zeitgenössische Darstellung, um 1792

Die Französische Revolution markiert einen entscheidenden Wendepunkt in der modernen Geschichte. Durch ihren Anspruch auf die Befreiung der Menschheit, auf die Verwirklichung der Menschenrechte und die Durchsetzung des bürgerlich-demokratischen Verfassungsstaates beeinflusste sie tief greifend das politische Denken und Handeln bis in das 20. Jahrhundert hinein.

Die äußere Machtentfaltung der absolutistischen Monarchie in Frankreich (seit Ludwig XIV.) überdeckte eine Reihe innerer Schwächen und Krisenherde.

Die französische Beteiligung am Siebenjährigen Krieg (1756 – 1763) und am amerikanischen Unabhängigkeitskrieg (1775 – 1783) sowie eine verschwenderische Hofhaltung der Monarchie verschärften in den Jahren vor der Revolution die Finanzkrise des Staates. Reformversuche von Finanzpolitikern wie Turgot, Necker und Calonne scheiterten am Widerstand der Krone und einflussreicher Teile des Adels, die auf ihre politischen, sozialen und wirtschaftlichen Privilegien nicht verzichten wollten. Das aufsteigende Bürgertum konnte seine wachsende wirtschaftliche Bedeutung nicht in einen entsprechenden politischen Einfluss umsetzen. Die Unterdrückung der Freiheit, die Privilegierung der adligen Führungselite, die zahlreichen Missstände in Verwaltung und Kirche, die vor allem die unteren Volksschichten belasteten, sorgten für sozialen und politischen Zündstoff.

Die Oppositionsbewegung gegen den monarchischen Absolutismus orientierte sich an den Ideen der Aufklärung. Gegen die alte untergehende Gesellschaft setzten die Vertreter der Aufklärung die Vorstellung einer neuen vernunftgemäßen Gesellschaft auf der Grundlage der Freiheit, der Gleichheit und der Brüderlichkeit aller Menschen.

Die Französische Revolution wird oft nur mit einem einzigen spektakulären Ereignis in Verbindung gebracht, nämlich der Erstürmung der Bastille am 14. Juli 1789. Dabei wird leicht übersehen, dass die Französische Revolution keineswegs ein punktuelles historisches Ereignis war. Vielmehr bezeichnet der Begriff das komplexe historische Geschehen während des Zeitraums von zehn Jahren zwischen 1789 und 1799.

Langfristige strukturelle Ursachen

Der absolutistische Staat litt unter permanenter Finanznot, die sich 1788 zum Staatsbankrott zu verschärfen drohte. Maßgeblich verursacht durch teure Kriege und eine kostspielige Hofhaltung vergrößerte sich die Schere zwischen Staatseinnahmen und -ausgaben mit der Folge, dass etwa 50 Prozent der Einnahmen allein für den Schuldendienst ausgegeben werden mussten. Neben den überzogenen Ausgaben spielten aber auch die begrenzten Staatseinnahmen eine gewichtige Rolle. Im Widerspruch zur Theorie des absolutistischen Staates verfügte dieser noch nicht über eine eigene, funktionierende Finanzverwaltung, wie sie in heutigen modernen Staaten existiert. Im Zuge der Ämterkäuflichkeit wurde das Recht zur Einziehung von Steuern an sogenannte Steuerpächter verkauft, die ihrerseits einen erheblichen Anteil der Einnahmen für sich selbst beanspruchten. Nur ein Teil der von den Bürgern und Bauern gezahlten Steuern erreichten daher tatsächlich die Staatskasse.

Die Finanzkrise des Staates hatte eine weitere strukturelle Ursache im Steuerprivileg von Adel und Klerus, das die beiden Stände von der Steuerpflicht weitgehend befreite. Weil König Ludwig XVI. versuchte, neue Finanzquellen durch Besteuerung der Privilegierten zu erschließen, verschärfte sich der Konflikt zwischen diesen und der Monarchie. Der Adel blockierte die Finanzreform in den Parlamenten, den adeligen Gerichtshöfen. Das Parlament von Paris besaß ein Vetorecht insofern, als dass königliche Dekrete von ihm registriert werden mussten, um in Kraft treten zu können.

Das Bürgertum in den Städten Frankreichs, insbesondere in Paris, hatte in der zweiten Hälfte des 18. Jahrhunderts an wirtschaftlicher Bedeutung und politischem Selbstbewusstsein zugenommen. In den Cafés, Lese- und Diskussionszirkeln, in Freimaurerlogen und politischen Clubs hatten sich die Ideen der Aufklärung verbreitet. Es war eine politisierte Öffentlichkeit herangereift. Die Überwindung der Ständegesellschaft galt vielen – nachhaltig beeinflusst durch die Lehren Rousseaus – als überfällig. Aber auch die Vorstellungen der amerikanischen Unabhängigkeitsbewegung fanden ihre Verbreitung. So mancher französische Freiwillige, der im Krieg auf der Seite der Amerikaner gekämpft hatte, war mit der „Erklärung der Menschenrechte" im Gepäck heimgekehrt. Zudem hatte die Debatte um Besteuerung einen breiten Raum im Diskurs um die amerikanische Unabhängigkeit eingenommen. Umso mehr musste die Verdrängung von Bürgerlichen aus den höheren Positionen der Verwaltung, Justiz, Armee und Kirche den Widerwillen gegen die feudalistische Gesellschaftsform steigern.

Das Frankreich der Französischen Revolution war noch ein Agrarland. 85 Prozent der Bevölkerung von etwa 26 Millionen lebten auf dem Land. Die Bauern – rechtlich gesehen ganz überwiegend freie Menschen – blieben weitgehend ohne Einfluss auf das öffentliche Leben. Ihre Belastungen durch Steuern, Kirchenzehnt und grundherrliche Abgaben summierten sich auf bis zu zwei Drittel des Ertrags. Das anhaltende Bevölkerungswachstum verschärfte die Bodenknappheit, zumal Grund und Boden ungleich verteilt waren (etwa zwei Prozent der Bevölkerung verfügte über ein Drittel der landwirtschaftlichen Nutzfläche). Eine Verelendung von Teilen der Landbevölkerung war die Folge.

M2 „Hoffentlich hat das Spiel bald ein Ende!"
Karikatur von 1789

Aktuelle kurzfristige Ursachen

Die Forschungsliteratur vermittelt ein höchst widersprüchliches Bild, wenn es um die Frage geht, wie reich oder wie verelendet das damalige Frankreich gewesen ist. Paradoxerweise ist beides richtig. Die Französische Revolution war keine reine Armutsrevolution. Die französische Gesellschaft des 18. Jahrhunderts hatte eine dynamische Entwicklung durchgemacht, die ein wohlhabendes Bürgertum von Bankiers, Händlern und Manufakturbesitzern begründet hatte. Allerdings zerstörten zwei Missernten vor 1789 die Einnahmequellen breiter bäuerlicher Schichten. In der Folge stieg der Preis für Brot, was die städtischen Unterschichten in besonderem Maße belastete, denn Brot war für sie das wichtigste Nahrungsmittel. Sinkende Nachfrage nach Gütern, wachsende Arbeitslosigkeit und eine Teuerung der Lebensmittel bei sinkendem Lohnniveau führten dazu, dass sich die Schere zwischen den Einnahmen und den Kosten der Lebenshaltung immer weiter öffnete. Auch ein Teil der städtischen Bevölkerung lebte am Rande des Existenzminimums beziehungsweise litt unter Hunger.

Ausgelöst durch die Verschuldungskrise des absolutistischen Staates berief König Ludwig XVI. die Generalstände ein, die seit 1614 im Zeichen der Selbstherrschaft der Könige nicht mehr getagt hatten. In der Ständeversammlung verlagerte sich der Konflikt, der bisher zwischen Adel und Krone ausgetragen worden war, auf eine neue Front. Nunmehr ging es dem selbstbewusst auftretenden Dritten Stand, der zuvor schon eine Verdoppelung der Sitze (auf die gleiche Anzahl wie die ersten beiden Stände zusammen) durchgesetzt hatte, um den Modus der Abstimmung. Eine getrennt nach Ständen erfolgende Abstimmung hätte seine Einflussmöglichkeiten auf ein Minimum reduziert. Seine Forderung lautete daher: Abstimmung nach Köpfen.

König Ludwig XVI. war nicht bereit, diese Forderung zu erfüllen. So entwickelte die Ständeversammlung in der Folgezeit eine eigene Dynamik, wobei die Mehrheit – bestehend aus den bürgerlichen Ständevertretern im Verein mit aufgeklärten Adeligen und Sympathisanten aus dem Klerus – die Umformung der Ständeversammlung in eine Nationalversammlung proklamierte (17. Juni 1789). Drei Tage später versammelten sich die Mitglieder der Nationalversammlung zum Ballhausschwur, durch den sie verkündeten, „niemals auseinander zu gehen und sich überall zu versammeln, wo es die Umstände gebieten, so lange, bis die Verfassung des Königreichs ausgearbeitet ist und auf festen Grundlagen ruht." Diese sogenannte Verfassungsrevolution zielte auf eine Transformation der absoluten Monarchie in ein verfassungsgemäß gebundenes (konstitutionelles) Königtum.

Ludwig XVI. erklärte alle Beschlüsse der Nationalversammlung für ungültig und reagierte mit dem Plan, die Nationalversammlung mit Waffengewalt auseinanderjagen zu lassen. Die Verwirklichung dieser Absicht wurde letztlich dadurch vereitelt, dass neue revolutionäre Akteure auf dem Plan erschienen. Die Pariser Volksbewegung, in der sich vor allem Handwerker und Kleinhändler, Gesellen und Tagelöhner organisierten, stürmte die Bastille, ein nur mäßig bewachtes Gefängnis, das vielen als Symbol für das Zwangssystem des Absolutismus galt. Parallel dazu gingen Bauern plündernd gegen den Großgrundbesitz vor. Schlösser wurden gebrandschatzt, und mit ihnen gingen viele Urkundenbestände in Flammen auf.

M3 ***„Die Erstürmung der Bastille zu Paris am 14. Juli 1789"***
Kolorierter Kupferstich von Paul Jakob Laminit (1773–1831)

Drei Revolutionen (1789)

Die Französische Revolution gilt als das Muster der „bürgerlichen" Revolution. Diese Bezeichnung wird der Vielgestaltigkeit des Geschehens nur teilweise gerecht, denn bei genauer Betrachtung zeigt sich, dass verschiedene revolutionäre Tendenzen miteinander verwoben waren. Manche Historikerinnen und Historiker sprechen sogar von drei Revolutionen. Sie erkennen drei revolutionäre Akteure: das gehobene Bürgertum und den mit ihm verbundenen liberalen Adel, die städtischen Unterschichten (insbesondere von Paris) sowie die Bauern.

Jede gesellschaftliche Gruppierung handelte dabei aus anderen Motiven. Das Bürgertum, das gewissermaßen den absolutistischen Staat entscheidend mitfinanzierte, forderte – geleitet von den Ideen der Aufklärung – seinen Anteil an der politischen Macht. Bei den städtischen Unterschichten speiste sich die revolutionäre Energie zum Teil aus wirtschaftlichen Notlagen, während die Bauern die Abschaffung der Feudalordnung auf dem Land anstrebten, das heißt bestimmter feudaler Abgaben, die über die übliche Pacht hinausgingen.

Der Erfolg der Revolution von 1789 erklärt sich dadurch, dass sich drei revolutionäre Hand-

M4 ***Der Ballhausschwur vom 20. Juni 1789***
Kolorierter Stich (1823/24) nach der Federzeichnung von Jacques-Louis David von 1791

lungsstränge verschränkten, was letztlich zu einer Verstärkung des revolutionären Drucks führte:

- Die Ausrufung der Nationalversammlung durch den Dritten Stand und den mit diesem verbundenen Reformadel (Verfassungsrevolution).

- Diese Verfassungsrevolution wurde vorangetrieben durch die Politisierung der städtischen Massen in Paris. Die städtische Revolutionsbewegung belagerte die Bastille, das Herrschaftssymbol des Absolutismus.

- Auf dem Land verbreiteten sich Unruhen und Anarchie. Kleinbesitzer, Landlose und Tagelöhner griffen den Großgrundbesitz an, was die Abschaffung des Feudalsystems durch die Nationalversammlung beschleunigte.

Trotz dieser unterschiedlichen politischen Akteure blieb die Nationalversammlung in der ersten Phase der Revolution eher großbürgerlich ausgerichtet.

Begleitet wurde das revolutionäre Geschehen im Sommer des Jahres 1789 im ländlichen Frankreich durch die „Große Angst" (franz. *la grande peur*). Die Versorgungskrise, der Zusammenbruch der Staatsautorität, die Zunahme der Kriminalität und die Flucht von Adligen bildeten den Nährboden, auf dem das Gefühl des Bedrohtseins allgemein wuchs. Teile der französischen Gesellschaft befanden sich in einem Zustand der kollektiven Panik, wodurch einer Vielzahl von Gerüchten Glauben geschenkt wurde. Von aristokratischen Verschwörungen war die Rede, von angeblichen „Hungerpakten" der örtlichen Behörden und von Räuberbanden, die angeblich von Aristokraten angeheuert worden waren, um die Ernte zu vernichten.

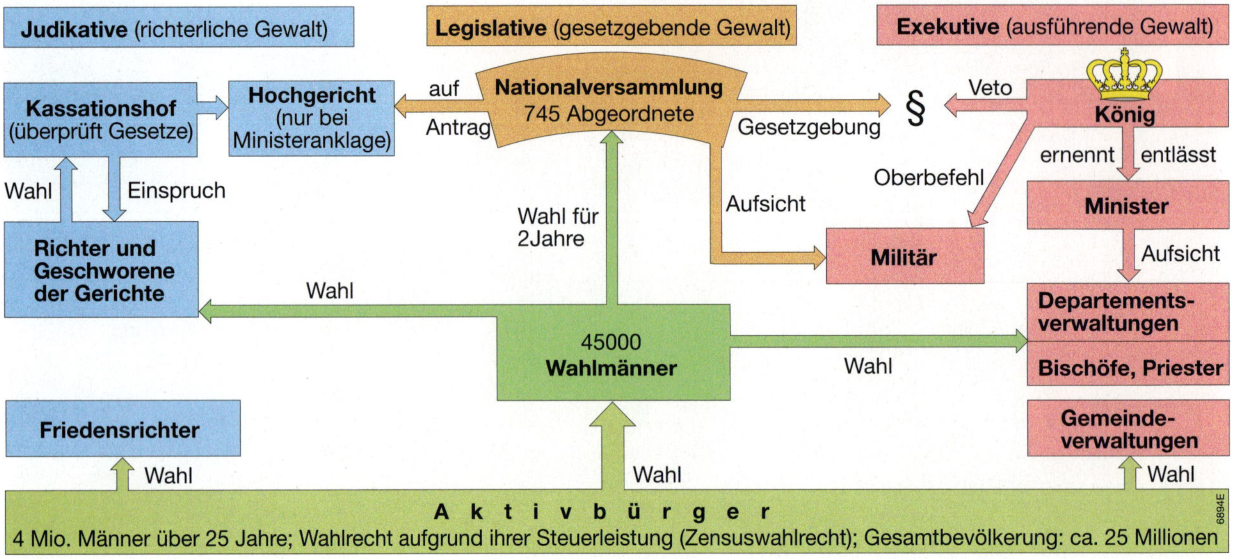

M5 *Die Verfassung von 1791*

Die Konstitutionelle Monarchie (1789–1792)

Mit der Umwandlung der Generalstände in eine (verfassunggebende) Nationalversammlung (17. Juni 1789) und dem Sturm auf die Bastille (14. Juli 1789) wurde in Frankreich der Untergang der absoluten Monarchie eingeleitet. Das Reformwerk der Nationalversammlung hatte eine grundlegende Umwälzung der alten Staats- und Gesellschaftsordnung zur Folge. Unter dem Druck schwerer Bauernunruhen beschloss die Nationalversammlung in einer dramatischen Nachtsitzung vom 4. auf den 5. August 1789 die Abschaffung des Feudalsystems. Die privilegierten Stände (Adel und Klerus) mussten auf ihre zahlreichen Sonderrechte wie Frondienste, Jagdrechte und Abgaben der Bauern verzichten. Die Nationalversammlung verabschiedete am 26. August 1789 eine „Erklärung der Menschen- und Bürgerrechte".

Die von ihr ausgearbeitete Verfassung von 1791 verwandelte Frankreich in eine konstitutionelle Monarchie. Im Rahmen der nunmehr gewaltenteiligen Ordnung blieb dem König die Funktion der Exekutive vorbehalten. Die Gesetzesmacht lag bei der Nationalversammlung, die von Aktivbürgern gewählt wurde. Das Wahlrecht war an Steuerzahlungen gebunden (Zensuswahlrecht); etwa 60 Prozent der Männer über 25 Jahren konnten teilnehmen. Ohne Wahlrecht blieben Männer unter 25 Jahren, Nicht-Steuerzahler sowie Frauen. Die Nationalversammlung beschloss unter anderem die Verstaatlichung der Kirchengüter, um den finanziellen Bankrott des Staates zu verhindern und die alten Machtpositionen des Klerus zu zerschlagen. Die Priester sollten durch den Eid auf die neue Verfassung verpflichtet werden, was allerdings zu massiver Eidesverweigerung führte.

Diese erste Phase der Französischen Revolution mündete in einer Entmachtung des Königs, der Abschaffung des Feudalsystems sowie in der Erklärung der Menschen- und Bürgerrechte, die auch in der Verfassung von 1791 Eingang fand. Dies entsprach im Wesentlichen den Bedürfnissen des gehobenen Bürgertums, was sich im Zensuswahlrecht widerspiegelte. Verfassungsmäßig war Frankreich eine konstitutionelle Monarchie geworden.

Hinrichtung Ludwig XVI. und die Radikalisierung der Revolution

Der Sturm auf die Tuilerien (10. August 1792) läutete den Sturz der Monarchie ein. Auf dem Hintergrund der sich verschärfenden inneren Krise kam es im September 1792 zu Massakern („Septembermorde") an revolutionsfeindlichen

M 6 ***Maximilien de Robespierre (1758 – 1794)***
Anonymes Porträt, um 1793

M 7 ***Flugblatt gegen die Jakobinerdiktatur (1794)***
Auf der Grabespyramide steht: „Hier ruht ganz Frankreich". Robespierre richtet, nachdem er alle Franzosen hat guillotinieren lassen, mit eigener Hand den Henker hin.

Kräften, darunter auch Priester, die den Eid auf die Verfassung verweigerten. Der Nationalkonvent beschloss nun die endgültige Abschaffung des Königtums Ludwigs XVI. (21. September 1792). Mit einer knappen Mehrheit stimmte der Konvent der Enthauptung des Königs zu. Die Hinrichtung Ludwigs XVI. am 21. Januar 1793 bedeutete einen Tabu-Bruch von großer Tragweite.

Die Schleusen der Gewalt öffneten sich danach noch weiter. Seit Mitte 1792 hatte sich der Charakter der Revolution erkennbar verändert. Das Heft des Handelns gelangte immer mehr in die Hände von radikalen bürgerlichen Konventsabgeordneten der Bergpartei (den Jakobinern), die ein Bündnis mit den Sansculotten eingingen. Vor allem in Paris hatte sich ein neuer Typus des Revolutionärs herausgebildet, dessen Name sich aus dem Fehlen der für den Adel typischen Kniebundhose ergab. Der Sansculotte rekrutierte sich vorrangig aus dem Milieu der Kleinbürger – Handwerker, Gesellen, kleine Ladenbesitzer –, dazu kamen Arbeiter, Tagelöhner und Wohnsitzlose. Mit ihnen erschien ein radikalisierendes Element im Revolutionsprozess. Die Sansculotten lehnten nicht nur die Monarchie ab, sondern sie sahen auch im liberalen Bürgertum ihren Feind. Durch ihr Bündnis mit den Jakobinern entschieden sie den Machtkampf zwischen Girondisten und Jakobinern zu Gunsten der Letzteren.

Diese Phase der Revolution ist aufs Engste mit dem Namen des Jakobiners Robespierre verbunden. Unter seiner Führung organisierte der sogenannte Wohlfahrtsausschuss eine Gewaltherrschaft, die auch als „Schreckensherrschaft" (französisch: *la terreur*) in die Geschichte eingegangen ist. Beim Wohlfahrtsausschuss handelte es sich zwar formell nur um einen Ausschuss des Konvents, tatsächlich fungierte er aber in dieser Zeit als provisorische Regierung.

Schließlich gelang es der Opposition, am 27. Juli 1794 (nach Zählung des Revolutionskalenders der 9. Thermidor) der Schreckensherrschaft ein Ende zu setzen. Robespierre und zahlreiche seiner Anhänger wurden hingerichtet. Nach dem Zusammenbruch der Diktatur konnte das gemäßigte (thermidorianische) Bürgertum erneut seine Herrschaft etablieren. Damit war nach langen Machtkämpfen zwischen den gemäßigten Gruppierungen (Girondisten) und den radikaleren Befürwortern der Revolution (Jakobiner) der Gipfel der Revolution überschritten.

M8 ***„Napoleon Bonaparte überquert die Alpen über den Sankt-Bernhard-Pass"***
Gemälde von Jacques-Louis David, 1800

Napoleon: Vollender und Überwinder der Revolution

Da sich Frankreich seit 1792 fast ununterbrochen im Kriegszustand befunden hatte, führte das zwangsläufig zur Unterordnung der gesamten Gesellschaft unter die militärischen Erfordernisse. Der Kriegsdienst ermöglichte schnelle Karrieren. Ein Mann, der diese Chance genutzt hatte und schnell zum General aufgestiegen war, dessen Ehrgeiz aber durch seine militärischen Siege nicht gestillt war, konnte in dieser Situation an die Macht gelangen.

Napoleon hatte seinen Aufstieg zur Macht durch militärische Erfolge sowie durch seine charismatische Persönlichkeit bewerkstelligt. Es gelang ihm als Erster Konsul, die Errungenschaften der Revolution zu festigen und das Chaos des Revolutionsjahrzehnts zu beenden. Sein poltisches Handeln entsprach somit dem Bedürfnis des Bürgertums nach Stabilität. Sowohl die Anhänger des *Ancien Régime*, also die Königstreuen, als auch die radikalen Jakobiner wurden an den Rand des politischen Geschehens gedrängt. Abgesegnet durch einen Volksentscheid machte sich Napoleon fünf Jahre nach dem Staatsstreich zum Kaiser (1804). Das napoleonische Kaisertum war eine moderne Monarchie, die mit der durch die Revolution erkämpften bürgerlichen Ordnung eine neue Einheit einging.

Wesentliche Marksteine der Herrschaft Napoleons waren:

- die Zentralisierung der Verwaltung,
- die Aussöhnung mit der Kirche (Konkordat mit dem Papst 1801),
- der *Code civil*, der die Beseitigung der Feudalordnung festschrieb (Gleichheit vor dem Gesetz, bürgerliche Eigentumsordnung, Gewerbefreiheit, Freiheitsrechte des Individuums und anderes).

Der *Code civil* ist – trotz mancher Änderungen – bis heute die Grundlage der französischen Rechtsordnung. Viele Historikerinnen und Historiker sehen in den neuen Gesetzbüchern – und nicht in den militärischen Erfolgen – die größte geschichtliche Leistung Napoleons.

Die Auswirkungen der napoleonischen Herrschaft auf Deutschland

Die Französische Revolution fand in den deutschen Ländern ein lebhaftes Echo. Die geistige Elite der Deutschen – darunter Studenten, Schriftsteller, Philosophen und aufgeklärte Bürger – hat die Revolution überwiegend begrüßt oder sogar enthusiastisch gefeiert. Das änderte sich aber tendenziell mit der Radikalisierung, der Schreckensherrschaft der Jakobiner und der Hinrichtung Ludwigs XVI.

Die Französische Revolution hat in Deutschland keine Nachahmung ausgelöst. Dazu waren auch die Verhältnisse in den einzelnen Territorien zu unterschiedlich. Zwar gab es Bauernunruhen, zum Beispiel in Sachsen, Hessen, am Oberrhein, aber diese blieben lokal begrenzt wie die Revolten in verschiedenen Städten. Allgemein ermutigte die Französische Revolution diejenigen politischen Kräfte, die nach Reformen strebten. Die politische Publizistik erfuhr einen Auftrieb und die Politisierung der Bevölkerung nahm allgemein zu. Aber die große Mehrheit der deutschen Elite sah eher in England – und nicht in Frankreich – das Vorbild für die weitere Entwicklung. Nicht Revolution, sondern Reform des Staates durch Gewaltenteilung und konstitutionelle Sicherung der Freiheiten – so lautete das politische Programm dieser liberal eingestellten Mehrheit.

Die Politik Napoleons schuf die Voraussetzung für umfassende, alle Gesellschaftsbereiche berührende Veränderungen. Vor allem in Süd- und Westdeutschland wurden Reformen eingeleitet, die den Übergang vom feudalen Ständestaat zum bürgerlich-liberalen Staat beschleunigten. Die Reformen der napoleonischen Ära bedeuteten also einen gewaltigen Anschub für die Modernisierung der Gesellschaft. Im französischen Machtbereich wurde 1804 der *Code civil* (auch *Code Napoleon* genannt) eingeführt. Auch viele Rheinbundstaaten übernahmen den *Code civil* oder zumindest Teile davon.

Das neue französische Gesetzbuch brachte rechtliche Fortschritte in Ländern, die bis dahin noch halbabsolutistisch regiert worden waren. Dazu gehörten Freiheitsrechte (wie zum Beispiel die Eigentums- und Gewerbefreiheit), Rechtsgleichheit (auch für jüdische Menschen), Zivilehe, öffentliche Gerichtsverfahren, unabhängige Richter, die Beseitigung von Steuerprivilegien ebenso wie der Zugang zu hohen Staatsämtern auch für Nichtadlige.

Reichsdeputationshauptschluss

Nach dem Friedensschluss zwischen Frankreich und Preußen in Basel (1795) stimmte Österreich im Frieden von Campo Formio (1797) der Abtretung der linksrheinischen Gebiete an Frankreich zu. Die dadurch beeinträchtigten Fürsten sollten in Deutschland entschädigt werden. Der Friedensschluss von Lunéville (1801) bestätigte die Annexion der linksrheinischen Gebiete durch Frankreich und erlaubte es, die territoriale Neuordnung auf deutschem Gebiet nach den Bedürfnissen der französischen Politik zu bestimmen.

Das strategische Ziel der französischen Politik bestand darin, ein Gegengewicht zu Österreich aufzubauen und damit dessen Macht zurückzudrängen. Diesem Zweck sollte sowohl ein vergrößertes Preußen als auch die Stärkung der süddeutschen Staaten dienen. Unter dem Druck Frankreichs und verschiedener deutscher Staaten verabschiedete der Reichstag in Regensburg 1803 den sogenannten Reichsdeputationshauptschluss. Hinter diesem Wortungetüm

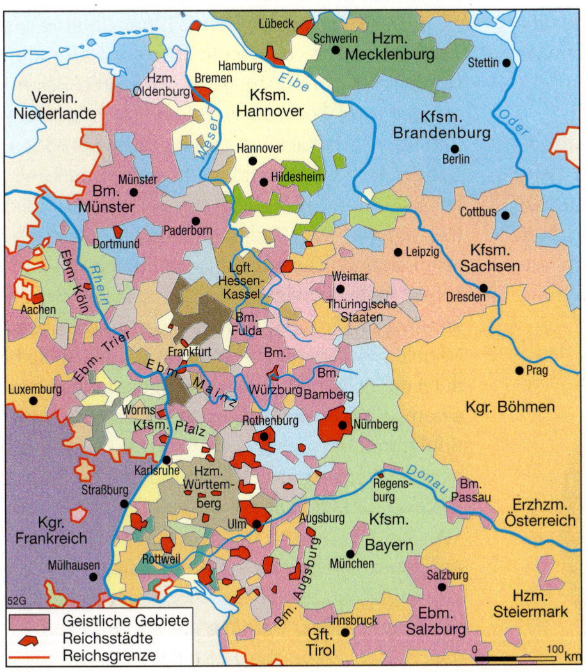

M 9 *Deutschland 1789*

M 10 *Deutschland 1807*

verbirgt sich der Beschluss eines Ausschusses des Reichstages (Reichsdeputation). Dieser sah eine territoriale Flurbereinigung im großen Stil vor. Zwei Begriffe bildeten dafür die Grundlage: Säkularisation und Mediatisierung.

Die Entschädigung deutscher Fürsten für ihre linksrheinischen Gebiete war nicht möglich ohne die Auflösung geistlicher Staaten. Die Säkularisation (Verweltlichung) von geistlichen Fürstentümern, Bistümern und Abteien bedeutete deren Beseitigung in Form von Enteignung und Eingliederung in den weltlichen Territorialstaat. Reichsstände, die im Alten Reich eine Reichsunmittelbarkeit besaßen, also rechtlich direkt dem Kaiser unterstanden, nannte man „immediat", also unmittelbar. Die Mediatisierung brachte den Verlust dieser Reichsunmittelbarkeit. Das betraf kleine Herrschaften, die nunmehr einem Landesherrn unterstellt wurden. Alle Reichsstädte wurden mediatisiert, nur Hamburg, Bremen und Lübeck sowie Augsburg, Frankfurt am Main und Nürnberg blieben autonom. Preußen erhielt für seine neutrale Haltung und als Entschädigung für seine verlorenen niederrheinischen Herzogtümer ein fünffach größeres Territorium, und Bayern und Württemberg gewannen damals annähernd ihre heutige Ausdehnung. Allein die kleine Markgrafschaft Baden mit vielen zerstreut liegenden Gebieten wuchs um das Vierfache. Im Unterschied zur Säkularisation blieben bei der Mediatisierung die materiellen Besitzrechte erhalten.

Der Reichsdeputationshauptschluss kam einem Todesstoß für das Alte Reich gleich, denn es handelte sich um eine territoriale Revolution. Deren Ausmaße werden deutlich, wenn man bedenkt, dass im deutschen Südwesten aus 350 Territorien nur zwei Mittelstaaten, nämlich das Großherzogtum Baden und das Königreich Württemberg, hervorgingen, sieht man von zwei kleinen hohenzollerischen Fürstentümern ab.

Insgesamt verschwanden 112 Reichsstände und etwa drei Millionen Menschen wechselten ihre Staatsangehörigkeit. Die territoriale Neugestaltung räumte mit der Kleinstaaterei auf und ebnete durch die Bildung von lebensfähigen Mittelstaaten den Weg für die Modernisierung Deutschlands.

M 11 ***Der Rheinbund***
Silbermedaille, 1806

Der Rheinbund und das Ende des Alten Reiches

Napoleons Strategie lief darauf hinaus, Mittelstaaten zu schaffen und diese an Frankreich zu binden. Diese Staaten sollten leistungsfähig genug sein, um Frankreich militärisch zu dienen, aber nicht stark genug, um es zu gefährden. Als Folge davon wurde 1806 der Rheinbund gegründet.

Er bedeutete eine grundlegende Umwälzung der alten Reichsordnung. Sechzehn süddeutsche Staaten schieden zunächst aus dem alten Reichsverband aus („Reichsverräter") und konstituierten sich unter der Schutzherrschaft Napoleons zum Rheinbund. Ihnen folgten bis 1811 sämtliche deutsche Fürsten außer den Herrschern von Österreich, Preußen, Braunschweig und Kurhessen. Bayern, Württemberg und Sachsen wurden zu Königreichen erhoben, Baden, Hessen-Darmstadt und Berg zu Großherzogtümern beziehungsweise Nassau zum Herzogtum. Die Rheinbundstaaten verpflichteten sich als Gegenleistung zu einem militärischen Bündnis mit Frankreich, das die Bereitstellung von Truppenkontingenten für die Kriege Napoleons vorsah. Darum wurde zum Beispiel auch der Feldzug Napoleons gegen Russland zu einem erheblichen Teil mit deutschsprachigen Soldaten durchgeführt. Nach der Völkerschlacht bei Leipzig traten die Rheinbundstaaten auf die Seite der Koalition über.

Auf Druck Napoleons legte der Kaiser Franz II. am 6. August 1806 die römisch-deutsche Kaiserwürde nieder. Damit endeten auch formell das Heilige Römische Reich Deutscher Nation und eine Reichsgeschichte, die 962 mit der Kaiserkrönung Ottos I. begonnen hatte.

Unter den Nachwirkungen der Französischen Revolution wandelte sich auch in Deutschland das Kräfteverhältnis zwischen der alten feudalen und der neuen bürgerlichen Ordnung. Diese Veränderungen stärkten auch die Idee des Nationalstaates.

Die Mainzer Republik (1792/93)

Neben den Reformen „von oben" gab es in den Wirren der Revolutionskriege auch ein erstes republikanisches Experiment, das von deutschen Demokraten mitgetragen wurde: die Mainzer Republik. Nur fünf Monate lang existierte diese erste Republik auf deutschem Boden, und ihr Schicksal war untrennbar mit der militärischen Unterstützung durch Frankreich verbunden.

Am 21. Oktober 1792 hatte die französische Revolutionsarmee unter General Custine die Herrschaft in der Stadt übernommen, die zuvor Sitz des Kurfürsten und Erzbischofs von Mainz gewesen war. Custine wies seine Soldaten an, sich gegenüber den Einheimischen vorbildlich zu benehmen, denn diese sollten nicht unterworfen, sondern von der Fürstengewalt „befreit" werden. „Brüderlich" wollten die Franzosen den Deutschen gegenübertreten, und so erlaubte man den Mainzern schließlich auch, selbst über eine eigene Verfassung abzustimmen.

In Mainz, das schon unter Kurfürst Friedrich Karl Joseph von Erthal ein Zentrum der Aufklärung geworden war, trafen die Ideen der Französischen Revolution vor allem in den gebildeten Kreisen, unter den höheren Beamten und unter den Gelehrten auf Sympathie und Unterstützung. Schon wenige Tage nach der Besetzung der Stadt gründeten Mainzer Bürger auf Betreiben des Gymnasiallehrers Böhmer im kurfürstlichen Schloss einen Jakobinerklub, die „Gesellschaft der Freunde der Freiheit und Gleichheit". Die Mitglieder organisierten republikanische Volksfeste, diskutierten und hielten Vorträge über Freiheit und Gleichheit, die anschließend gedruckt und als Flugschriften in der Stadt und der Umgebung verteilt wurden. Der Klub wollte die Untertanen des Kurfürsten zu freien Bürgern umerziehen und eine Republik gründen. Dass die Mehrheit der Bevölkerung die deutschen und französischen Republikaner jedoch nicht unterstützte, zeigte sich bald. Als in einem Landstrich zwischen Bingen und Landau zum ersten Mal in der deutschen Geschichte freie, gleiche und allgemeine Wahlen zu einem modernen Parlament, dem „Rheinisch-Deutschen Nationalkonvent", durchgeführt wurden, beteiligte sich nur eine kleine Minderheit von etwa 12 bis 13 Prozent der wahlberechtigten männlichen Bürger. Widerstand gegen die Pläne der Republikaner kam vor allem von den Handwerkszünften, dem katholische Klerus und den wohlhabenden Bürgern, die mit ihrer privilegierten politischen und wirtschaftlichen Lage unter dem Kurfürsten zufrieden gewesen waren. Trotz aller Widerstände trat der Rheinisch-Deutsche Nationalkonvent am 17. März 1793 zusammen. Er verabschiedete eine republikanische Verfassung und rief einen unabhängigen „Rheinisch-Deutschen Freistaat" aus, der sich der Französischen Republik anschließen sollte. Unter der Leitung des Republikaners Georg Forster reiste eine Mainzer Delegation in dieser Angelegenheit nach Paris, wo der Französische Konvent den Antrag am 30. März billigte. Wenige Tage später begann jedoch eine Belagerung der Stadt Mainz durch die Preußen, die im Juli 1793 zur Kapitulation führte. Mit dieser Niederlage endete zugleich auch das erste demokratische Experiment auf deutschem Boden. Während einige Jakobiner im Sommer 1793 von Reaktionären gelyncht wurden, gab es aber auch Fälle, in denen ehemalige Jakobiner nach einer Haftzeit Verwaltungstätigkeiten in den deutschen linksrheinischen Gebieten übernahmen. Nach dem Ende der französischen Herrschaft sorgten diese Beamten dafür, dass zahlreiche Neuerungen erhalten blieben. So war es kein Zufall, dass die deutschen Gebiete westlich des Rheins die Wiege des Vormärzes, der deutschen demokratischen Bewegung wurden.

M 12 ***Siegel des Jakobinerklubs***
Mainz, 1792, Nachzeichnung

Ursachen der Revolution – eine Flugschrift

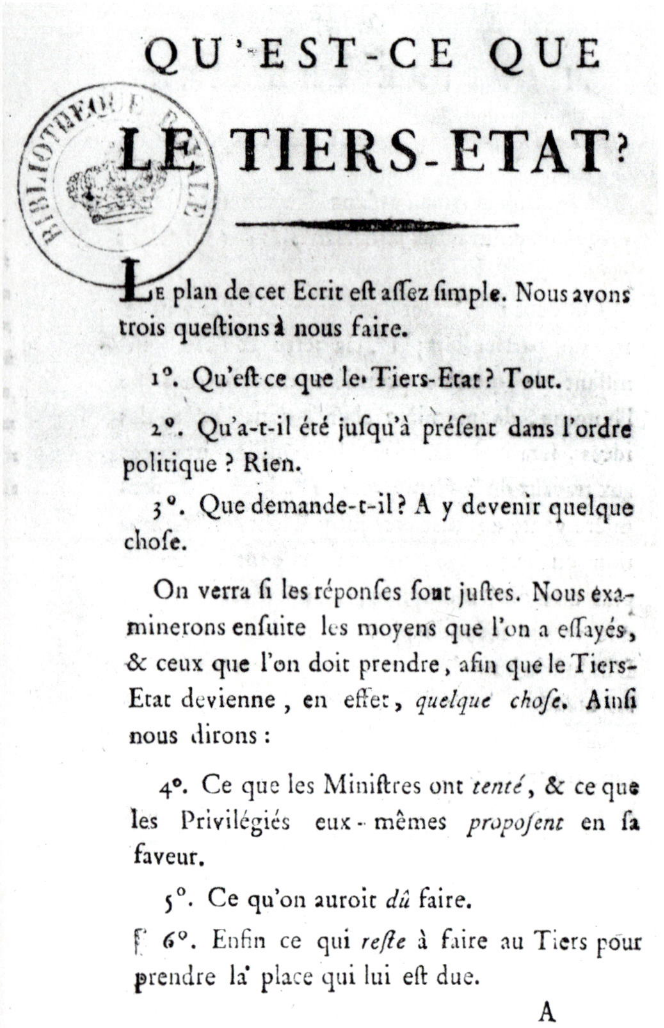

QU'EST-CE QUE LE TIERS-ETAT?

Le plan de cet Ecrit eſt aſſez ſimple. Nous avons trois queſtions à nous faire.

1°. Qu'eſt-ce que le Tiers-Etat? Tout.

2°. Qu'a-t-il été juſqu'à préſent dans l'ordre politique? Rien.

3°. Que demande-t-il? A y devenir quelque choſe.

On verra ſi les réponſes ſont juſtes. Nous examinerons enſuite les moyens que l'on a eſſayés, & ceux que l'on doit prendre, afin que le Tiers-Etat devienne, en effet, *quelque choſe*. Ainſi nous dirons:

4°. Ce que les Miniſtres ont *tenté*, & ce que les Privilégiés eux-mêmes *propoſent* en ſa faveur.

5°. Ce qu'on auroit *dû* faire.

6°. Enfin ce qui *reſte* à faire au Tiers pour prendre la place qui lui eſt due.

A

M 13 ***Faksimile der Erstausgabe***
Januar 1789

M 14 „Was ist der Dritte Stand?"

In der weitverbreiteten Flugschrift „Was ist der Dritte Stand?" schreibt Abbé Sieyès vor dem Zusammentritt der Generalstände 1789:

Der Plan dieser Schrift ist sehr einfach. Wir müssen uns drei Fragen stellen.
1. Was ist der Dritte Stand? – Alles.
2. Was ist er bis jetzt in der politischen Ordnung gewesen? – Nichts.
3. Was verlangt er? – Etwas zu sein.

[...]

Was ist eine Nation? Eine Gesellschaft, welche unter einem gemeinschaftlichen Gesetz lebt und durch ein und dieselbe gesetzgebende Versammlung vertreten wird. Ist es nicht eine Tatsache, dass der Adelsstand Vorrechte und Privilegien genießt, welche er seine Rechte zu nennen sich erdreistet und welche von den Rechten des großen Ganzen der Bürger abgesondert sind? Er tritt dadurch aus der gemeinsamen Ordnung und dem gemeinschaftlichen Gesetz heraus. Also schon seine bürgerlichen Rechte machen aus ihm ein eigenes Volk in der Nation. Das ist wahrlich ein „imperium in imperio" [Reich innerhalb des Reiches]. Was seine politischen Rechte betrifft, so übt er auch sie besonders aus. Er hat eigene Stellvertreter, welche keineswegs die Vollmacht des Volkes haben. Seine Abgeordneten halten ihre Sitzungen gesondert ab. Auch wenn er sich in einem Saal mit den Abgeordneten der einfachen Bürger versammeln würde, wäre ebenso gewiss, dass seine Stellvertretung prinzipiell unterschieden wäre. Sie ist für die Nation ganz fremd, zunächst durch ihren Ursprung, weil ihre Abordnung nicht vom Volk kommt, und dann durch ihren Gegenstand, welcher darin besteht, nicht das allgemeine, sondern das Privatinteresse zu verteidigen.

Der Dritte Stand umfasst alles, was zur Nation gehört. Und alles, was nicht der Dritte Stand ist, kann sich nicht als ein Bestandteil der Nation betrachten. Was ist der Dritte Stand? Alles.

[...]

Allein, man sage uns einmal, von welchen Standpunkten und Interessen her man der Nation hätte eine Verfassung geben können. Die Nation existiert vor allem anderen; sie ist der Ursprung von allem. Ihr Wille ist immer legal; sie ist das Gesetz selbst. Vor ihr und über ihr gibt es nur das natürliche Recht.

[...]

Die Regierung übt nur insofern eine wirkliche Gewalt aus, als sie verfassungsmäßig ist. Sie ist nur insofern gesetzmäßig, als sie den ihr auferlegten Gesetzen treu ist. Der Nationalwille dagegen braucht nur seine Existenz, um stets gesetzmäßig zu sein; er ist der Ursprung aller Gesetzlichkeit.

Otto Dann (Hg.), Abbé Sieyès. Was ist der Dritte Stand? (übers. v. Johann Gottfried Ebel 1796, bearb. v. Otto Dann), Essen: Hobbing 1988, S. 34, 80.

Ursachen der Revolution – eine Karikatur

M 15 ***Taille, Impots et Corvée***
Kopfsteuer, Steuerwesen und Fronarbeit, französische Karikatur von 1789

1. a) ●●○ Lesen Sie den Schulbuchtext und klären Sie unbekannte Begriffe.
b) ●●○ Arbeiten Sie die gesellschaftliche Schichtung des Ancien Régime heraus.
c) ●●● Stellen Sie die zentralen Probleme Frankreichs im 18. Jahrhundert in einem Schaubild dar. Werten Sie dazu den Darstellungstext aus.
→ Text

2. a) ●●○ Arbeiten Sie die zentralen Forderungen aus der Flugschrift „Was ist der dritte Stand?" heraus.
b) ●●● Beurteilen Sie, ob die Flugschrift „Was ist der dritte Stand?" einen Aufruf zur Revolution darstellt.
c) ●●● Interpretieren Sie die Karikatur „Taille, Impots et Corvée".
→ Text, M13 – M15

3. a) ●●○ Erklären sie die historische Bedeutung des Ballhausschwurs sowie die des Sturmes auf die Bastille.
b) ●●● Erörtern Sie, welche Ursachen für den Ausbruch der Französischen Revolution entscheidend waren.
→ Text, M3 – M4

4. a) ●●● Überprüfen Sie, inwiefern die sechs idealtypischen Gesichtspunkte von Revolutionen (vgl. Kernmodul, Seiten 6 – 9) auf die Französische Revolution zutreffen.
b) ●●● Vergleichen Sie Ursachen, Verlauf und Folgen der Amerikanischen und Französischen Revolution.
→ Text, Kernmodul (Seite 98 – 101), Pflichtmodul

Erklärung der Menschen- und Bürgerrechte

M 16 Menschen- und Bürgerrechte

Auszüge aus der „Erklärung der Menschen- und Bürgerrechte", die die französische Nationalversammlung am 26. August 1789 verabschiedete:

Die Vertreter des französischen Volkes, die als Nationalversammlung konstituiert sind, haben in der Erwägung, dass die Unkenntnis, das Vergessen oder die Missachtung der Menschenrechte die alleinigen Ursachen für die öffentlichen Missstände und die Verderbtheit der Regierungen sind, beschlossen, in einer feierlichen Erklärung die natürlichen, unveräußerlichen und geheiligten Rechte des Menschen niederzulegen […]:

Artikel 1: Die Menschen werden frei und gleich an Rechten geboren und bleiben es. Gesellschaftliche Unterschiede dürfen nur im allgemeinen Nutzen begründet sein.

Artikel 2: Der Zweck jeder politischen Vereinigung ist die Erhaltung der natürlichen und unantastbaren Menschenrechte. Diese sind das Recht auf Freiheit, das Recht auf Eigentum, das Recht auf Sicherheit und das Recht auf Widerstand gegen Unterdrückung.

Artikel 3: Der Ursprung jeder Souveränität liegt ihrem Wesen nach beim Volke. Keine Körperschaft und kein Einzelner kann eine Gewalt ausüben, die nicht ausdrücklich von ihm ausgeht.

Artikel 4: Die Freiheit besteht darin, alles tun zu dürfen, was einem anderen nicht schadet: Die Ausübung der natürlichen Rechte eines jeden Menschen hat also nur die Grenzen, die den anderen Mitgliedern der Gesellschaft den Genuss eben dieser Rechte sichern. Diese Grenzen können nur durch das Gesetz bestimmt werden.

Artikel 5: Das Gesetz darf nur solche Handlungen verbieten, die der Gesellschaft schaden. Alles, was durch das Gesetz nicht verboten ist, darf nicht verhindert werden, und niemand kann genötigt werden zu tun, was es nicht befiehlt.

Artikel 6: Das Gesetz ist der Ausdruck des allgemeinen Willens. Alle Bürger haben das Recht, persönlich oder durch ihre Vertreter an seiner Gestaltung mitzuwirken. Es muss für alle gleich sein, mag es beschützen oder bestrafen. Da alle Bürger vor ihm gleich sind, sind sie alle gleichermaßen, ihren Fähigkeiten entsprechend und ohne einen anderen Unterschied als den ihrer Eigenschaften und Begabungen, zu allen öffentlichen Würden, Ämtern und Stellungen zugelassen.

Artikel 7: Niemand darf angeklagt, verhaftet oder gefangengehalten werden, es sei denn in den durch das Gesetz bestimmten Fällen und nur in den von ihm vorgeschriebenen Formen. Wer willkürliche Anordnungen verlangt, erlässt, ausführt oder ausführen lässt, muss bestraft werden; aber jeder Bürger, der kraft Gesetzes vorgeladen oder festgenommen wird, muss sofort gehorchen; durch Widerstand macht er sich strafbar.

[…]

Artikel 9: Da jeder solange als unschuldig anzusehen ist, bis er für schuldig befunden wurde, muss, sollte seine Verhaftung für unumgänglich gehalten werden, jede Härte, die nicht für die Sicherstellung seiner Person notwendig ist, vom Gesetz streng unterbunden werden.

Artikel 10: Niemand soll wegen seiner Anschauungen, selbst religiöser Art, belangt werden, solange deren Äußerung nicht die durch das Gesetz begründete öffentliche Ordnung stört.

Artikel 11: Die freie Äußerung von Meinungen und Gedanken ist eines der kostbarsten Menschenrechte; jeder Bürger kann also frei reden, schreiben und drucken, vorbehaltlich seiner Verantwortlichkeit für den Missbrauch dieser Freiheit in den durch das Gesetz bestimmten Fällen.

[…]

Artikel 13: Für die Unterhaltung der öffentlichen Gewalt und für die Verwaltungsausgaben ist eine allgemeine Abgabe unerlässlich; sie muss auf alle Bürger, nach Maßgabe ihrer Möglichkeiten, gleichmäßig verteilt werden.

Artikel 14: Alle Bürger haben das Recht, selbst oder durch ihre Vertreter die Notwendigkeit der öffentlichen Abgabe festzustellen, diese frei zu bewilligen, ihre Verwendung zu überwachen und ihre Höhe, Veranlagung, Eintreibung und Dauer zu bestimmen.

Artikel 15: Die Gesellschaft hat das Recht, von jedem Staatsbeamten Rechenschaft über seine Amtsführung zu verlangen.

Artikel 16: Eine Gesellschaft, in der die Gewährleistung der Rechte nicht gesichert und die Gewaltenteilung nicht festgelegt ist, hat keine Verfassung.

Artikel 17: Da das Eigentum ein unverletzliches und geheiligtes Recht ist, kann es niemandem genommen werden, es sei denn, dass die gesetzlich festgestellte öffentliche Notwendigkeit dies eindeutig erfordert und vorher eine gerechte Entschädigung festgelegt wird.

Übers. zit. n.: Wikipedia, Erklärung der Menschen- und Bürgerrechte [letzter Zugriff: 16.05.2023].

M 17 **Menschen- und Bürgerrechte, Gemälde von Jean-Jacques-François Le Barbier, 1790**

Frauenrechte in der Französischen Revolution

M18 Die Rechte der Frau und Bürgerin

Die Schriftstellerin Olympe de Gouges (1748–1793) verfasste während der Revolution zahlreiche Flugschriften. Die „Erklärung der Rechte der Frau und Bürgerin" wurde im September 1791 veröffentlicht:

Mann, bist du fähig, gerecht zu sein? Eine Frau stellt dir diese Frage; zumindest dieses Recht wirst du ihr nicht nehmen können. Sag mir, wer hat dir die selbstherrliche Macht verliehen, mein Geschlecht zu unterdrücken? [...] Suche, untersuche und unterscheide, wenn du es kannst, die Geschlechter in der Ordnung der Natur. Überall wirst du sie vermischt finden, überall arbeiten sie in harmonischer Gemeinschaft an diesem unsterblichen Meisterwerk.

Allein der Mann hat sich aus seiner Ausnahme ein Prinzip zurechtgeschustert. Wunderlich, verblendet, aufgeblasen von den Wissenschaften und degeneriert, will er – in diesem Jahrhundert der Aufklärung und des Scharfsinns in krasseste Unwissenheit zurückfallend – despotisch über ein Geschlecht befehligen, das alle intellektuellen Fähigkeiten besitzt. Dieses Geschlecht beansprucht, aus der Revolution einen Nutzen zu ziehen und sein Recht auf Gleichheit einzufordern [...].

Erklärung der Rechte der Frau und der Bürgerin:
zu verabschieden von der Nationalversammlung in ihren letzten Sitzungen oder in der nächsten Legislaturperiode

Präambel:

[...] In Erwägung, dass die Unwissenheit, das Vergessen oder die Missachtung der Rechte der Frau die alleinigen Ursachen des öffentlichen Unglücks und der Verderbtheit der Regierungen sind, haben sie beschlossen, in einer feierlichen Erklärung die natürlichen, unveräußerlichen und heiligen Rechte der Frau darzulegen, damit diese Erklärung allen Gliedern des Gesellschaftskörpers ständig gegenwärtig ist und sie unablässig an ihre Rechte und Pflichten erinnert [...].

Daher anerkennt und erklärt das Geschlecht, das an Schönheit wie an Mut im Ertragen der Leiden der Mutterschaft überlegen ist, in Gegenwart und unter dem Schutze des Höchsten Wesens, die folgenden Rechte der Frau und der Bürgerin.

I. Die Frau ist frei geboren und bleibt dem Manne gleich an Rechten. Soziale Unterschiede können nur auf den gemeinen Nutzen gegründet sein.

II. Der Endzweck jeder politischen Vereinigung ist die Erhaltung der natürlichen und unveräußerlichen Rechte der Frau und des Mannes. Diese Rechte sind Freiheit, Eigentum, Sicherheit und vor allem Widerstand gegen Unterdrückung.

III. Der Ursprung jeder Souveränität ruht seinem Wesen nach in der Nation, die nichts anderes ist als die Vereinigung von Mann und Frau: keine Körperschaft, kein Individuum kann eine Autorität ausüben, die nicht ausdrücklich von ihr ausgeht.

IV. Freiheit und Gerechtigkeit bestehen darin, alles zurückzugeben, was einem anderen gehört; die Ausübung der natürlichen Rechte der Frau hat mithin keine Grenzen außer in der ständigen Tyrannei, die der Mann ihr entgegensetzt. Diese Grenzen müssen durch die Gesetze der Natur und der Vernunft reformiert werden. [...]

VI. Das Gesetz muss der Ausdruck des Gemeinwillens sein; alle Bürgerinnen und Bürger müssen persönlich oder durch ihre Vertreter an seiner Bildung mitwirken. Es muss für alle das gleiche sein: Alle Bürgerinnen und alle Bürger müssen, da sie vor den Augen des Gesetzes gleich sind, gleichermaßen zu allen Würden, Stellungen und öffentlichen Ämtern zugelassen werden, entsprechend ihrer Fähigkeit und ohne andere Unterschiede als die ihrer Tugenden und ihrer Talente. [...]

X. Niemand darf wegen seiner Ansichten, selbst wenn sie grundsätzlicher Art sind, behelligt werden. Die Frau hat das Recht, das Schafott zu besteigen; sie muss gleichermaßen das Recht haben, die Rednertribüne zu besteigen, sofern ihre Äußerungen nicht die durch das Gesetz festgelegte öffentliche Ordnung stören.

XI. Die freie Mitteilung der Gedanken und Meinungen ist eines der kostbarsten Frauenrechte, denn diese Freiheit sichert die Legitimität der Väter gegenüber ihren Kindern. Jede Bürgerin kann daher in aller Freiheit sagen: „Ich bin die Mutter eines Kindes, das von Euch stammt", ohne dass ein barbarisches Vorurteil sie zwänge, die Wahrheit zu verbergen1. Allerdings unter dem Vorbehalt der Haftung im Falle von Missbrauch dieser Freiheit in den vom Gesetz bestimmten Fällen. [...]

XVI. Jede Gesellschaft, in der die Verbürgung der Rechte nicht gesichert und die Trennung der Gewalten nicht festgelegt ist, hat keine Verfassung. Die Verfassung ist null und nichtig, wenn nicht die Mehrheit der Individuen, welche die Nation bilden, an ihrem Zustandekommen mitgewirkt hat.

XVII. Eigentum steht beiden Geschlechtern zu, ob gemeinsam oder getrennt. Jedes von ihnen hat darauf ein unverletzliches und heiliges Anrecht. [...]

Postambel:

Frauen, erwachet; die Sturmglocke der Vernunft ist im ganzen Universum zu hören; erkennt eure Rechte! Das gewaltige Reich der Natur ist nicht mehr umlagert von Vorurteilen, Fanatismus, Aberglaube und Lügen. [...] Der versklavte Mann hat zwar seine Kräfte vervielfacht, aber er hat der eurigen bedurft, um seine Ketten zu sprengen.

Die Rechte der Frau und Bürgerin Olympe de Gouges: „Die Rechte der Frau“ (übers. v. Gisela Bock), veröffentlicht im Rahmen des Themenschwerpunkts „Europäische Geschichte – Geschlechtergeschichte“; in: Themenportal Europäische Geschichte, 2009, [letzter Zugriff: 16.05.2023].

M19 Über Olympe de Gouges

Der Historiker Eike Wolgast schreibt über Olympe de Gouges (2009):

Im September 1791 veröffentlichte Marie Gouze, bekannt unter ihrem Pseudonym Olympe de Gouges (1748–1793), eine „Erklärung der Rechte der Frau und der Bürgerin“, die sie der Königin Marie Antoinette widmete. Die Verfasserin zahlreicher Dramen und engagierte Feministin, die 1791 auch das Projekt einer weiblichen Nationalgarde entwickelte, stand den Girondisten nahe. Im August 1793, in der Phase des jakobinischen Terrors gegen die Gemäßigten verhaftet, wurde sie wenige Monate später hingerichtet. Die Déclaration des Droits de la Femme et de la Citoyenne imitierte im Titel, in der Zahl der Artikel und oft auch im Wortlaut die Déclaration [des Droits de l'Homme et du Citoyen, also die Erklärung der Menschen- und Bürgerrechte] von 1789. Einleitung und Nachwort polemisierten [hier: scharf angreifen] gegen die Privilegien der Männer und forderten die Frauen auf, ihre Rechte zu erkennen und einzufordern. An Stellen, an denen in der Déclaration von 1789 von l'homme oder citoyen gesprochen worden war, ersetzte de Gouges dies durch la femme bzw. citoyenne oder fügte die weibliche Form der männlichen hinzu. [...]

Aber der Rechtekatalog von de Gouges forderte nicht im feministischen Sinn ausschließlich Frauenrechte, sondern wollte Rechte für alle Menschen formulieren. [...] War in Artikel 3 der Déclaration von 1789 nur von la nation die Rede, definierte de Gouges [...] die Nation [...] als eine Vereinigung der Frauen und Männer [...]. Neu formuliert wurde der Freiheitsartikel 4: Freiheit und Gerechtigkeit bestanden für de Gouges darin, dem anderen zu geben, was ihm zusteht. [...]

Durch die Hinzufügung von „Bürgerin“ in Artikel 6 war den Frauen Wahlrecht und Chancengleichheit gewährt. Auch in den Justizbestimmungen [...] bestand Olympe de Gouges auf der Gleichheit der Geschlechter [...]. Sie wandte sich damit gegen die in der französischen Rechtspraxis aus dem römischen Recht übernommene Vorstellung von der imbecillitas sexus [Schwäche des Geschlechts] bei Frauen, die zur Nachsicht bei Delikten verpflichtete. Eine völlige Umgestaltung erfuhr Artikel 11 über die Freiheit der Kommunikation. Olympe de Gouges legte den Sinn dieses Freiheitsrechts dahin aus, dass es die gesetzliche Vaterschaft garantierte und keine Bürgerin mehr den Vater ihres unehelichen Kindes verschweigen musste [...].

Über die Resonanz auf ihren Text machte sich Olympe de Gouges realistischerweise kaum Illusionen: „Ich sehe voraus, dass sich gegen mich die Tartuffes [Heuchler], die Engherzig-Prüden, der Klerus und seine ganze höllische Gefolgschaft erheben werden.“ [...]. Eine positive Reaktion auf die Forderungen nach Frauenrechten blieb [...] aus. [...]

Eike Wolgast, Geschichte der Menschen- und Bürgerrechte, Stuttgart: Kohlhammer 2009, S. 66–69.

1. a) ●●○ Weisen Sie die einzelnen Artikel der Menschen- und Bürgerrechtserklärung einen treffenden Begriff zu.

b) ●●○ Vergleichen Sie die Menschen- und Bürgerrechtserklärung mit dem Grundgesetz.

c) ●●● Interpretieren Sie die bildliche Darstellung der Menschenrechtserklärung. Informieren Sie sich insbesondere über die symbolische Bedeutung des Dreieckes, des Auges, der Steintafel, der roten Mütze und des Rutenbündels.

→ Text, M16–M17

2. a) ●●○ Erläutern Sie die zentralen Forderungen von Olympe de Gouges.

b) ●●● Vergleichen Sie ihre Forderungen mit der Erklärung der Menschen- und Bürgerrechte.

c) ●●○ Arbeiten Sie aus der Darstellung heraus, wie der Historiker Eike Wolgast Olympe de Gouges bewertet.

d) ●●● Setzen Sie sich mit seiner Bewertung auseinander.

→ Text, M16, M18–M19

Revolution in Frankreich, Reformen in Deutschland?

M 20 Eine Darstellung

Zur Frage, wie sich die Französische Revolution auf Deutschland auswirkte, wo absolutistische Fürsten schon vor 1789 einige Reformen begonnen hatten, schreibt der amerikanische Germanist W. Daniel Wilson (2004):

Die Revolution unterbrach die Reformen nicht, sondern im Gegenteil: Sie setzte sie wieder auf die Tagesordnung oder beschleunigte ihre Durchführung. Reformen wurden zumeist [...] aus Angst der Machthabenden vor der Bedrohung von unten umgesetzt. Schon seit Jahrhunderten hatten die Untertanen ihre Forderungen durch ländliche und städtische Unruhen artikuliert. Solche Revolten sind in der Forschung bis in die letzten Jahrzehnte des zwanzigsten Jahrhunderts allerdings wenig beachtet worden. Immer wieder wurde und wird behauptet, die Deutschen brauchten eine Revolution nicht; aber die Revolution kam vielen Territorien zu Gute, die nur durch sie erneuert und modernisiert wurden. Obwohl viele Fürsten gegen vermeintliche Rebellen im eigenen Land hart vorgingen, führten sie gleichzeitig „defensive" Reformen aus, die den Unruhestiftern den Wind aus den Segeln nehmen sollten. Deswegen erscheint die scharfe Gegenüberstellung von Revolution und Reform wenig sinnvoll.

In: W. Daniel Wilson (Hg.), Goethes Weimar und die Französische Revolution: Dokumente der Krisenjahre, Köln/Weimar/Wien: Böhlau 2004, S. 1.

M 21 *Freiheitsbaum*
Anonymer kolorierter Kupferstich von dem am 3. November 1792 in Mainz vor dem Gerichtsgebäude errichteten Freiheitsbaum

M 22 Die linksrheinischen Gebiete

Zwischen 1792 und 1815 eroberten und besetzten französische Truppen deutsche Gebiete links vom Rhein. Sie wurden als Départements der französischen Republik bzw. dem französischen Kaiserreich angegliedert. Der Historiker Gernot Jochheim schreibt über diese Gebiete (2014):

Die „Franzosenzeit" von 1798 bis 1814 [...] brachte den linksrheinischen Gebieten einen politisch-gesellschaftlichen Modernisierungsvorsprung. Nach der endgültigen Niederlage Napoleons wurden die von Frankreich annektierten linksrheinischen Gebiete den Staaten des Deutschen Bundes Bayern, Preußen bzw. Hessen zugeschlagen. Hier widersetzten sich in der Folgezeit das Bürgertum und seine Repräsentanten anhaltend den Bestrebungen der Fürsten, die freiheitlichen Rechtsgrundsätze des Code Civil rückgängig zu machen. Dies erklärt auch, warum gerade im pfälzischen Hambach, also in „Rheinbayern", 1832 die „erste politische Volksversammlung der neueren deutschen Geschichte" (so der erste Bundespräsident Theodor Heuss), das „Hambacher Fest", stattfinden konnte. Das französische Recht wurde unter dem Begriff „Rheinische Institutionen" bewahrt. Dieser Umstand begünstigte im Übrigen über die „Franzosenzeit" hinaus die beruflichen Betätigungsmöglichkeiten von (vormaligen) deutschen Jakobinern, soweit sie eine juristische Laufbahn eingeschlagen hatten. Im 1871 gegründeten deutschen Kaiserreich galt das „Rheinische Recht" bis zur Einführung des Bürgerlichen Gesetzbuches im Jahre 1900 mithin in einem Sechstel des Staatsgebietes.

Gernot Jochheim: „18. März 1793: Ausrufung der Mainzer Republik"; in: Bundeszentrale für politische Bildung (Hg.), Info aktuell 11/2014: Der 18. März in der deutschen Demokratiegeschichte, S. 16.

M 23 Reformen in den Rheinbundstaaten

Aus der Verfassung des Königreichs Bayern vom 1. Mai 1808. Die 1806 neu gegründeten Königreiche Westphalen und Bayern waren die ersten deutschen Staaten, in denen eine geschriebene Verfassung erlassen wurde:

§. 1. Das Königreich Bayern bildet einen Theil der rheinischen Föderation.

§. 2. Alle besondere Verfassungen, Privilegien, Erbämter und landschaftlichen Corporationen der einzelnen Provinzen sind aufgehoben. Das ganze Königreich wird durch eine Nationalrepräsentation vertreten, nach gleichen Gesetzen gerichtet, und nach gleichen Grundsätzen verwaltet; dem zu Folge soll ein und dasselbe Steuersystem für das ganze Königreich seyn. [...]

§. 3. Die Leibeigenschaft wird da, wo sie noch besteht, aufgehoben.

§. 4. Ohne Rücksicht auf die bis daher bestandene Eintheilung in Provinzen wird das ganze Königreich in möglichst gleiche Kreise, und, so viel thunlich, nach natürlichen Grenzen getheilt.

§. 5. Der Adel behält seine Titel und, wie jeder Gutseigenthümer, seine gutsherrlichen Rechte nach den gesetzlichen Bestimmungen; übrigens aber wird er in Rücksicht auf die Staatslasten, wie sie dermal bestehen oder noch eingeführt werden mögen, den übrigen Staatsbürgern ganz gleich behandelt. [...]

§. 6. Dieselben Bestimmungen treten auch bei der Geistlichkeit ein. [...]

§. 7. Der Staat gewährt allen Staatsbürgern Sicherheit der Person und des Eigenthums – vollkommene Gewissensfreiheit – Preßfreiheit nach dem Censuredict vom 13. Juni 1803 und den wegen der politischen Zeitschriften am 6. Sept. 1799 und 17. Febr. 1806 erlassenen Verordnungen.

Zit. nach: Karl Heinrich Ludwig Pölitz (Hg.), Die europäischen Verfassungen seit dem Jahre 1789 bis auf die neueste Zeit, Bd. 4./Abt. 1.: Friedrich Bülau (Hg.), Die Verfassungen des teutschen Staatenbundes seit dem Jahre 1833 enthaltend (Nachdr. der 2. Aufl. Leipzig: Brockhaus 1847), Hildesheim/Zürich/New York: Olms 1999.

M24 Die preußischen Reformen

a) Der Stuttgarter Historiker Axel Kuhn erklärt den Zusammenhang zwischen Französischer Revolution und den preußischen Reformen folgendermaßen (2009):

Die berühmten preußischen Reformen von 1807 wären ohne die militärische Niederlage bei Jena und Auerstedt sicher nicht eingeleitet worden. Doch schon vor dem Zusammenbruch Preußens kritisierten leitende Beamte das absolutistische Staatssystem. Sie wünschten eine „Revolution von oben" und verstanden darunter: Bestimmte Prinzipien der Französischen Revolution sollten in die Monarchie übernommen werden, damit eine wirkliche Revolution vermieden werde und die Monarchie eine Chance zum Weiterleben habe. Auch in der Gedankenwelt des führenden Reformers, des Reichsfreiherrn vom Stein, verbanden sich mit einer konservativen Grundhaltung liberale und demokratische Ideen, die er aus England und Frankreich übernommen hatte.

Axel Kuhn, Die Französische Revolution, Stuttgart: Reclam 2009, S. 208.

b) Der spätere preußische Staatsminister Fürst von Hardenberg verfasste die Rigaer Denkschrift im Auftrag des preußischen Königs unter dem Eindruck der Französischen Revolution und Napoleons. In Riga, das seit 1710 zum Russischen Reich gehörte, fand Hardenberg politisches Asyl, als er nach der militärischen Niederlage Preußens vor Napoleon fliehen musste:

Die Französische Revolution, wovon die gegenwärtigen Kriege die Fortsetzung sind, gab den Franzosen unter Blutvergießen und Stürmen einen ganz neuen Schwung. Alle schlafenden Kräfte wurden geweckt, das Elende und Schwache, veraltete Vorurteile und Gebrechen wurden – freilich zugleich mit manchem Guten – zerstört. Die Benachbarten und Überwundenen wurden mit dem Strome fortgerissen [...].

Der Wahn, dass man der Revolution am sichersten durch Festhalten am Alten und durch strenge Verfolgung der durch solche geltend gemachten Grundsätze entgegenstreben könne, hat besonders dazu beigetragen, die Revolution zu befördern und derselben eine stets wachsende Ausdehnung zu geben. Die Gewalt dieser Grundsätze ist so groß, sie sind so allgemein anerkannt und verbreitet, dass der Staat, der sie nicht annimmt, entweder seinem Untergange oder der erzwungenen Annahme derselben selben entgegensehen muss. [...]

Also eine Revolution im guten Sinn, gerade hinführend zu dem großen Zwecke der Veredelung der Menschheit, durch Weisheit der Regierung und nicht durch gewaltsame Impulsion von innen oder außen, – das ist unser Ziel, unser leitende Prinzip. Demokratische Grundsätze in einer monarchischen Regierung: dieses scheint mir die angemessene Form für den gegenwärtigen Zeitgeist. Die reine Demokratie müssen wir noch dem Jahre 2440 überlassen, wenn sie anders je für den Menschen gemacht ist.

Zit. nach: Leopold von Ranke (Hg.), Denkwürdigkeiten des Staatskanzlers Fürsten von Hardenberg, vierter Band: Vom Jahre 1806 bis zum Jahre 1813 (Leipzig 1877), Nachdruck Berlin: Duncker & Humblot 2013, S. 7f.

1. a) ●○○ Geben Sie die von W. Daniel Wilson aufgeführten Gründe für das Ausbleiben einer flächendeckenden Revolution in Deutschland 1789 wieder.

b) ●●○ Stellen Sie die Bedeutung der napoleonischen Kriege für Deutschland dar.

c) ●●● Entwickeln Sie eine Grafik, die die wichtigsten Reformen in den deutschen Staaten veranschaulicht.

d) ●●● Erklären Sie den Begriff „Revolution von oben" und erörtern Sie, ob der Begriff angemessen ist.

→ Text, M20 – M24

Globale Auswirkungen der Revolution: das Beispiel Haiti

M1

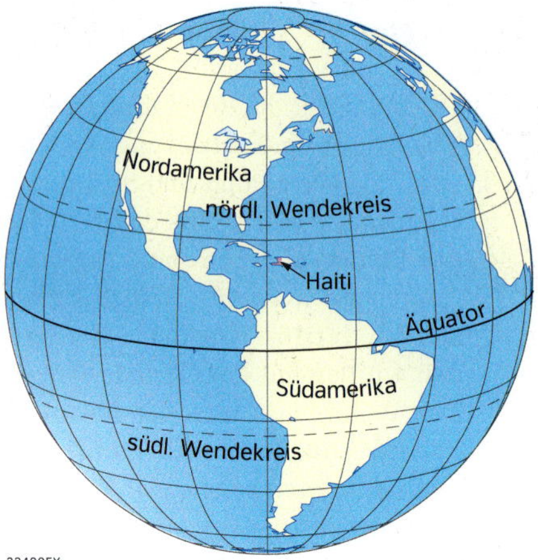

32400EX

Die Französische Revolution hatte nicht nur in Europa, sondern auch in den französischen Überseekolonien große Auswirkungen. So entstand am 1. Januar 1804 in der Kolonie Saint-Domingue, ein Teil des von Kolumbus „entdeckten" Hispaniola, der erste unabhängige Staat in Lateinamerika und der einzige von ehemaligen Sklaven gegründete Staat der Weltgeschichte: Haiti. Das Land, das heute zu den ärmsten Ländern der Welt zählt und in den letzten Jahren von verheerenden Naturkatastrophen betroffen war, befand sich am Ende des 18. Jahrhunderts im Schnittpunkt unterschiedlicher Perspektiven und Folgerungen der Französischen Revolution: Der Umbruch eines alten Systems und der universale Geltungsanspruch von Menschen- und Bürgerrechten für alle Menschen trafen auf die politischen und wirtschaftlichen Realitäten einer Großmacht im internationalen Ringen um Vorherrschaft.

Vorgeschichte der Revolution

Die haitianische Revolution war eine Abfolge von Ereignissen, die eng mit den Entwicklungen in Frankreich vor und während der Revolution zu tun hatten. Dabei war die gesellschaftliche Ausgangslage auf Saint-Domingue allerdings eine andere als im „Mutterland" Frankreich, da die Gesellschaft einen anderen Aufbau besaß. Zum Zeitpunkt der Revolution lebten ca. 600000 Menschen auf der Insel, davon ca. 40000 Weiße. Neben einer herrschenden Gruppe von Weißen („grands blancs") gab es die Gruppe der freien Händler, Handwerker und Plantagenaufseher („petits blancs"). Die unterste Klasse der freien Bürger bildete eine Mittelschicht freier „People of Colour" („gens des coleur"). Die absolute Mehrheit machten jedoch die einheimischen und aus Afrika deportierten unfreien Sklaven aus (ca. 90 Prozent der Gesellschaft).

Jenseits dieser Klassengegensätze lässt sich für den Zeitraum zudem ein Konflikt zwischen den Kolonialmächten Frankreich, Spanien und Großbritannien um die ertragreiche Insel feststellen. Die Insel lieferte Luxusgüter wie Zucker, Kaffee, Kakao, Edelmetalle nach Europa, weshalb sie für alle Kolonialmächte von Interesse war. Als Arbeitskräfte dienten vor allem Sklavinnen und Sklaven aus Afrika, wodurch die Sklaverei im 18. Jahrhundert – also im Zeitalter der Aufklärung in den gebildeten Kreisen Europas – einen Höhepunkt erlebte. Die Sterblichkeit unter den Sklavinnen und Sklaven durch die Deportation oder die Lebens- und Arbeitsverhältnisse auf der Insel war enorm hoch.

Menschen- und Bürgerrechte auch für Bewohner der Kolonien?

In Frankreich wurde das Thema der Sklaverei in den 1780er-Jahren durch eine sich immer stärker politisierende Öffentlichkeit aufgegriffen. 1788 gründete sich in Paris die „Societé des Amis des Noirs" („Gesellschaft der Freunde der Schwarzen"), die mit der Erklärung der Menschen- und Bürgerrechte im August 1789 die Hoffnung verband, das Thema Sklaverei auch auf die Agenda der Nationalversammlung setzen zu können. Genau hier zeigte sich aber der Widerspruch zwischen der Erklärung der Menschen- und Bürgerrechte und der gesellschaftlichen Realität: Die Nationalversammlung lehnte die Abschaffung der Sklaverei in den Kolonien ab, da eine solche zum Nachteil der französischen Wirtschaft wäre. Ähnlich wie bei den Frauen wurde deutlich, dass die Menschen- und Bürgerrechte vor allem die Rechte weißer Männer waren.

M2 ***Sklavenaufstand in Saint-Domingue***
Darstellung, 19. Jahrhundert

Revolution – Haiti entsteht

Die Frustration über diese Situation führte 1790 zu ersten Aufständen auf Saint-Domingue, die anfänglich niedergeschlagen wurden. Nachdem sich jedoch immer mehr Sklaven erhoben, tobte ab August 1791 in der französischen Kolonie ein Bürgerkrieg. In die Auseinandersetzungen mischten sich bald auch die Kolonialmächte Großbritannien und Spanien ein, da sie an einer Übernahme der Insel interessiert waren.

Die Pariser Nationalversammlung lenkte im August 1793 ein und schaffte die Sklaverei in allen französischen Territorien ab, was allerdings nicht im Sinne der Kolonialherren und der anderen europäischen Kolonialmächte war. In dieser Situation wurde François Dominique Toussaint Bréda, ein freigelassener Sklave der Kolonie, zu einem wichtigen Anführer der Revolution. Toussaint, anfänglich noch mit den Spaniern verbündet, vereinte die Aufständischen und führte sie schließlich 1798 zum Sieg über die britischen und spanischen Truppen.

Am 4. Februar 1801 wurde in Saint-Domingue eine Verfassung erlassen, in der die Sklaverei explizit ausgeschlossen wurde, da kein Mensch Eigentum eines anderen Menschen sein könne. Allerdings war weder in Frankreich noch in Amerika Unterstützung für diese Idee zu finden, schließlich hatte auch die amerikanische Revolution keineswegs zu einem Verbot der Sklaverei geführt.

1802 entsandte Napoleon unter der Führung seines Schwagers General Charles Victoire Emmanuel Leclerc Truppen auf die Insel, um diese wieder unter Kontrolle zu bringen. Toussaint, der sich mittlerweile Toussaint L'Ouverture nannte, wurde verhaftet und nach Frankreich überstellt, wo er im April 1803 im Gefängnis starb. Im November 1803 wurden auf Saint-Domingue unter der Führung von Jean-Jacques Dessalines die französischen Truppen besiegt. Am 1. Januar 1804 rief der ehemalige Sklave Dessalines die Unabhängigkeit der Insel aus, die fortan den Namen Haiti führte. Am 8. Oktober 1804 erklärte sich Dessalines zum Kaiser von Haiti.

M3 ***„Ich bin auch frei“***
Medaillon, 1789

1. ●●● Erstellen Sie eine digitale Übersicht (Zeitstrahl, Mind Map) mit den weiteren Entwicklungen in Haiti seit 1804.
→ Internet

Kernmodul: Was ist eine Krise?

M 1 ***Krisenerscheinung***
Griechische Demonstranten protestieren gegen Maßnahmen der Regierung zur Bekämpfung der Schuldenkrise in Griechenland, Athen 2011

Zum Begriff „Krise“

Krisen sind – heute mehr denn je zuvor – allgegenwärtig. Es gibt politische Krisen, Wirtschaftskrisen, aber auch persönliche Krisen; es gibt Krisenbewusstsein, Krisenszenarien und Krisenmanager. Dieser Sprachgebrauch, in dem „Krise“ als gängiges Schlagwort benutzt wird und bei dem alle schwierigen Situationen als Krisen gelten, macht es nicht einfach, genauer zu bestimmen, was die Merkmale von Krisen sind, welche Ereignisse der Vergangenheit man überhaupt als Krisen bezeichnen kann und welche Bedeutung Krisen für die geschichtliche Entwicklung besitzen.

Allerdings begegnet uns der Begriff auch im Umfeld von Revolutionen und Umbrüchen: So ging der Französischen Revolution eine Krise des Ancien Régime voraus, und die DDR steckte schon vor der Friedlichen Revolution und dem Mauerfall in der Krise. Was also genau ist eine Krise?

Die Geschichte des Begriffs

Der Begriff „Krise“ stammt aus dem Griechischen und bedeutete ursprünglich Scheidung und Streit, aber auch Entscheidung. Er bezeichnete einerseits eine (lebens-)wichtige Situation, andererseits stand er für eine Beurteilung im Sinne der heutigen Kritik. Es ging also um eine politische Entscheidungssituation, die einen Entschluss zum Handeln erforderte, beispielsweise die Entscheidung über Krieg oder Frieden oder über die Verhängung einer Todesstrafe.

Im christlichen Kontext hatte „Krise“ eine theologische Bedeutung, da mit dem Begriff das Weltende und das Jüngste Gericht assoziiert wurde. Schließlich bezeichnet „Krise“ im medizinischen Sinn den Höhe- und Wendepunkt einer Krankheit, der über Tod oder Leben entscheidet.

Erst im 18. Jahrhundert und vor allem nach der Französischen Revolution gewann der Begriff eine geschichtliche Bedeutung. Dabei differenzierten sich vier Bedeutungen heraus, die der Historiker Reinhart Koselleck beschrieben hat.

Reinhart Koselleck unterscheidet folgende Punkte:

- Krise ist eine historische Entscheidungssituation; die Ereignisse steuern dabei auf einen Punkt zu, der ein Eingreifen notwendig macht. Dies kann z. B. die Entscheidung über Krieg oder Frieden sein.
- Krise ist eine historische Schicksalssituation, in der es um alles oder nichts geht, um Überleben oder Untergang. Während nach einer verlorenen Schlacht ein Staatswesen durchaus weiter bestehen kann, stellt sich hier die Existenzfrage.
- Krise ist eine mehr oder weniger lang dauernde Übergangssituation von einem Zustand in den anderen. Während etwas Neues entsteht, geht etwas Altes unter.
- Krise ist ein Dauerzustand, in dem es keine Gewissheiten gibt. So entstand um 1800 ein ausgeprägtes Bewusstsein dafür, dass das geschlossene, christlich geprägte Weltbild verblasste. Die historische Entwicklung schien nicht mehr der Logik der Heilsge-

schichte zu folgen und auf das Ende der Welt und das Jüngste Gericht zuzustreben, sondern Geschichte galt nun als offener Prozess, der von den Menschen gestaltet werden konnte – und musste. Daher galt der Geschichtsprozess fortan immer als gefährdet, problembehaftet, kurz: krisenanfällig.

Im Zuge der Industrialisierung gewann die ökonomische Deutung des Begriffs an Gewicht. Nun bezeichnete man die beständig wiederkehrenden Phasen des wirtschaftlichen Abschwungs innerhalb eines Konjunkturzyklus als Krisen. Darüber hinaus bürgerte sich die Bezeichnung für jegliche Störung des Wirtschaftslebens ein; man spricht von einer Absatzkrise, einer Währungskrise oder einer Strukturkrise. In den Wirtschaftswissenschaften ist der Begriff „Krise" daher vergleichsweise genau definiert. Im politischen Bereich sahen vor allem Karl Marx und Friedrich Engels die Krise der kapitalistischen Produktion als notwendige Voraussetzung für eine Revolution.

Merkmale einer Krise

Auch wenn „Krise" ein relativ vage gebrauchtes politisches Schlagwort ist, lassen sich doch einige Merkmale angeben, die den Begriff für die Geschichtswissenschaft verwendbar machen:

1. Krisen sind abgeschlossene Phasen, von denen sich Beginn, Höhepunkt und Ende angeben lassen. Die Tatsache, dass Historikerinnen und Historiker dabei verschiedene Positionen vertreten können, spricht nicht gegen dieses Merkmal, sie ist vielmehr ein allgemeines Kennzeichen historischer Urteilsbildung.
2. Krisen beinhalten eine kritische Phase bzw. wegweisende Entscheidungssituationen.
3. Krisen sind offene Prozesse. Das Ergebnis des Prozesses ist nicht festgelegt; auch können Folgen eintreten, die zu Beginn der Krise gar nicht absehbar waren.
4. Krisen werden als tiefgreifende Veränderungen wahrgenommen. Permanente Änderungen im Leben, deren Auswirkungen oft erst im Nachhinein registriert werden, sind keine Krisen. Krise und Krisenbewusstsein sind untrennbar miteinander verbunden.
5. Naturprozesse wie Vulkanausbrüche oder Überschwemmungen sind keine historischen Krisen. Die Reaktionen auf derartige Ereignisse können solche Vorkommnisse jedoch zu Krisen werden lassen; historische Krisen können also auch durch Naturereignisse ausgelöst oder verschärft werden.
6. Krisen betreffen meist mehrere Bereiche des gesellschaftlichen Lebens und haben meist mehrere Ursachen. Eindeutig verursachte und relativ isolierte Störungen lassen sich meist auch gezielt beheben und verursachen kein Krisenbewusstsein.
7. Krisen können eskalieren und nicht mehr beherrschbar sein, sie können in Revolutionen münden.

Festzuhalten bleibt, dass sich historische Sachverhalte durchaus mit dem Begriff der Krise kennzeichnen lassen. Dazu ist es jedoch notwendig, sich zuerst Klarheit über die Bedeutung des Begriffes zu verschaffen und ihn dann möglichst präzise zu verwenden. Überdies muss man sich immer darüber im Klaren sein, dass es sich auch um ein vielfältig verwendetes politisches Schlagwort handelt.

1. a) ●○○ Suchen Sie in einem Nachschlagewerk den Eintrag „Krise" und nennen Sie die dort aufgeführten Merkmale.
b) ●●○ Nehmen Sie die Ausgabe einer Tageszeitung oder ein Nachrichtenportal im Internet und arbeiten Sie heraus, in welchen Zusammenhängen der Begriff „Krise" verwendet wird.
c) ●●○ Vergleichen Sie die verschiedenen Verwendungsweisen des Begriffs und erstellen Sie eine Übersicht.
d) ●●● Erörtern Sie, ob der Begriff „Krise" hinlänglich präzise ist, um ihn geschichtswissenschaftlich zu verwenden.
→ Text, Lexikon, Internet

2. a) ●○○ Geben Sie die Geschichte des „Krisen"-Begriffs wieder.
b) ●●○ Erläutern Sie, inwiefern die Vorstellung von Geschichte als offener Prozess die Bedeutung von Krisen verändert hat.
→ Text

3. a) ●●○ Charakterisieren Sie die im Autorentext genannten Merkmale einer Krise mithilfe eines selbst gewählten Beispiels.
b) ●●● Überprüfen Sie die im Text genannten Merkmale einer Krise in Bezug auf ihre Bedeutung für eine Krise.
→ Text

M1 ***Cicero beschuldigt Catilina im Senat der Verschwörung (21. Oktober 63 v. Chr.)***
Fresko, 1889, von Cesare Maccari (1840–1919)

M2 ***„Caesars Ermordung"***
Gemälde (Ausschnitt) von Karl Theodor von Piloty, 1865

Krise der römischen Republik

Cesare Maccaris Historienbild von 1888 (M1) versucht sich an der Darstellung einer besonders dramatischen Situation der römischen Republik: Der Konsul Cicero klagt in einer Senatssitzung den Senator Catilina einer Verschwörung an, welche er wenig später blutig niederschlagen lässt. Nicht zufällig befindet sich das Original dieses Bildes im Gebäude des Senats in Rom, in der zweiten Kammer des italienischen Parlaments.

Schon diese Beobachtung, erst recht jedoch die Tatsache, dass die meisten Staaten der westlichen Welt ihre Staatsform von dem römischen Wort für den Staat, „res publica“, herleiten, zeigt die außerordentliche Bedeutung, die die Geschichte der römischen Republik bis heute für die Traditionsbildung moderner Republiken besitzt. Krise(n) und Untergang der römischen Republik sind ins historisch-politische Bewusstsein Europas und der USA eingegangen. Die Erinnerung an die „res publica libera“ ist ein universalgeschichtliches Phänomen: Auf der einen Seite mobilisiert die Parole der Freiheit Energien und Fantasien; auf der anderen Seite steht als Antityp der Tyrann, der in Gestalten wie Sulla und Caesar zum faszinierenden Schreckbild wurde und schließlich sogar zum Tyrannenmord (M2) führte.

Die dramatische Endphase der Republik diente und dient zugleich als warnendes Beispiel für die Reformunfähigkeit eines Gemeinwesens, das auf dem Höhepunkt seines Erfolges in eine schwere Krise geriet, aus der es sich nicht mehr zu befreien vermochte und die schließlich mit der Neuschaffung des römischen Staates in Form einer Monarchie endete. Und natürlich löst ein Bürgerkrieg noch viel mehr als ein äußerer Krieg Ängste aus, weil er das Menetekel einer totalen Auflösung der Ordnung bedeutet.

Wenn sich also selbst eine nach außen so erfolgreiche nicht-monarchische Ordnung und eine am Banner der Freiheit orientierte Verfassung vor aller Augen selbst zerstören konnten, so wirft dies eine überzeitliche Frage auf: Wie kann ein freistaatliches politisches System selbst unter günstigen Bedingungen überhaupt stabilisiert werden? Die Idee der republikanischen Tugend als einer zentralen Voraussetzung für das Gelingen eines nicht-monarchischen politischen Systems ist eine Antwort auf diese Frage; in die Praxis umzusetzen versucht haben sie unter anderem Machiavelli in der Renaissance, die amerikanischen Verfassungsväter und die Federalists, aber auch Rousseau und die Jakobiner der Französischen Revolution.

Leitfragen

- **Warum geriet die römische Republik ausgerechnet auf dem Höhepunkt ihres Erfolges in eine schwere innere Krise?**
- **Mit welchen Strategien versuchte man im Laufe von etwa 100 Jahren dieser inneren Krise Herr zu werden?**
- **Wie gelang es schließlich, das soziale und politische System zu stabilisieren?**

Krise der römischen Republik

Die politische Ordnung der römischen Republik hatte jahrhundertelang bestanden und sich in vielen Krisen bewährt. Im 2. Jahrhundert v. Chr. traten dann jedoch mehrere Krisen auf verschiedenen Gebieten auf, die schließlich zur Auflösung dieser Ordnung führten. Aus dem Untergang der Republik entstand eine neue, ihrerseits wieder langfristig erfolgreiche Staatsform, der Prinzipat.

Welche Ursachen lassen sich für die einzelnen Krisen der römischen Republik ausmachen? Wie hingen sie zusammen und wie beeinflussten sie sich gegenseitig?

Krisenphänomene im 2. Jahrhundert

Während Rom rund um das Mittelmeer große Gebiete seiner Herrschaft unterworfen hatte und die einzig verbliebene Großmacht ohne nennenswerte Konkurrenz geworden war, wurden seit dem 2. Jahrhundert v. Chr. zunehmend Probleme in mehreren Bereichen von Staat und Gesellschaft deutlich: Die mehrjährige Abwesenheit der Bauern von ihren Höfen durch ihre Teilnahme an den Feldzügen, die hohen Verluste in den Kriegen und die Konkurrenz durch senatorische Großgrundbesitzer mit rationelleren Anbaumethoden führten zu einer starken Zunahme verarmter, landloser Bauern, die vielfach nach Rom zogen. Dadurch entstand dort ein besitzloses Proletariat, das in der Volksversammlung mit Versprechungen (verbilligte oder kostenlose Abgabe von Getreide; Landverteilung) politisch mobilisiert werden konnte.

M1 Sklavenarbeit
Zwei Sklaven tragen eine Amphore, Relief aus Pompeji, 1. Jahrhundert n. Chr.

Die Verarmung der Bauern führte außerdem zu Rekrutierungsproblemen, da nun immer weniger Römer genug Geld besaßen, um ihre militärische Ausrüstung bezahlen zu können. Daneben geriet auch das politische System der römischen Republik in eine Krise. Entstanden zur Regierung einer Stadt, zeigte es sich personell und institutionell der effektiven Beherrschung und Verwaltung eines Weltreiches nicht gewachsen. Die militärischen Aufgaben überforderten teils die senatorische Führungsschicht, teils führten sie zu einem außerordentlichen militärischen Kommando für einzelne Senatoren über mehrere Jahre. Auf diese Weise konnten zwar mehrfach militärische Krisen bewältigt werden, die erfolgreichen Feldherren waren allerdings zunehmend schwieriger wieder in den Senat zu integrieren.

Die Reformen der Gracchen

Den ersten entschiedenen Lösungsversuch der wirtschaftlichen und sozialen Krise unternahm Tiberius Sempronius Gracchus 133 v. Chr. als Volkstribun. Er wollte das von reichen Großgrundbesitzern okkupierte Staatsland teilweise zurückfordern und zur Landverteilung nutzen. Dagegen erhob sich allerdings großer Widerstand im Senat, der durch einen Volkstribunen ein Veto gegen den Gesetzesantrag des Tiberius Gracchus einlegen ließ. Letzterer setzte daraufhin diesen Volkstribunen in einem revolutionären Akt mit der Begründung ab, dass er gegen die Interessen des Volkes gehandelt habe. Auf diese Weise brachte Tiberius Gracchus seinen Gesetzesantrag durch die Volksversammlung. Neu war hier, dass ein Volkstribun gestützt auf die Volksversammlung Politik gegen die Senatsmehrheit machte. In der Folgezeit nutzten Politiker (Popularen) immer wieder die Volksversammlung, um mit Versprechungen auf den

Gebieten der Getreideversorgung und der Landverteilung ihre Politik gegen die Senatsmehrheit (Optimaten) durchzusetzen. Tiberius Gracchus wurde in den Auseinandersetzungen um seine Reformen noch in seinem Amtsjahr getötet. Es war das erste Mal, dass Gewalt als Mittel der innenpolitischen Auseinandersetzung zur Anwendung kam.

Zehn Jahre später nahm Gaius Sempronius Gracchus als Volkstribun die Reformen seinen Bruders wieder auf und erweiterte sie noch: Zur Landverteilung und zur Verbilligung des Getreides kamen noch Gründungen von Kolonien außerhalb Italiens und die Übertragung der Prozesse gegen korrupte Statthalter an die Ritter hinzu. Da die Ritter in ihren Steuer- und Handelsgeschäften in den Provinzen häufig in Konflikte mit den senatorischen Statthaltern gerieten, sahen die Senatoren in dieser Maßnahme einen politischen Angriff des C. Gracchus auf ihre Vorrechte. Auch Gaius Gracchus wurde schließlich, zusammen mit mehreren Tausend Anhängern, getötet. Das Ackergesetz blieb wirkungslos.

M2 **Tiberius und Gaius Gracchus**
Doppelbüste der Brüder von Eugène Guillaume (1822 – 1905)

M3

Die Heeresreform des Marius

Die Schwierigkeiten bei der Niederwerfung von Aufständen in den Provinzen und vor allem die verheerende Niederlage gegen die germanischen Kimbern bei Arausio (Orange) 105 v. Chr. hatten die Notwendigkeit einer grundlegenden militärischen Reform überdeutlich gemacht. Sie wurde von Gaius Marius, der zwischen 104 und 100 v. Chr. ununterbrochen das Konsulat bekleidete, energisch in Angriff genommen: Der Staat übernahm nun u. a. die Kosten für die Bewaffnung und Ausrüstung der Legionäre, sodass auch Besitzlose in den Legionen dienen konnten. Damit wurde zwar das Rekrutierungsproblem gelöst, jedoch stellte sich jetzt die Frage, was aus den besitzlosen Soldaten nach dem Ende der Dienstzeit werden sollte. Früher konnten die bäuerlichen Soldaten auf ihre Höfe zurückkehren; nun mussten die Legionäre am Ende ihres Dienstes mit Land versorgt werden. Das Problem der Veteranenversorgung stand ab jetzt auf der politischen Tagesordnung. Jeder Feldherr war für die Versorgung seiner Soldaten zuständig. Hatte er die Landzuweisungen im Senat durchgesetzt, traten die ehemaligen Soldaten in ein Klientelverhältnis zu ihm. Auf diese Weise konnte ein erfolgreicher Feldherr seinen politischen Einfluss in der Konkurrenz mit den anderen Senatoren erheblich steigern. Die Heeresreform des Marius war so auch die ungewollte Voraussetzung für die Entstehung der Heeresklientelverbände, die in den folgenden Jahrzehnten den Untergang der römischen Republik maßgeblich befördern sollten.

M4 ***Gaius Marius (155–86 v. Chr.)***
Römische Büste, die vermutlich den Heeresreformer zeigt

Nach dem Sieg des Marius über die Kimbern 101 v. Chr. brachen die innenpolitischen Gegensätze mit neuer Schärfe wieder aus. Zudem erhoben sich in den Jahren 91–88 v. Chr. die italischen Bundesgenossen gegen Rom. Der Konflikt brachte die römische Republik an den Rand des Zusammenbruchs, konnte aber schließlich dadurch beigelegt werden, dass die Bundesgenossen das volle römische Bürgerrecht erhielten.

Die Restauration der Senatsherrschaft durch Sulla

Noch während des Bundesgenossenkrieges war in Kleinasien in Gestalt des Königs Mithradates von Pontos ein neues bedrohliches Problem entstanden. Gegen ihn sollte Lucius Cornelius Sulla, amtierender Konsul des Jahres 88 v. Chr. und Anhänger der Optimaten, den Oberbefehl übernehmen. Als ihm das Kommando von einem popularen Volkstribunen entzogen wurde,

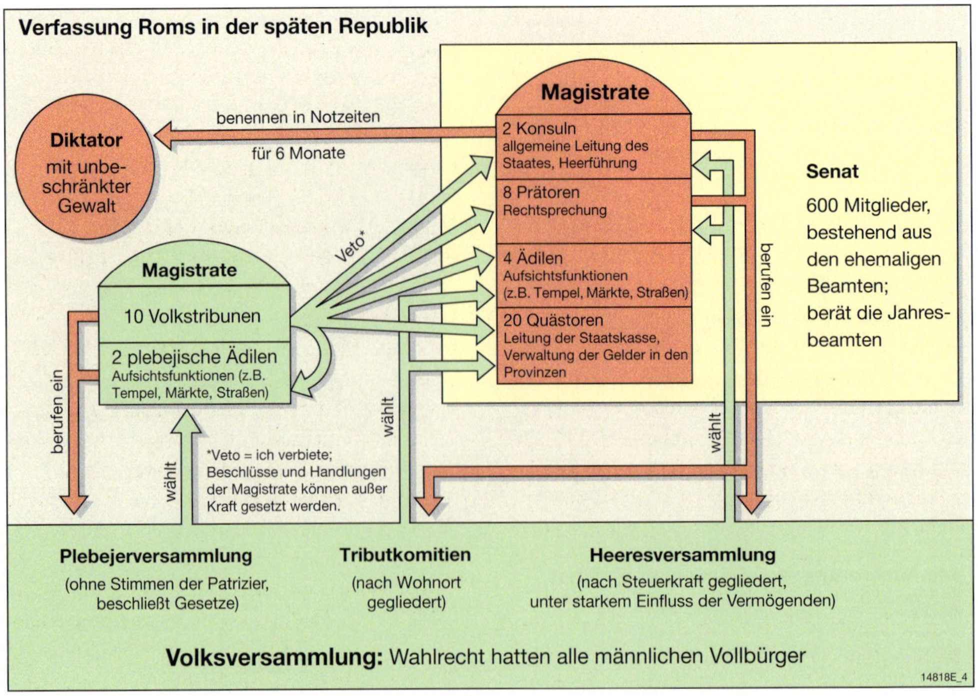

M5

eroberte Sulla mithilfe seiner Soldaten, die auf Beute und Landzuweisungen nicht verzichten wollten, Rom und ließ seine Gegner hinrichten. Damit hatte er einen gefährlichen Präzedenzfall für die Militarisierung der Politik geschaffen und die Phase der Bürgerkriege eingeläutet.

In Rom gewann allerdings die populare Richtung nach seinem Aufbruch gegen Mithradates wieder die Oberhand und verfolgte nun ihrerseits ihre Gegner. Nach Beendigung des Feldzuges brachte Sulla mithilfe seiner Legionen die Lage in Rom erneut mit Waffengewalt unter seine Kontrolle und ließ sich 82 v. Chr. auf unbestimmte Zeit zum Diktator ernennen, um die staatliche Ordnung wiederherzustellen. Die Diktatur, einst als ein auf sechs Monate beschränktes Amt für militärische Notsituationen geschaffen, wurde damit die unbefristete Machtgrundlage zur Bewältigung einer innenpolitischen Krise. Sulla ächtete zunächst seine Gegner und ließ ihre Namen öffentlich aushängen. Diesen Proskriptionen fielen mehrere Tausend Bürger zum Opfer. Anschließend versuchte Sulla durch umfangreiche Reformen die Senatsherrschaft wiederherzustellen, indem er die Gesetzgebung wieder in diesem Gremium monopolisierte. Dazu wurden die Befugnisse des Volkstribunats eingeschränkt und das Amt dadurch politisch unattraktiv gemacht, dass man nach ihm keine weiteren senatorischen Ämter mehr bekleiden durfte. Durch verschiedene Maßnahmen sollten außerdem die Statthalter wieder besser kontrolliert werden können.

Der Untergang der Republik

Die sullanische Neuordnung fand wegen der Proskriptionen selbst bei den Optimaten nur eingeschränkten Rückhalt. So dauerte es nur wenige Jahre, bis die Volkstribunen ihre angestammten Rechte zurückerhielten. Verschiedene große militärische Bedrohungen machten zudem außerordentliche Kommandogewalten über mehrere Jahre und mehrere Provinzen erforderlich, was den Versuch Sullas, die Statthalter wieder unter die effektive Kontrolle des Senats zu bringen, zunichte machte. Als der Senat sich weigerte, die Maßnahmen des Gnaeus Pompeius zur Neuordnung des Ostens nach seinem Sieg über Mithradates anzuerkennen und Pompeius' Veteranen zu versorgen, schloss sich dieser mit zwei anderen einflussreichen Senatoren, Gaius Julius

M6 Die Ermordung Caesars
Gemälde (o.J.) von Vincenzo Camuccini (1773–1844)

Caesar und Marcus Licinius Crassus, zusammen, um die gemeinsamen Interessen gegen die Senatsmehrheit durchzusetzen (sog. 1. Triumvirat, 60 v. Chr.). Sie brachten Caesar im folgenden Jahr ins Konsulat, in dem dieser rücksichtslos die gemeinsamen Absprachen durchsetzte. Für die sich anschließende Zeit ließ sich Caesar ein mehrjähriges Provinzkommando in Gallien übertragen. Während zuvor einzig eine militärische Notlage ein solches außerordentliches Kommando gerechtfertigt hatte, so wurde es nun ohne eine solche Notwendigkeit eingerichtet, um dem Inhaber Ruhm, Beute und ein ihm ergebenes Heer zu verschaffen.

Die Gegner Caesars im Senat brachten schließlich Pompeius auf ihre Seite, der Konflikt eskalierte und mündete in einen Bürgerkrieg (49–45 v. Chr.), aus dem Caesar siegreich hervorging. Bereits während des Krieges hatte er faktisch die Position eines Alleinherrschers inne. Die republikanische Ordnung bestand zwar formal weiter, aber als Konsul und schließlich als Diktator auf Lebenszeit hielt Caesar die entscheidende Macht in seinen Händen. Unter weitgehender Missachtung des Senats entfaltete er eine umfangreiche Reformtätigkeit. So plante er u.a. zahlreiche Koloniegründungen, die auch die Zahl der auf staatliche Unterstützung angewiesenen Proletarier in Rom verkleinern sollte. Neben seinem Regierungsstil erregten vor allem die unrepublikanischen Ehrungen bei vielen Senatoren Anstoß, insbesondere die kultische Überhöhung Caesars, die ihn in göttliche Sphären hob. Beides trug maßgeblich zur Entstehung einer senatorischen Verschwörung bei, der Caesar am 15.3.44 v. Chr („Iden des März") zum Opfer fiel.

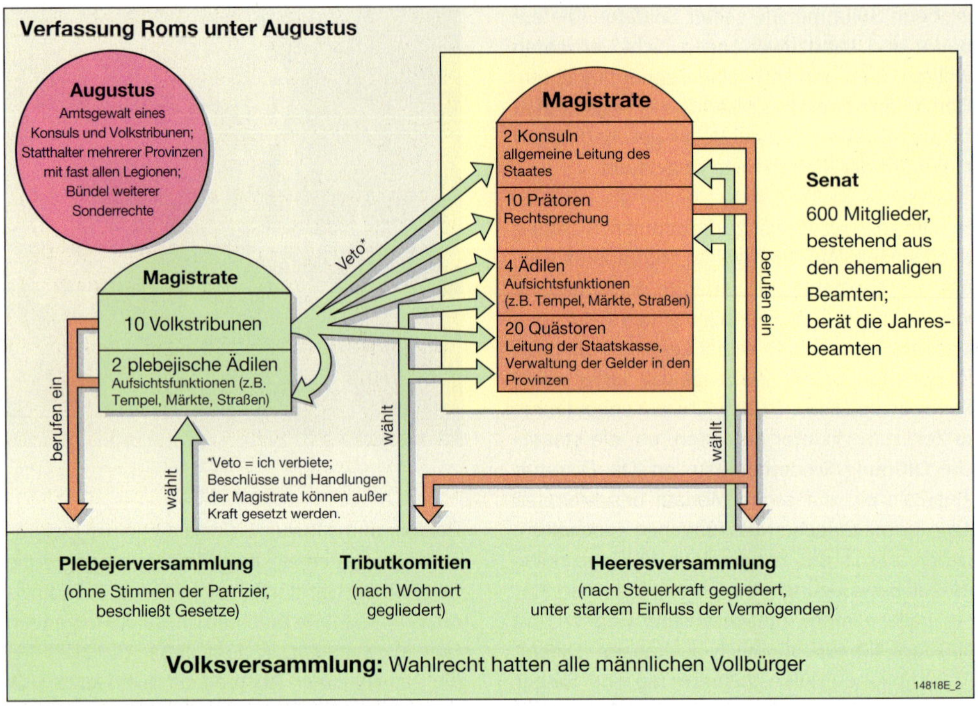

M7

Die Entstehung einer neuen Ordnung: der Prinzipat

Aus dem Bürgerkrieg, der nach der Ermordung Caesars ausbrach, ging schließlich Caesars testamentarisch adoptierter Neffe Gaius Octavius, der spätere Augustus, als Sieger hervor. Nachdem dieser bis dahin rücksichtslos seine Gegner beseitigt hatte, war ihm nun daran gelegen, zu einem Ausgleich mit der Senatsaristokratie zu gelangen, der ihm gleichwohl seine überlegene Machtposition sichern sollte. Die neue Ordnung, die nach seiner Position als Erster unter den Senatoren (princeps), Prinzipat genannt wurde, wurde 27 v. Chr. begründet, jedoch über einen längeren Zeitraum noch weiter modifiziert. In ihr blieb die republikanische Verfassungsstruktur formal unangetastet, aber neben sie trat der mit

M8 ***Ara Pacis Augustae***
9 v. Chr. in Rom geweihter Altarbau anlässlich der Heimkehr des Augustus aus den Gallien- und Spanienfeldzügen, aktuelles Foto.

einem Bündel von – von den Ämtern losgelösten – Amtsgewalten (consularia potestas, tribunicia potestas), Sonderrechten und Priesterämtern ausgestattete Augustus. Darüber hinaus wurde ihm die Verwaltung der militärisch wichtigsten Provinzen übertragen und er verfügte über ein riesiges Privatvermögen und die mit Abstand größte Klientel. Indem er nahezu alle Provinzen als Statthalter verwaltete, in denen Legionen standen, monopolisierte er gleichsam die Heeresklientel auf seine Person. Dies bedeutete auch das Ende der außerordentlichen Kommandogewalten für andere Senatoren. In Rom entstand nun eine effektive Verwaltungsstruktur und in zahlreichen Koloniegründungen im gesamten Reich erhielten Tausende römischer Bürger Land, was einen wesentlichen Faktor für die Romanisierung der Provinzen darstellte.

Unter Augustus entwickelte sich ein vielschichtiger Herrscherkult, der allerdings in Rom selbst nicht so weit ging wie zuvor bei Caesar. Unter der Herrschaft des Augustus erfolgte ein großer wirtschaftlicher Aufschwung und eine kulturelle Blüte in Kunst und Literatur. Die von ihm begründete neue politische Ordnung erwies sich als sehr erfolgreich und bestand in den nächsten drei Jahrhunderten in Form eines dynastischen Kaisertums im Wesentlichen unverändert fort. Der Senat jedoch hatte seine jahrhundertealte Rolle als das politisch entscheidende Zentrum Roms für immer verloren.

Zusammenfassung

In der späten Republik entstanden zahlreiche wirtschaftliche, soziale, militärische und politische Probleme, die teilweise zusammenhingen und sich gegenseitig verstärkten. Für einzelne Probleme, wie z. B. die Bundesgenossenfrage, wurde eine dauerhafte Lösung gefunden. Andere Bereiche, wie z. B. die Heeresreform des Marius oder der Restaurationsversuch Sullas, zogen dagegen neue Probleme nach sich. Die Vergabe von mehrjährigen außerordentlichen militärischen Kommandogewalten führte schließlich zur Diktatur Caesars, der aber letztendlich am Widerstand der Senatsaristokratie scheiterte.

Augustus modifizierte die Alleinherrschaft Caesars in der Form des Prinzipats und versuchte aus dessen Fehlern zu lernen. Die neue politische Ordnung sicherte bei Fortbestehen der republikanischen Institutionen nicht nur die Macht des Augustus, sondern sie löste gleichzeitig, wenn auch in sehr unterschiedlicher Form, mehrere gravierende Probleme, an denen die römische Republik und mit ihr die Herrschaft des Senats zugrunde gegangen waren.

M9 *Octavian (63 v. Chr.–14 n. Chr.)*
Das Vorbild für diese Mamorkopie stammt aus den ersten Jahren seines politischen Wirkens um 30 v. Chr.

M10 *Augustusmausoleum in Rom*
Aktuelles Foto

Die Agrarkrise des 2. Jahrhunderts – Quelle und neuere Forschung im Vergleich

M 11 Eine Quelle zur Agrarkrise

Appian von Alexandria (ca. 95–165 n. Chr.) schrieb eine römische Geschichte in 24 Büchern von den Anfängen bis zu Kaiser Trajan, die nur in Teilen erhalten ist. Zur Agrarkrise des 2. Jahrhunderts v. Chr. schreibt Appian:

Als die Römer die Völkerschaften Italiens nacheinander durch Krieg unterwarfen, nahmen sie ihnen gewöhnlich einen Teil ihres Landes ab und errichteten dort Städte oder wählten aufgrund von Listen aus ihrer Mitte für die zuvor schon bestehenden Siedlungen Kolonisten, wobei diese Punkte als Außenposten dienen sollten. Von dem jeweils im Krieg durch sie eroberten Lande aber verteilten sie den kultivierten Teil sofort unter die Kolonisten oder verkauften oder verpachteten ihn. Was hingegen den Teil des Gebietes – im Allgemeinen den größeren – anlangte, der infolge des Krieges ungenutzt dalag und für dessen Verlosung sie sich noch keine Zeit nahmen, erließen sie eine Bekanntmachung, dass inzwischen diejenigen, welche ihn bearbeiten wollten, dies für eine Abgabe aus dem jährlichen Ernteertrag tun dürften, und zwar für ein Zehntel vom Getreide und ein Fünftel von den Früchten. Auch für die Viehhalter waren Abgaben von Groß- und Kleintieren festgesetzt. Dies alles taten die Römer zur Vermehrung des italischen Volkstums, das ihnen als die arbeitsamste Art erschien, sowie in der Absicht, über eine Menge von Bundesgenossen bei sich daheim zu verfügen. Indessen erreichten sie damit gerade das Gegenteil; die Reichen nahmen den Großteil dieses nicht aufgeteilten Landes in Besitz und vertraten im Laufe der Zeit die kühne Meinung, dass niemand mehr ihnen dieses abnehmen könne. Außerdem zogen sie die angrenzenden Landstriche und was sonst an bescheidenem Grundbesitz armer Leute vorhanden war, an sich, teils durch Kauf unter gütlichem Zureden, teils durch gewaltsame Wegnahme. So konnten sie statt kleiner Güter ausgedehnte Latifundien bebauen, wofür sie dann Sklaven als Arbeiter und Hirten einsetzten; das sollte verhindern, dass freie Arbeitskräfte vom Ackerbau zum Heeresdienst abgezogen werden konnten. Gleichzeitig brachte auch dieser Besitz von Sklaven den Reichen großen Gewinn, da jene zahlreiche Kinder hatten und sich wegen der Befreiung vom Kriegsdienst ungefährdet vermehrten. So wurden die einflussreichen Persönlichkeiten steinreich, und das Sklavenvolk nahm über das Land hin massenhaft zu, während die Italiker an Zahl und Stärke dahinschwanden und sich in Armut, Steuerabgaben und Feldzügen erschöpften. Konnten sie dann etwas Ruhe von diesen Lasten finden, mussten sie ihre Zeit untätig hinbringen, da sich ja das Land in den Händen der Reichen befand und diese als Landarbeiter statt freier Männer Sklaven einsetzten. Die Zustände versetzten das Volk in Unruhe; denn es sollte nicht mehr genügend Verbündete italischer Herkunft besitzen und wegen der gewaltigen Menge von Sklaven auch seine führende Stellung nicht ungefährdet sein. Da es weder leicht noch irgendwie gerecht erschien, so vielen Inhabern einen derart großen und lange Zeit ihnen gehörigen Besitz samt den eigenen Bäumen, Bauten und Einrichtungen abzunehmen, vermochten sie keine Abhilfe auszusinnen, bis endlich auf Antrag der Volkstribunen mit Müh und Not ein Gesetz durchging, dass niemand mehr als 500 iugera von diesem Land [ager publicus] innehaben oder mehr als 100 Rinder oder 500 Schafe darauf weiden lassen dürfe. Zusätzlich trafen sie zwecks Einhaltung des Gesetzes auch noch die Anordnung, dass eine bestimmte Zahl freier Männer auf den Gütern zu verwenden sei, die über die dortigen Vorgänge wachen und Bericht erstatten sollten. Nachdem sie alle die genannten Punkte in einem Gesetz zusammengefasst hatten, schworen sie darauf einen Eid und setzten (bei Übertretung) eine Strafe fest. Sie meinten nämlich, das restliche Land werde alsbald in kleinen Parzellen an die Armen verkauft werden, doch man kümmerte sich weder um die Gesetze noch um die Eide, vielmehr verteilten jene, die sich scheinbar daran kehrten, das Land betrügerischerweise unter ihre Verwandten, während die Mehrzahl überhaupt darüber hinwegging. Das dauerte, bis schließlich Tiberius Sempronius Gracchus, [...] während seiner Amtszeit als Volkstribun in hohen Tönen eine Rede über das italische Volkstum hielt, dass eine so außerordentlich kriegstüchtige und stammverwandte Rasse Schritt für Schritt in Armut und zahlenmäßigem Rückgang dahinsieche und nicht einmal eine Hoffnung auf Besserung mehr hegen dürfe.

Appian von Alexandria, Römische Geschichte, Zweiter Teil: Die Bürgerkriege (übers. v. Otto Veh, erläut. v. Wolfgang Will), Stuttgart: Hiersemann 1989, S. 17 f. (App. I b.c. 1,26–34).

M 12 Die „Agrarkrise" in moderner Sicht

In einer aktuellen Darstellung der Geschichte der Römischen Republik des Althistorikers Michael Sommer wird die Appian-Quelle wie folgt kommentiert:

Appian, der aus Alexandreia stammende, kaiserzeitliche Chronist der Bürgerkriege, zeichnet das Bild einer düsteren Epoche: Während Kleinbauern zu landlosen Proletariern herabsanken, wurden auf der anderen Seite die Reichen immer reicher. Die Bauernsoldaten sorgten so mit ihren Siegen auch noch für ihren eigenen sozialen Abstieg [...]. Dennoch bleiben die Konturen dieser sogenannten römischen „Agrarkrise" seltsam unscharf. Das liegt teilweise an einer völlig unzureichenden Quellenlage. Licht auf die Beschwernisse, unter denen die römische Gesellschaft stöhnte, werfen hauptsächlich die Ansätze zu Gegenmaßnahmen in Form von Gesetzen und Anträgen. Die Missstände selbst werden dahinter nur verschwommen sichtbar.

Ohnehin sind Zweifel an der umfassenden Agrarkrise begründet, wie sie Appian beschreibt, die zunächst die – ohne Ausnahme – kaiserzeitlichen Texte zur sozialen Situation des 2. Jh. v. Chr. nähren: Ihre Verfasser sind, der Grundstimmung ihrer Entstehungszeit folgend, einer geradezu romantischen Verklärung des italischen Kleinbauerntums verpflichtet, das als Inbegriff für römische Stärke und Wehrhaftigkeit galt. Hingegen hatte der zeitgenössische Großgrundbesitz – latifundia und die an sie geknüpfte, enorme Luxusentfaltung – eine notorisch schlechte Presse. Übermäßigem Reichtum, der in den gigantischen Großgütern der Epoche seinen sichtbarsten Ausdruck fand, warf man moralischen Niedergang und Verrat am mos maiorum vor.

Die Archäologie, die inzwischen das Siedlungsbild im Italien des 2. Jh. v. Chr. recht genau rekonstruiert hat, gelangt nicht zu eindeutigen Ergebnissen. Zwar zeichnet sich eine schrittweise Konzentration des Grundbesitzes ab; auch wurden örtlich Kleinbauern durch größere Betriebe verdrängt – aber eben nicht flächendeckend. [...] Noch zur Zeit Ciceros war der senatorische Grundbesitz in Italien Streubesitz und nicht in Form zusammenhängender Latifundien organisiert. Davon, dass Großagrarier dem italischen Kleinbauerntum systematisch das Wasser abgruben, kann nicht die Rede sein.

Wohl aber wandelte sich die demografische Landkarte der Apenninhalbinsel. Die ersten beiden Punischen Kriege bescherten der Bevölkerung Italiens einen kräftigen Aderlass von annähernd einem Drittel: Von knapp 300 000 römischen Bürgern kurz vor 265 v. Chr. waren am Ende des Jahrhunderts nur noch 214 000 übrig; geschätzte 200 000 Mann kämpften in den folgenden 50 Jahren in Spanien, von denen ebenfalls Zehntausende fielen. [...] Diese Zahlen legen den Schluss nahe, dass im Italien des Jahres 133 v. Chr. kein Mangel an Land herrschte, aber schon, gebietsweise, an arbeitsfähigen Menschen.

Unter solchen Vorzeichen war die Okkupation herrenlosen Landes durch kapitalkräftige Agrarunternehmer, einschließlich des Einsatzes von Sklaven, vermutlich alternativlos. Kleine und mittlere Bauern wurden von der Entwicklung kaum in Mitleidenschaft gezogen: Sie betrieben im Wesentlichen Subsistenzwirtschaft und hatten nach wie vor ihr Auskommen. Hart jedoch traf es all jene Familienangehörigen, die durch Krieg ihren Ernährer verloren hatten und deshalb den Hof nicht halten konnten. Aus ihren Reihen dürften die Elendsviertel der Hauptstadt im 2. Jh. v. Chr. beträchtlichen Zuzug erhalten haben. Regionale Unterbevölkerung und Proletarisierung von Teilen der Bauernschaft standen folglich in einer dialektischen Wechselbeziehung: Es gab im 2. Jh. v. Chr. keine allgemeine Agrarkrise, wohl aber eine sich vertiefende soziale Kluft zwischen Arm und Reich.

Michael Sommer, Römische Geschichte I: Rom und die antike Welt bis zum Ende der Republik, Stuttgart: Kröner 2013, S. 338 ff.

1. ●●● Informieren Sie sich über Appian und sein Geschichtswerk und überprüfen Sie den Quellenwert.
   → Lexikon, Internet, M11
2. a) ●○○ Fassen Sie die Aussagen Appians zur Agrarkrise zusammen.
   b) ●●○ Arbeiten Sie die von Appian genannten Ursachen für die Agrarkrise heraus.
   → M11
3. a) ●○○ Geben Sie die Aussagen Michael Sommers zur Agrarkrise wieder.
   b) ●●○ Arbeiten Sie aus der Darstellung von Michael Sommer sowohl die Stellen heraus, die auf Appian direkt Bezug nehmen, als auch die Stellen, für die auf weitere Quellen Bezug genommen wird.
   c) ●●○ Vergleichen Sie den Darstellungstext von Michael Sommer mit den Aussagen Appians.
   → Text, M11, M12

Tiberius Gracchus im antiken Urteil – Quellenvergleich (Gruppenpuzzle)

Das Gruppenpuzzle

Das Gruppenpuzzle ist eine besondere Form der Gruppenarbeit. Es eignet sich, um komplexe Sachverhalte arbeitsteilig zu bearbeiten:

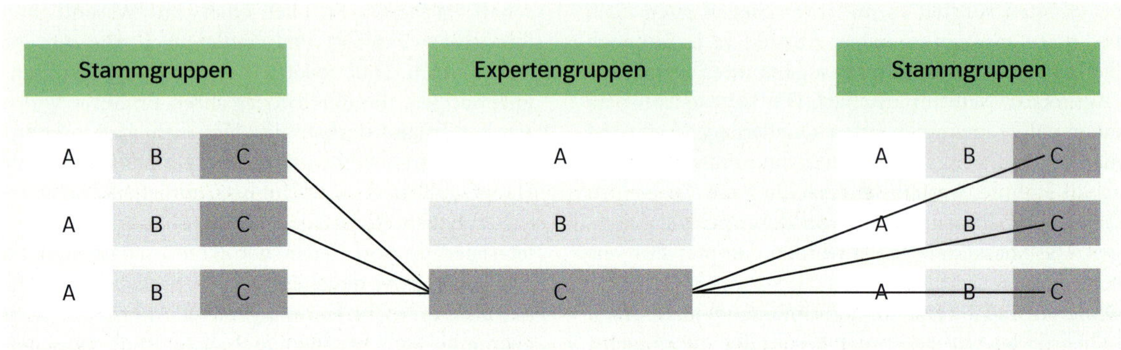

1. Phase

Nach einer Einführung im Plenum wird die Lerngruppe in Stammgruppen eingeteilt. Anzahl: drei bis maximal fünf Teilthemen und Gruppenmitglieder. In den Stammgruppen einigen sich die Mitglieder, wer welches Teilthema bearbeitet (A, B oder C). Ab jetzt finden die Arbeiten unter deutlicher Zeitvorgabe statt.

2. Phase

Erarbeitung/Aneignung: Alle Lernenden treffen sich in Expertengruppen (A, B oder C), die sich durch die Bearbeitung der gleichen Teilthemen ergeben.
Schritt 1: Jeder erarbeitet sein Teilthema mithilfe des Materials in Einzelarbeit (Zeitvorgabe).
Schritt 2: Die Experten tauschen sich darüber aus, was und wie sie im Anschluss in der Stammgruppe ihr erworbenes Wissen weitergeben wollen (Zeitvorgabe).

3. Phase

Vermittlung/Vertiefung: Rückkehr in die Stammgruppe. Jeder Experte trägt nun sein Spezialwissen den anderen vor (Zeitvorgabe). Evtl. Zuweisung von Funktionen wie Experten, Zeitwächtern, Protokollanten.
Eine abschließende Sicherung, Kontrolle und Auswertung findet wiederum im Plenum statt.

M 13 Plutarch

Plutarch (ca. 45 – 120 n. Chr.) schreibt in seiner Vita über Tiberius Gracchus:

Die Römer pflegten das Land, das sie ihren Nachbarn im Kriege abnahmen, zum einen Teil zu verkaufen, zum andern in Staatsbesitz überzuführen und dann bedürftigen Bürgern oder solchen ohne eigenen Boden gegen eine geringe Abgabe an die Staatskasse zur Nutzung zu überlassen. Als jedoch die Reichen anfingen, den Pachtzins in die Höhe zu treiben und die Armen von ihrer Scholle zu verdrängen, wurde ein Gesetz erlassen, welches bestimmte, dass niemand mehr als fünfhundert Morgen Land besitzen dürfe. Für kurze Zeit tat diese Vorschrift der Habgier Einhalt und half den Armen, welche auf den gepachteten Höfen blieben und den Anteil des staatlichen Bodens bewirtschafteten, den sie von jeher besessen hatten. Später aber brachten die reichen Nachbarn durch vorgeschobene Mittelsmänner die Pachtverträge in ihre Hände und verwalteten schließlich das meiste ganz offen als eigenen Besitz. Aus ihren Heimwesen gejagt, taten die Armen ihre Soldatenpflicht nur noch mit Widerwillen und zeigten auch keine Lust mehr, Kinder großzuziehen, so dass ganz Italien binnen kurzem die freie Bevölkerung zurückgehen sah, während das Land sich mit den Kasernen ausländischer Sklaven bedeckte, welche nunmehr die Ländereien bestellten, aus denen die Reichen ihre Mitbürger vertrieben hatten. Schon Scipios Freund Gaius Laelius hatte einen Reformversuch unternommen, aber aus Angst vor Unruhen wieder aufgegeben, als die Großgrundbesitzer sich dem Plane entgegenstemmten. […] Gaius [Gracchus] indes berichtet in einer Schrift, sein Bruder Tiberius habe, als er durch Etrurien kam, das verödete Land gesehen und die aus der Fremde eingeführten Sklaven, welche die Felder bestellten und das Vieh weideten. Da zuerst sei der Entschluss in ihm gereift zu jener Politik, welche ihnen beiden Leiden ohne Zahl bringen sollte. Am meisten jedoch entflammte ihn das Volk selber zu leidenschaftlichem Ehrgeiz, indem es ihn durch Inschriften an öffentlichen Hallen, an Wänden und Denkmälern aufrief, den Armen das gemeindeeigene Land zurückzugewinnen.

Er arbeitete das Gesetz freilich nicht allein aus, sondern zog die tüchtigsten und angesehensten Bürger als Ratgeber bei […]. Und es ist wohl nie ein Gesetz, das gegen so schreiendes Unrecht und gegen solche Habgier sich wandte, in mildere, schonendere Form gefasst worden. Denn wer für seinen Ungehorsam Strafe verdient hätte, wer das Land, aus dem er widergesetzlich Nutzen zog, hätte herausgeben und obendrein eine Buße entrichten sollen, der musste lediglich – so lautete die Bestimmung – gegen eine Entschädigung abtreten, was er sich widerrechtlich angeeignet, um bedürftigen Bürgern Platz zu machen. Die Reform hielt sich in vernünftigen Grenzen, aber das Volk gab sich gleichwohl zufrieden. Es ließ das Vergangene ruhen, froh, dass in Zukunft das Unrecht ein Ende hätte. Die reichen Besitzer hingegen verfolgten aus Habgier das Gesetz, aus Zorn und Eifersucht den Gesetzgeber mit ihrem Hass und versuchten, das Volk umzustimmen: Die Verteilung des Landes sei für Tiberius nur ein Vorwand, die Verfassung zu zerrütten und einen allgemeinen Umsturz herbeizuführen. Aber sie erreichten nichts, denn Tiberius, der für ein schönes und gerechtes Ziel kämpfte mit einer Gewalt des Wortes, die eine schlechte Sache hätte adeln können, war gewaltig und unüberwindlich, wenn er, umdrängt vom Volk, auf der Rednerbühne stand und von den Armen sprach: „Die wilden Tiere, welche in Italien hausen, haben ihre Höhle, jedes weiß, wo es sich hinlegen, wo es sich verkriechen kann – die Männer aber, die für Italien kämpfen und sterben, sie haben nichts außer Luft und Licht. Heimatlos, gehetzt irren sie mit Weib und Kind durch das Land. Die Feldherren lügen, wenn sie in der Schlacht die Soldaten aufrufen, für ihre Gräber und Heiligtümer sich zu wehren gegen den Feind, denn von all diesen Römern besitzt keiner einen Altar, den er vom Vater ererbt, keiner ein Grab, in dem seine Vorfahren ruhen, vielmehr kämpfen und sterben sie für anderer Wohlleben und Reichtum. Herren der Welt werden sie genannt und haben nicht eine Scholle Landes zu eigen."

Plutarchus, Große Griechen und Römer Band 6 (übers. v. Konrat Ziegler u. Walter Wuhrmann), Zürich/Stuttgart: Artemis 1965, Tiberius Gracchus 8–9.

M 14 Diodor

Der griechische Geschichtsschreiber Diodor schreibt im 1. Jahrhundert v. Chr. über Tiberius Gracchus:

Dadurch, dass [Gaius] Gracchus vor dem Volke davon redete, die Aristokratie aufzulösen, sowie eine Demokratie einzurichten, und die Willfähigkeit der Plebsversammlung erreicht hatte, hatte er an diesen Leuten nicht mehr Bundesgenossen, sondern gewissermaßen Leute, die selbstständig für die eigenen verwegenen Pläne arbeiteten […]. Denn bestochen von seinen eigenen Hoffnungen war jeder bereit, für die eingebrachten Gesetze jede Gefahr auf sich zu nehmen, wie wenn es um den eigenen Vorteil ginge. Dadurch nun, dass er den Senatoren die Gerichte nahm und die Ritter zu Richtern machte, machte er den schlechteren Teil der Bürgerschaft zum Herrn über den besseren; und indem er das frühere Einvernehmen zwischen Senat und Rittern zerstörte, machte er die Menge für beide beschwerlich und gefährlich. Dadurch aber, dass er sich durch die Entzweiung aller Stände gegeneinander selbst eine Machtstellung schuf und die Staatsgelder zu schändlichen, unzweckmäßigen Ausgaben und Geschenken verschwendete, zwang er alle, auf ihn zu sehen. Und wenn er die Provinzen der Unverschämtheit und Habgier der Steuerpächter auslieferte, so erregte er dadurch mit Recht Hass der Untertanen gegen die Regierung. Und wenn er den Soldaten zu Gefallen die Strenge der alten Disziplin durch Gesetze abschaffte, führte er Ungehorsam und Zügellosigkeit in den Staat ein; denn wer die Obrigkeit verachtet, lehnt sich auch gegen sie auf und strebt nach Neuerungen im Staate. Aus solchen üblen Sitten aber entstehen verderbliche Gesetzlosigkeit und Umsturz des Staates.

Diodor 34/35, 25, zit. nach: Walter Arend (Bearb.), Geschichte in Quellen Bd. 1: Altertum: Alter Orient, Hellas, Rom, München: Bayerischer Schulbuch-Verlag 1989 (4. Aufl.), S. 244.

M 15 Appian von Alexandria

Appian von Alexandria (ca. 95 bis 165 n. Chr.) gibt ähnlich wie Plutarch in seinem Buch über die Bürgerkriege nicht an, woher er seine Informationen über das Ackergesetz bezogen hat:

Nach dieser Rede erneuerte er [= Tiberius Sempronius Gracchus] das Gesetz, kein römischer Bürger solle mehr als 500 Joch [vom ager publicus] zu eigen haben. Über das alte Gesetz hinaus legte er für die Söhne noch jeweils 250 Joch dazu, was aber darüber hinausginge, sollten drei alljährlich gewählte Männer unter die Besitzlosen verteilen. Dieser letzte Punkt nun war es, der den Reichen am meisten Beschwerde machte, da sie mit Rücksicht auf diese Dreimänner nicht mehr wie früher das Gesetz mißachten noch Land, das anderen zugefallen war, aufkaufen konnten; denn Gracchus hatte in weiser Voraussicht den Verkauf von Land verboten. So traten denn die Reichen in Gruppen zusammen, wehklagten und hielten den Armen die Aufwendungen vor, die sie seit langer Zeit für Feldbestellung, Anpflanzungen und Gebäude gemacht hätten; andere wiesen auf die Kaufsumme hin, die sie an die Nachbarn gezahlt hätten, ob sie auch die zusammen mit dem Grundstück einbüßen sollten; andere erwähnten die dort befindlichen Gräber ihrer Väter, andere die Mitgift ihrer Frauen, die sie in diese Grundstücke gesteckt hätten, oder auch, das Land sei ihren Kindern als Aussteuer gegeben worden; die Gläubiger wiesen auf die Schuldtitel hin, die auf diesem Lande hafteten; so herrschte überall nichts als Unordnung, Jammer und Empörung in einem. Auf der anderen Seite klagten die Armen, sie würden aus Wohlstand in die schlimmste Armut gestürzt und dadurch wieder zu Kinderlosigkeit verurteilt, weil sie nicht imstande seien, ihre Kinder aufzuziehen. Dazu zählten sie alle Feldzüge auf, die sie bei der Gewinnung des Landes mitgemacht hätten, und murrten, dass sie um ihren Anteil an dem Gemeinbesitz gebracht werden sollten. [...] Während beide Parteien solche Klagen vorbrachten und sich gegenseitig Vorwürfe machten, kam noch die Menge all der Leute hinzu, die in den Siedlungsstädten [colonia] und den freien Landstädten [municipium] Italiens oder sonstwie an diesem Lande Anteil genommen hatte und jetzt für ihren Anteil fürchten musste, und verteilte sich auf die beiden Parteien. Im Vertrauen auf ihre große Zahl wurden sie ausfällig, zettelten erbitterte Aufstände an und warteten auf die Entscheidung über das Gesetz. [...]. Was aber Gracchus mit seinem Gesetz beabsichtigt hatte, war nicht Wohlstand, sondern eine gesunde Bevölkerung zu schaffen. Begeistert von dem Nutzen seines Vorhabens, dem Besten und Herrlichsten, was Italien je geschehen könne, bedachte er in keiner Weise die damit verbundenen Schwierigkeiten.

Appian von Alexandria, Römische Geschichte, Zweiter Teil: Die Bürgerkriege (übers. v. Otto Veh, erläut. v. Wolfgang Will), Stuttgart: Hiersemann 1989, S. 19 (Appian b. c. 1,37).

Quelle versus Darstellung (Erweiterung des Gruppenpuzzles)

M 16 Eine Darstellung

Eine moderne Bewertung des Althistorikers Jochen Bleicken (1988):

So war Ti. Gracchus im Jahre 137 ein gescheiterter Mann. Wollte er sich nicht in das otium [Beschaulichkeit; hier: Privatleben] zurückziehen, blieb ihm eigentlich nur der Weg, über das Tribunat, das als Sprungbrett für außergewöhnliche politische Umtriebe geeignet und auch öfter dazu benutzt worden war, wieder zu politischem Ansehen zu gelangen. [...] Für Ti. Gracchus war das Tribunat für einen weiteren Aufstieg das geeignete Amt, und es lag auch die Materie bereit, durch die sich ein ehrgeiziger Mann profilieren konnte, nämlich das Agrarproblem, mag es auch nicht die Dringlichkeit gehabt haben, die sich dem nachschauenden Betrachter aufdrängt. Und diese Materie lag dem Tiberius deswegen noch näher als vielleicht anderen, weil der Reformversuch des C. Laelius mit einiger Sicherheit die Zustimmung des Aemilianus, des Vetters und Schwagers von Ti. Gracchus, gehabt hatte. Ti. Gracchus hätte damit einen in seiner weiteren Familie erörterten Plan wiederaufgenommen, dies allerdings, wie sich zeigen sollte, ohne die Weisheit des Laelius. [...] Nach allem, was wir unseren Quellen vernünftigerweise entnehmen können, hat Tiberius den Plan erst in Reaktion auf die Demütigung von Numantia aufgegriffen. Dass er ihn schon vor diesem Ereignis, nämlich als Quästor im Jahre 137 auf dem Marsch nach Spanien in Etrurien gefasst hätte, weil er das Land dort verödet fand und sah, wie die Latifundienwirtschaft auf Sklaven beruhte, wie sein Bruder C. Gracchus später behaupten sollte, ist zunächst einmal als eine in der Öffentlichkeit vorgetragene Motivation zu werten, die über die wahren Triebkräfte wenig aussagt. Ti. Gracchus als ein Mann, der für einen zweiten Anlauf seiner Karriere das Agrarproblem als einen für ihn nützlichen und seinem Ansehen förderlichen Gegenstand aufgreift, das ist ein sehr viel begreiflicherer Gedanke als ein Ti. Gracchus, den die Not der Bauern zum Tribunat führt. Das sagt noch gar nichts über die Notwendigkeit einer Landreform aus, sondern sagt nur dies, dass diese Reform zunächst einmal die Konsequenz einer bestimmten Konstellation innerhalb der regierenden Familien, also aus dem Gerangel der Nobiles um Vermehrung oder Erhalt ihres Einflusses zu verstehen ist. [...] Bleibt am Schluss noch zu fragen, was Ti. Gracchus zu diesem Ende trieb, und mit der Antwort darauf schließe ich an den ersten Teil meiner Ausführungen an. Die Radikalität des Mannes ist erklärungsbedürftig. Die Not der Bauern, die Humanität, der Mangel an Soldaten, alles dies mögen mögliche Motivationen gewesen sein, und der Soldatenmangel war ein Problem, das breite Kreise der Nobilität bedrückt haben dürfte. Aber es scheint mir näher zu liegen, die eigentliche Dynamik stärker im persönlichen Bereich anzusiedeln, in dem Willen des Tiberius, als ein Politiker von seiner Herkunft und seinem Ansehen nicht ein zweites Mal, und dieses Mal endgültig, zu scheitern. Warum hat er, so hat Ernst von Stern mit Recht gefragt, statt nach der Interzession des Octavius diesen abzusetzen, nicht eher bei den Tribunatswahlen im Sommer für ein reformfreundliches Tribunatskollegium des Jahres 132 gesorgt? Bei der Stimmung des Jahres 133 wäre es gewiss nicht schwergefallen, nur sichere Kandidaten durchzubringen. Was veranlasste Tiberius, solchen Aufschub eines knappen Jahres nicht in Kauf zu nehmen? Die Antwort kann doch wohl nur die sein, dass er es sein wollte, der das Gesetz durchbrachte. Ti. Gracchus hat in seinem Willen, das Agrargesetz auf jeden Fall in seinem Tribunatsjahr durchzusetzen, die Reform engstens mit seiner Person verbunden, enger offenbar, als es denjenigen lieb war, die als die wirklich einflussreichen Politiker den Reformgedanken getragen hatten.

Jochen Bleicken, Überlegungen zum Volkstribunat des Tiberius Sempronius Gracchus, in: HZ – Historische Zeitschrift 247 (ISSN 00182613), München: deGruyter/Oldenbourg 1988, S. 274f., 291.

M 17 *Beurteilung der Gracchischen Reformen durch zeitgenössische Biographen/Historiker*

	positiv, neutral, negativ	Kennzeichnung der Veränderungen
Plutarch		
Diodor		
Appian		

M 18 *Beurteilung der Gracchischen Reformen durch zeitgenössische und moderne Historiker*

	positiv, neutral, negativ	Kennzeichnung der Veränderungen
Plutarch		
Diodor		
Appian		
Bleicken		

Aufgabenapparat zum Gruppenpuzzle

1. **Expertengruppe (Erarbeitung/Aneignung)**
   a) Benennen Sie die von den Autoren genannten Begebenheiten, Hintergründe und Motive, die die Reformen und ihr Scheitern verständlich machen.
   b) Arbeiten Sie die Textstellen heraus, an denen deutlich wird, ob und/oder wie die Autoren das Vorhaben des Tiberius Gracchus bewerten.
2. **Stammgruppe (Vermittlung/Vertiefung). Erstellen Sie aus den unterschiedlichen Deutungen der gracchischen Reformen einen Überblick, der auf folgende Aspekte eingeht:**
   a) Stellung des jeweiligen Autors gegenüber den Reformvorhaben (positiv – neutral – negativ).
   b) Kennzeichnung der geplanten Maßnahmen und ihrer Wirkung (Revolution als grundlegende Änderung der Machtverhältnisse – Reform als bescheidene Veränderung der Verhältnisse – Wiederherstellung von alten Verhältnissen). Belegen Sie Ihre jeweiligen Einschätzungen mit knappen Textverweisen.

Urteile über Caesar

M 19 Theodor Mommsen (1875)

Der Historiker und Jurist Theodor Mommsen (1817–1903) schreibt in seiner „Römische Geschichte" über Caesar:

Von früher Jugend an war denn auch Caesar ein Staatsmann im tiefsten Sinne des Wortes und sein Ziel das höchste, das dem Menschen gestattet ist, sich zu stecken: die politische, militärische, geistige und sittliche Wiedergeburt der tief gesunkenen eigenen und der noch tiefer gesunkenen mit der seinigen innig verschwisterten hellenischen Nation. [...] Alle zu den verschiedensten Zeiten von ihm ausgegangenen Maßregeln bleibender Art ordnen in den großen Bauplan zweckmäßig sich ein. [...] Wie er die Erbschaft seiner Partei [...] unbeschränkt antrat, der Aristokratie und den echten Aristokraten den bittersten selbst persönlichen Hass zollte und die wesentlichen Gedanken der römischen Demokratie: die Milderung der Lage der Schuldner, die überseeische Kolonisation, die allmähliche Nivellierung der unter den Klassen der Staatsangehörigen bestehenden Rechtsverschiedenheiten, die Emanzipierung der exekutiven Gewalt vom Senat, unverändert festhielt, so war auch seine Monarchie so wenig mit der Demokratie im Widerspruch, dass vielmehr diese erst durch jene zur Vollendung und Erfüllung gelangte. Denn diese Monarchie war nicht die orientalische Despotie von Gottes Gnaden, sondern die Monarchie, wie Gaius Gracchus sie gründen wollte [...]: die Vertretung der Nation durch ihren höchsten und unumschränkten Vertrauensmann.

Theodor Mommsen, Römische Geschichte Bd. 3: Von Sullas Tode bis z. Schlacht v. Thapsus, Berlin: Weidmann 1869, S. 464, 476.

M 20 Matthias Gelzer (1960)

Der schweizerische Althistoriker Matthias Gelzer (1886–1974) war Professor in Frankfurt am Main. Er schreibt über Caesar:

Er verkündete kein Programm, war durch und durch Praktiker, der in allen Situationen Aufgaben erkannte und ungestüm an ihre Bewältigung ging. Unsere Quellen [...] lassen erkennen, wie er im Einzelfall handelte, geben aber keine sichere Auskunft über seine innersten Gedanken. Soviel darf wohl gesagt werden, dass die lebenslängliche Diktatur schließlich seinem Wunsch entsprach. Aber seit wann er sich [...] für diese Gestaltung seines principatus [Alleinherrschaft] entschied, bleibt im Dunkel.
Denn es ist nicht auszumachen, wie weit die überschwänglichen Senatsbeschlüsse, die ihm diese Machtfülle übertrugen, von ihm inspiriert waren. Wir müssen uns davor hüten, ihm Handlungen, Pläne und Beweggründe unterzuschieben, die nicht überliefert sind; jedoch kann sich der redlich forschende Betrachter dem Eindruck nicht entziehen, dass sich die ungemein bunte Reihe von Einzelaktionen zuletzt zu einem großartigen Zusammenhang schließt. Jede seiner Unternehmungen stützte die andere. Er spann keinen Faden, den er nicht zu gegebener Zeit wieder aufnehmen konnte.

Matthias Gelzer, Caesar. Der Politiker und Staatsmann, Wiesbaden: Steiner 1960, S. 306.

M 21 Hermann Strasburger (1968)

Hermann Strasburger (1909–1985) wurde 1934 mit einem Berufsverbot belegt und konnte erst nach dem Zweiten Weltkrieg seine akademische Laufbahn fortsetzen. Er war zunächst Geschichtsprofessor in Frankfurt am Main, dann in Freiburg. Er schreibt über Caesar:

Heute wird vorwiegend die Meinung vertreten, dass Caesar über das stadtstaatliche Denken der Republik hinausgewachsen war und sich durch den schöpferischen Plan einer Neuordnung des Reiches zur Macht berufen fühlte. Ich wüsste keine Andeutung dieser Ansicht aus dem Altertum namhaft zu machen, insbesondere auch nicht aus Caesars eigener Zeit. Vor allem macht mich bedenklich, dass Caesar selbst weder in seinen ‚Commentarien'" [seinem Bericht über den Gallischen Krieg] seine eigenen noch in den nicht wenigen von ihm überlieferten Aussprüchen Pläne zur Umgestaltung des Staates oder wenigstens das Bewusstsein einer besonderen Verpflichtung andeutet. [...]
Für Caesar bezeugt ist vor allem die Verneinung der bestehenden Regierungsform. [...] Hieraus kann man nur lesen, dass ihm die absolute Monarchie, die dominatio, deren man ihn verdächtigte, Herzenssache war und ihm als die den Römern seiner Zeit zuträglichste Staatsform erschien. Aber das ist zugleich der Ausdruck einer letzten tiefen Enttäuschung und darf nicht ohne weiteres als sein ursprünglicher Vorsatz gelten.

Hermann Strasburger, Caesar im Urteil seiner Zeitgenossen, Darmstadt: Wissenschaftliche Buchgesellschaft 1968 (2. Aufl.), S. 49 ff.

M22 Jochen Bleicken (1998)

Jochen Bleicken (1926–2005) war Professor für Alte Geschichte in Göttingen. Er schreibt über Caesar:

Vor Ausbruch des Bürgerkrieges hatte Caesar die Alleinherrschaft nicht als ein Ziel seines politischen Strebens betrachtet. Als Angehöriger einer vornehmen Familie von dem Ehrgeiz erfüllt, es den Besten seines Standes gleichzutun, wollte er sich im Konkurrenzkampf mit ihnen ein Amt mit außergewöhnlicher militärischer Kommandogewalt aneignen [...]. Sein politischer und sozialer Einfluss innerhalb der Gesellschaft, den die Römer dignitas [Würde] nannten, sollte alle überstrahlen: Er wollte der mächtigste Mann Roms sein. [...] Vor der römischen Öffentlichkeit versuchte er sich mit dem Hinweis darauf zu rechtfertigen, dass es ihm in diesem Kampf um seine dignitas zu tun sei, die er um keinen Preis aufgeben wolle und könne. Da sie ein bei allen Römern anerkannter politischer Wert war, nach dem jeder Nobilis strebte und den jeder Römer, auch der einfachste, respektierte, hatten die meisten ohne Zweifel Verständnis für Caesars Verhalten. Dennoch konnte und wollte man nicht hinnehmen, dass er seine dignitas gegenüber den dignitates aller anderen Nobiles absolut setzte. Caesar hat die Situation, in die er damit hineingestellt wurde, allem Anschein nach innerlich akzeptiert; alle seine künftigen Handlungen bezeugen das. Als er den Rubikon [...] überschritt, ließ er gleichzeitig den traditionellen Staat für immer hinter sich. Er war Alleinherrscher geworden und wollte es nun auch sein. Jetzt ging es nur noch darum, diese Herrschaft zu etablieren.

Jochen Bleicken, Augustus. Eine Biographie, Berlin: Alexander Fest 1998, S. 22.

M23 Martin Jehne (1997)

*Martin Jehne (*1955) ist Althistoriker und Professor in Dresden. Er schreibt über Caesar:*

Caesars Beschleunigung des Niedergangs der Republik und des Monarchisierungsprozesses in Rom muss also vom Resultat her nicht negativ gesehen werden, doch wird es für immer sein Geheimnis bleiben, ob er wenigstens einen Teil dieser Konsequenzen vorhergesehen hat (wie seine Apologeten [Verteidiger, Befürworter] gerne unterstellen). Vergleicht man die Tat Caesars mit der seiner Mörder unter synchroner und diachroner Perspektive, das heißt nach den Kriterien der Zeitgenossen und denen der Nachwelt, so ergibt sich ein sehr bezeichnendes Paradox [Widerspruch]:
Während Caesar nach dem Urteil seiner Zeitgenossen eine Untat beging, als er die römische Welt um der Realisierung seiner Ansprüche willen in einen Bürgerkrieg stürzte, war seine Ermordung nach den Kriterien der Zeit eigentlich eine edle Handlung, da Alleinherrschaft als Verbrechen galt. Sieht man aber auf die längerfristigen Folgen, so steht Caesar mit seiner Monarchie, die die Grundlagen legte für die Kaiserherrschaft, sehr viel besser da als die Caesarmörder mit ihrem Traum von der alten Republik, der keine Realisierungschancen besaß und der römischen Welt nur ein sonst vielleicht vermeidbares Jahrzehnt von besonders brutalen Bürgerkriegen bescherte. Da die beiden Dimensionen nicht zur Deckung zu bringen sind, ist in beiden Fällen kein klares Urteil über die Legitimität des Handelns möglich. Wie generell die großen Täter verdient deshalb auch Caesar seinen Platz in der Ehrengalerie der Weltgeschichte nicht als strahlender Held, sondern als schillernde Figur.

Martin Jehne, Caesar, München: C.H. Beck 2008 (4. Aufl.), S. 120.

1. a) ●○○ Fassen Sie die wesentlichen Aussagen der vier Historiker über Caesar zusammen.
b) ●●○ Vergleichen Sie die Historikerurteile und ordnen Sie die jeweiligen Positionen ein.
c) ●●● Recherchieren Sie biografische Informationen zu den Historikern und leiten Sie daraus mögliche Gründe für ihr jeweiliges Urteil über Caesar ab.
→ Text, M19–M21, Bibliothek oder Internet

2. a) ●●○ Arbeiten Sie die von Martin Jehne benannten Positionen über Caesar heraus.
b) ●●● Erörtern Sie mögliche Gründe für die unterschiedlichen Positionen.
→ Text, M23

M 24 *„Caesars Ermordung“*
Gemälde von Karl Theodor von Piloty, 1865

Umgang mit Historiengemälden

Historiengemälde

Bilder, die Szenen aus der Geschichte darstellen, waren im 19. Jahrhundert besonders geschätzt. Die Werke der sogenannten Historienmalerei fanden weite Verbreitung: Als Gemälde von beträchtlicher Größe schmückten solche Bilder öffentliche Gebäude oder illustrierten als Schwarz-Weiß-Abbildungen Bücher und Zeitschriften. Gemeinsam war ihnen, dass sie bedeutsame historische Ereignisse möglichst genau darstellten, sodass der Eindruck einer fotografischen Wiedergabe entstand.

Arbeitsschritte und Fragestellungen zur Interpretation von Historiengemälden

1. **Die Bildquellen auf sich wirken lassen und erste Eindrücke formulieren**
   a) Welche Stimmung vermittelt Pilotys Gemälde, welches das von Gérôme?
   b) Worauf fällt der Blick jeweils zuerst?
   c) Was erregt mein Interesse? Was irritiert mich?

M 25 *„Mort de Gaius Iulius Caesar"*
Gemälde von Jean-Léon Gérôme, 1867

2. Entstehung und Überlieferung der Bildquellen klären

a) Stellen Sie die wesentlichen Informationen zu den Bildern zusammen (Maler, Größe, Entstehungszeit, heutiger Aufbewahrungsort, Zugänglichkeit usw.).

b) Verfolgen Sie – soweit möglich – die Überlieferungsgeschichte der Bilder.

3. Die einzelnen Elemente der Bildquellen beschreiben

a) Beschreiben Sie, was im Einzelnen zu sehen ist.

b) Erstellen Sie grobe Skizzen, aus denen der jeweilige Bildaufbau ersichtlich wird.

4. Die einzelnen Elemente der Bildquellen entschlüsseln

a) Wer sind die abgebildeten Figuren?

b) Welche Bedeutung haben die Farben?

c) Welche Bedeutung hat der jeweilige Bildaufbau?

d) Vergleichen Sie die beiden Darstellungen der Ermordung Caesars miteinander.

5. Die Bildquellen zusammenfassend interpretieren

a) Erklären Sie den Begriff „Historienmalerei".

b) Zeigen Sie, dass es sich bei den vorliegenden Bildern um Beispiele für Historienmalerei handelt.

c) Diskutieren Sie, ob in diesen Gemälden bestimmte Caesar-Bilder vermittelt werden.

Ein Urteil über die Regelung des Jahres 27 v. Chr.

M 26 Cassius Dio

Der römische Historikers Cassius Dio (um 163–nach 229 n. Chr.) schreibt:

So waren denn alle Zweifler entweder gezwungen, ihm zu glauben, oder sie taten nur so. Und während ihn die einen nicht zu loben wagten, die anderen dies hingegen nicht tun wollten, brachen sie doch sowohl während des Vorlesens als auch danach wiederholt in laute Zurufe aus, indem sie Caesar [Octavian] um eine monarchische Regierung baten und alle zu ihren Gunsten sprechenden Argumente vorbrachten. Das währte so lange, bis sie Caesar scheinbar dazu brachten, die Selbstherrschaft anzunehmen. Und sogleich erwirkte er einen Beschluss, wonach seine Leibgarde doppelt so viel Sold wie die übrigen Soldaten empfangen sollte, damit er über eine zuverlässige Wache verfüge. So verlangte er in Wahrheit, die Monarchie einzurichten.

Caesar bekam auf diese Art und Weise seine Herrscherstellung sowohl vom Senat wie auch vom Volke bestätigt. Doch selbst jetzt wollte er noch als Demokrat erscheinen, obwohl er die gesamte Fürsorge und Aufsicht über den Staat, so als bedürfe er einer gewissen Betreuung von seiner Seite, anvertraut bekam. Er erklärte indes, er wolle nicht alle Provinzen persönlich leiten und auch diejenigen, die er etwa verwalte, nicht immer unter sich haben. Und tatsächlich gab er die schwächeren von ihnen als befriedete und von keinem Krieg heimgesuchte Gebiete an den Senat zurück, behielt aber die stärkeren für sich; sie seien – dies seine Begründung – unsicher und gefährdet und hätten entweder Feinde zu Nachbarn oder könnten von sich aus einen ernsten Umsturz verursachen. Diese Regelung traf Caesar, wie er sagte, damit der Senat ungefährdet aus den besten Teilen des Reiches seinen Nutzen ziehen könne, er selbst aber die Mühen und Gefahren auf sich zu nehmen habe. In Wirklichkeit aber sollten die Senatoren unter diesem Vorwand unbewaffnet und zu keinem kriegerischen Unternehmen fähig sein, während er allein über Waffen verfügte und Soldaten unterhielt. [...]

So geschah denn die Verteilung der Provinzen. Caesar aber, auch dann noch von dem Wunsch geleitet, die Römer von der Vorstellung abzubringen, als habe er irgendetwas Selbstherrliches im Sinn, übernahm nur für zehn Jahre die Leitung der ihm zugeteilten Provinzen; denn in diesem Zeitraum versprach er, sie in Ordnung bringen zu wollen, und fügte noch großsprecherisch hinzu, er werde, sofern sich die Befriedung schneller vollziehe, sie so auch umso schneller dem Senat zurückgeben. Darauf bestimmte er zuerst, dass die Senatoren selbst beide Gruppen von Provinzen – mit Ausnahme von Ägypten – leiten sollten. [...] Diese Regelungen wurden damals so im Allgemeinen getroffen; denn in Wirklichkeit musste man doch davon ausgehen, dass Caesar selbst in allen Dingen und für alle Zeit eine unbeschränkte Herrschaft ausüben werde. Verfügte er doch nicht nur über sämtliche Gelder – dem Namen nach hatte er zwar die öffentlichen Mittel von seinen eigenen getrennt, doch wurden in der Tat auch diese nur nach seinem Gutdünken ausgegeben –, sondern befehligte dazu noch die Soldaten. Jedenfalls, als seine zehnjährige Periode auslief, wurden ihm weitere fünf Jahre, dann nochmals fünf, hierauf zehn, und erneute zehn und wieder zehn – fünfmal also – zugebilligt, sodass er durch die Abfolge der zehnjährigen Perioden sein ganzes Leben lang als Alleinherrscher waltete. [...]

Da nun Caesar tatsächlich seine Versprechungen erfüllt hatte, wurde ihm auch der Name Augustus vom Senat und Volk beigelegt. [...] So ging die ganze Macht sowohl des Volkes wie auch des Senats auf Augustus über, und von diesem Zeitpunkt an bestand, genau gesagt, eine Monarchie [...]. Wohl bestehen abgesehen von der Zensur die gesetzlichen Ämter der Zahl nach auch heute noch, geleitet und verwaltet aber wird alles ganz und gar nach dem Willen des jeweiligen Herrschers. Und damit die Kaiser wenigstens den Schein aufrechterhalten, als besäßen sie diese Macht kraft der Gesetze und nicht ihres Selbstherrschertums, haben sie neben den Titeln sämtliche Befugnisse der Ämter, die in den Zeiten der Republik durch den freien Willen des Volkes über große Macht verfügten – einzig und allein mit Ausnahme der Diktatur an sich gezogen.

Cassius Dio, Römische Geschichte Bd. 2, hrsg. u. übers. v. Otto Veh, Darmstadt: Wissenschaftliche Buchgesellschaft 2007, S. 114–123.

1. a) ●●○ Arbeiten Sie heraus, wie Cassius Dio die Herrschaft des Augustus kennzeichnet.

b) ●●● Überprüfen Sie den Quellenwert der Darstellung Dios. Vergleichen Sie dazu seine Darstellung mit dem Schulbuchtext.

→ Text, M26

Augustus und die „Macht der Bilder“

M27 *Augustus von Prima Porta*
Marmorkopie nach einem Bronzeoriginal, entstanden nach 20 v. Chr. Die zwei Meter hohe Statue des Augustus wurde in der Villa seiner Frau Livia bei Prima Porta gefunden. Sie zeigt Augustus in der Pose des Siegers. Ein besonderes Merkmal sind die nackten Füße, da Nacktheit ein Symbol der Göttlichkeit war.

M28 *Augustus von der Via Labicana*
Augustus als Priester mit über den Kopf gezogener Toga, gefunden in Rom, Via Labicana, Marmor, Höhe 217 cm, um 30/20 v. Chr.

M29 Sueton über Augustus

Der römische Schriftsteller Sueton (um 70 n. Chr. – nach 122 n. Chr.) schreibt über das Aussehen Augustus:

Von Gestalt war er außerordentlich hübsch und in allen Lebensaltern sehr anmutig, obwohl er alle Toilettenkünste verschmähte. In Bezug auf seine Frisur war er so nachlässig, dass er in der Eile mehrere Friseure zugleich arbeiten ließ, seinen Bart bald scheren, bald rasieren ließ, und daneben noch irgendetwas las oder sogar schrieb [...]
Seine Zähne wiesen Lücken auf und waren klein und unansehnlich, sein Haar leicht gewellt und etwas ins Blonde gehend, die Augenbrauen in der Mitte zusammengewachsen, die Ohren mittelgroß, die Nase oben etwas gebogen und unten leicht herabgezogen. Seine Hautfarbe lag zwischen dunkelbraun und weiß. Von Statur war er klein – allerdings berichtet sein Freigelassener und Sekretär Julius Marathus, er sei 5 ¾ Fuß [ca. 1,70 m] groß gewesen –, doch wurde dies durch die Wohlgestalt und das Ebenmaß der Glieder verdeckt und war nur durch den Vergleich zu erkennen, wenn neben ihm ein Größerer stand.

Sueton, Kaiserbiographien, lat. u. dt. v. Otto Wittstock, Berlin: Akademie Verlag 1993, S. 157 f.

1. **a)** ●●○ Beschreiben und vergleichen Sie die beiden Augustusstatuen.
b) ●●○ Vergleichen Sie den Eindruck der Statuen mit der Beschreibung Suetons.
c) ●●○ Erläutern Sie am Beispiel der Statuen Funktionen der Herrscherbildnisse.
d) ●●● Beurteilen Sie das Verhältnis von Selbstdarstellung und historischer Leistung bei Augustus.
→ Text, M27 – M29

Urteile über das Ende der Römischen Republik

M 30 Charles de Montesquieu

Der adelige Charles de Montesquieu (1689–1755) veröffentlichte 1734 sein Werk „Betrachtungen über die Ursachen von Größe und Niedergang der Römer“:

Solange die Herrschaft Roms sich auf Italien beschränkte, konnte die Republik leicht bestehen. Jeder Soldat war zugleich Bürger, jeder Consul hob ein Heer aus, und unter dem Amtsnachfolger zogen jeweils andere Bürger in den Krieg. Da die Truppenstärke nicht sonderlich groß war, war man darauf bedacht, nur solche Leute in das Bürgerheer aufzunehmen, die genug Besitz hatten, um an der Erhaltung der Stadt ein Interesse zu haben. Zudem beobachtete der Senat das Verhalten der Heerführer aus nächster Nähe und nahm ihnen jeden Gedanken, etwas gegen ihre vorgeschriebene Pflicht zu tun.

Als jedoch die Legionen die Alpen und das Meer überschritten, verloren die Soldaten, die man notgedrungen für die Dauer mehrerer Feldzüge in den Ländern lassen musste, die man unterwarf, allmählich den Bürgersinn. Und die Heerführer, die über Armeen und Königreiche verfügten, waren sich ihrer Macht bewusst und konnten nicht mehr gehorchen. Die Soldaten begannen, nur noch ihren Heerführer anzuerkennen, auf ihn allein alle ihre Hoffnungen zu setzen und die Stadt aus dem Blick zu verlieren. Sie waren nicht mehr die Soldaten der Republik, sondern die des Sulla, des Marius, des Pompeius, des Caesar. Rom konnte nicht mehr wissen, ob jener, der an der Spitze eines Heeres in einer Provinz stand, sein Feldherr oder sein Feind war.

Solange das römische Volk nur von seinen Tribunen verdorben wurde, denen es nicht mehr Macht übertragen konnte, als es selbst besaß, konnte der Senat sich ohne Schwierigkeit verteidigen, weil er mit Beständigkeit handelte, während das Volk fortwährend vom Extrem begeisterter Aufwallung in das Extrem kläglicher Schwachheit fiel. Als aber das Volk seinen Günstlingen eine furchtbare Machtvollkommenheit nach außen geben konnte, wurde alle Klugheit des Senats nutzlos, und die Republik war verloren. […]

Man hört bei den antiken Autoren immer nur von den Uneinigkeiten reden, die Rom zugrunde gerichtet haben. Aber man sieht nicht, dass diese Uneinigkeiten notwendig waren, dass sie stets in Rom bestanden hatten und immer dort sein mussten. Allein die Ausdehnung der Republik verursachte das Unglück und verwandelte die Unruhen des Volkes in Bürgerkriege. Es musste sehr wohl in Rom Uneinigkeiten geben, und die draußen so stolzen, so wagemutigen und so furchtbaren Krieger konnten nicht in der Stadt mäßig und gelassen sein. In einem freien Staate Menschen zu verlangen, die im Kriege kühn und im Frieden furchtsam sind, heißt Unmögliches fordern. Man kann es als eine allgemeine Regel gelten lassen, dass man, wenn man in einem Staate, der sich Republik nennt, jedermann ruhig vorfindet, sicher sein kann, dass dort keine Freiheit herrscht. […]

Die Geschichte der Römer war in einem Satz gesagt diese: Durch ihre Maximen überwanden sie alle Völker, aber als sie das Ziel erreicht hatten, konnte ihre Republik nicht weiterbestehen; die Verfassung musste sich ändern, und die Maximen, die in der neuen Regierungsform befolgt wurden und die den früheren völlig entgegengesetzt waren, brachten Roms Größe zu Fall.

Charles Louis de Secondat de Montesquieu, Größe und Niedergang Roms, übers. u. hrsg. v. Lothar Schuckert, Frankfurt/M.: Fischer Taschenbuch Verlag 1980, S. 56ff., S. 122.

M 31 ***Charles de Montesquieu (1689–1755)***
Zeitgenössischer Stich

M32 Ulrich Huttner

Der Historiker Ulrich Huttner schreibt in seiner Publikation „Römische Antike“ (2008):

Dass viele politische Entscheidungsprozesse schon im 2. Jh. v. Chr. von tief greifenden Spannungen und heftigen Auseinandersetzungen begleitet waren, ist deutlich geworden. Das Konfliktpotenzial stieg mit der Fülle der Probleme und nahm schließlich derart überhand, dass sich Brüche im politischen System auftaten. Die römische Republik hielt die Konflikte nicht mehr aus, büßte zwar nicht gänzlich ihr Gesicht ein, verlor aber, und zwar gegen Ende des 1. Jh. v. Chr. immer schneller, ihre charakteristischen Strukturen.

Viele Zeitgenossen, und zwar keineswegs nur unter den politischen Akteuren, sahen sich im Zuge der umstürzenden Veränderungsprozesse mit Tod, Vertreibung und persönlicher Verfolgung, mit dem Verlust der persönlichen Habe, mit der Trauer um Angehörige und Freunde, mit gänzlicher Hoffnungslosigkeit konfrontiert. Die durch Quellen streckenweise vorzüglich erschlossene Endphase der römischen Republik wurde in der Forschung intensiv aufgearbeitet.

Mit zwei Begriffen suchte man jene Epoche des Wandels adäquat zu erfassen: mit dem der „Revolution“ und dem der „Krise“. Beide Begriffe sind unscharf, gewinnen aber so an Flexibilität in der Handhabung. „Revolution“ bedeutet im Wortsinn „Umwälzung“ (von lat. revolvere) und damit eine tief greifende Veränderung. Es stellt sich die Frage, wie eine Revolution mehr als 100 Jahre dauern kann, zumal man mit ihr in der Regel einen abrupten Umschwung assoziiert.

Trotzdem lassen sich für die letzten Jahrzehnte der römische Republik politische und soziale Phänomene konstatieren, die kennzeichnend für den Revolutionsbegriff sind und namhafte Althistoriker (wie Ronald Syme und Alfred Heuß) bewogen, sich seiner zu bedienen: die von Wellen der Gewalt begleitete Verwandlung des politischen Systems von einer Republik in eine Monarchie, deutliche Veränderungen in der Zusammensetzung der politischen Eliten, massive Bestrebungen minderprivilegierter Gruppen, sich einen besseren Platz in der Gesellschaft zu erkämpfen.

Andere Althistoriker (z. B. Karl Christ, Christian Meier) stellten die Stimmigkeit des Begriffes „Revolution“ für jene Epoche entschieden infrage, insbesondere habe eine leitende politische Idee gefehlt. Mit dem alternativen Begriff der „Krise“ lässt sich die Endphase der römischen Republik stimmiger charakterisieren. Der Terminus leitet sich aus dem Griechischen her: Die krisis ist die „Entscheidung“ und kennzeichnet in der antiken Medizin die Phase einer Krankheit, in welcher der Zustand eines Patienten die entscheidende Wendung nimmt. Auch in der Geschichte wird eine entscheidungsträchtige Phase, während der sich historische Prozesse beschleunigen und zugleich die Gesellschaft mit Problemen konfrontiert wird, die sich mit herkömmlichen Mitteln nicht mehr lösen lassen, als Krise bezeichnet. Da angesichts jener Probleme, von denen das gravierendste die Ausübung der Kontrolle über ein Weltreich war, lange keine geeigneten Konzepte und damit keine Alternativen zur Verfügung standen, prägte Christian Meier, ein profilierter Spezialist für die Geschichte der späten römischen Republik, die Formel von der „Krise ohne Alternative“.

Ulrich Huttner, Römische Antike, Tübingen/Basel: Francke 2008, S. 105 f.

1. a) ●●○ Arbeiten Sie aus dem Text von Charles de Montesquieu heraus, worauf dieser die Ursachen für den Niedergang der römischen Republik zurückführt.
   b) ●●○ Kennzeichnen Sie die Rolle interner und externer Faktoren, die Montesquieu in seiner Analyse aus dem Jahr 1734 berücksichtigt.
   c) ●●● Überprüfen Sie, inwiefern diese „klassische“ Interpretation der Krise der römischen Republik noch immer Gültigkeit beanspruchen kann.
   → Text, M30
2. a) ●○○ Benennen Sie die Gründe, die laut Ulrich Huttner für die Verwendung des Begriffs Revolution sprechen.
   b) ●●○ Vergleichen Sie die Aussagen Huttners mit den Ausführungen des Kernmoduls zum Revolutionsbegriff.
   c) ●●● Beziehen Sie Stellung zu Huttners These, dass die Endphase der Republik besser mit dem Krisenbegriff charakterisiert werden kann.
   → Text, M32, Seiten zum Kernmodul „Was ist eine Krise?“ (Seiten 124 – 125)

Was heißt „Modernisierung“?

Ein Film von Charlie Chaplin

„Modern Times“ heißt ein Film, den Charlie Chaplin im Jahr 1936 veröffentlichte. Darin wird die Hauptfigur Charlie als Arbeiter in einer Fabrik gezeigt, der, da er dem unerbittlichen Takt des Fließbands nicht gewachsen ist, verrückt wird und die Produktion sabotiert. Nach der Entlassung aus der Irrenanstalt versucht er immer wieder sein Glück, bekommt kurzfristig Arbeit, kann aber letztendlich nicht Fuß fassen. Schließlich macht er sich auf einer Landstraße mit einem Mädchen, das er auf seiner Irrfahrt durch die moderne Arbeitswelt kennengelernt hat, auf den Weg ins Ungewisse.

Der Film reagiert auf tief greifende Änderungen in der Arbeits- und Lebenswelt, die sich seit dem ausgehenden 18. Jahrhundert ankündigten und im Zuge der Industrialisierung auf breiter Front durchsetzten. Dieser epochale Wandel wurde mit dem Begriff „modern“ bzw. „Moderne“ belegt, der sich im 19. Jahrhundert als Gegenbegriff zu „antik/altertümlich“ durchsetzte und die neue bzw. neuzeitliche Lebensform bezeichnete. Auch im heutigen Sprachgebrauch hat „modern“ einen positiven Klang im Sinne von „fortschrittlich“.

Die Anfänge der Modernisierungstheorie

Der Geschichtswissenschaft stellt sich nicht nur das theoretische Problem der Auseinandersetzung mit dem historischem Wandel, sondern sie muss auch den im Zuge der Industrialisierung erfolgten konkreten Übergang zur Moderne erklären. Man kann diese Entwicklung als Abfolge von einzelnen Ereignissen beschreiben. Ein sol-

M1 *„Modern Times“*
Der englische Schauspieler, Regisseur und Produzent Sir (ab 1975) Charles Spencer „Charlie“ Chaplin (1889–1977) gehört zu den bekanntesten Akteuren Hollywoods und wurde 1933 während seines Deutschlandbesuchs vom Publikum gefeiert. Am 5. Februar 1936 hatte der Stummfilm „Modern Times“ (Moderne Zeiten) Premiere.

ches Vorgehen ist zwar notwendig, um sich einen Überblick zu verschaffen, es bleibt aber an der Oberfläche und erschließt nicht die tiefere Bedeutung dieses weltgeschichtlichen Prozesses, der in Europa und Nordamerika fast parallel verlief. Historiker behelfen sich oft mit Theorien, um übergreifende Veränderungen „auf den Begriff bringen". Ein solches Instrument ist die „Modernisierungstheorie".

In den 1950er- und 1960er-Jahren gab es in den USA vielfältige Bestrebungen, eine Theorie zu entwickeln, die die Entwicklung des eigenen Landes zu beschreiben vermochte. Die Vereinigten Staaten standen nach dem Sieg im Zweiten Weltkrieg im Zenit ihrer Macht; sie waren die führende Wirtschaftsnation der Welt und galten als Inbegriff von Freiheit und Demokratie. Angesichts des Kalten Krieges mit der Sowjetunion mussten sie ihre internationale Stellung als Führungsmacht des Westens behaupten. Vor diesem Hintergrund dienten die damals entstandenen Modernisierungstheorien dazu, die Entwicklung der USA als historisch vorbildlich darzustellen. Es entstand die Vorstellung einer idealen Entwicklung, in der das Wechselspiel von wirtschaftlichem Wachstum, sozialer Gerechtigkeit, kultureller Freiheit und politischer Mitbestimmung zu einer modernen Gesellschaft führt. Diesen Weg beschritten nach dieser Auffassung neben den USA auch westeuropäische Länder wie Frankreich und Großbritannien. Andere Staaten wichen mehr oder weniger von diesem „Königsweg" des Fortschritts ab. Der praktische Nutzen, den man mit dieser Theorie verband, bestand in dem Glauben, dass man, wenn man über die Bedingungen und den Verlauf des Modernisierungsprozesses Bescheid wüsste, diese Entwicklung in anderen – unterentwickelten – Ländern gezielt anstoßen und planmäßig durchführen könne: Fortschritt wäre machbar.

Kritik an der Modernisierungstheorie

Gerade an der Vorstellung, dass die USA einen auch für andere Länder vorbildlichen und nachahmenswerten Weg beschritten hätten, entzündete sich auch die Kritik. Die wichtigsten Einwände waren:

- Jedes Lande macht seine eigene Entwicklung mit je spezifischen Vor- und Nachteilen durch: Es gibt keinen „Königsweg", der für alle verbindlich wäre.
- Viele Faktoren, die die Entwicklung beeinflussen können, wie Kriege, Revolutionen oder andere Umbrüche, werden in dieser Theorie nicht berücksichtigt: Modernisierung ist kein kontinuierlicher, nach eigenen Regeln ablaufender Prozess.
- Im Begriff „Modernisierung" steckt, auch wenn dies bestritten wird, ein Werturteil: Wer nicht am Prozess der amerikanisch-westeuropäischen Modernisierung teilhat, ist aber nicht automatisch „traditional", „rückschrittlich" oder gar „veraltet".
- Die für diese Theorie notwendige Gegenüberstellung von „modernen" und „traditionalen" Gesellschaften ist zu plump: Es gibt vielfältige Abstufungen und Überlagerungen von „traditionalen" und „modernen" Formen und Elementen sogar in ein und derselben Gesellschaft.

Ein weites Verständnis von Modernisierung

Inzwischen herrscht in der Geschichtswissenschaft ein differenzierter Umgang mit Modernisierungstheorien vor:

- Erstens spielt die Vorstellung, dass es einen vorbildlichen Weg in die Moderne gegeben habe, keine nennenswerte Rolle mehr; vielmehr ist zu untersuchen, welche spezifische Entwicklung jedes Land durchmacht, welche Besonderheiten es dabei gibt und auch welche Vor- und Nachteile festzustellen sind.
- Zum Zweiten hat es die Geschichtswissenschaft immer wieder mit der Frage zu tun, historischen Wandel zu erklären. Der Modernisierungsprozess der letzten 200 Jahre ist somit nur ein besonderer Fall historischer Entwicklung und die Modernisierungstheorie nur ein besonderer Fall von historischen Evolutionstheorien.
- Zum Dritten war der im Zuge der Industrialisierung erfolgte Umbruch so grundlegend und so umfassend, dass er sich von anderen historischen Entwicklungen so sehr unterscheidet, dass er eine eigene Theorie erfordert.

Dementsprechend geht es auch nicht mehr darum, Modernisierung an sich, also allgemeingültig zu beschreiben, sondern nur die besondere okzidentale Modernisierung, also die Entwicklung in Nordarmerika und Europa. Dies kann jedoch nur idealtypisch geschehen, das heißt: Man sucht nach gemeinsamen Merkmalen beim Weg in die Moderne, konstruiert daraus eine modellhafte Vorstellung und vergleicht diese mit der realen Entwicklung. Auf diese Weise treten die jeweiligen Eigenheiten besonders deutlich hervor. Einen vorbildlichen Weg gibt es nicht und kann es auch nicht geben; allerdings gibt es Vor- und Nachteile bzw. Gewinne und Verluste des Modernisierungsprozesses. Dies hängt auch damit zusammen, dass Modernisierung ein hochkomplexer Prozess ist, der sich aus einer Vielzahl von Entwicklungen zusammensetzt, die nicht synchron ablaufen, sondern sich überlagern oder sogar gegenseitig hemmen können. Dazu zählen im Einzelnen:

- fortschreitendes und sich selbst tragendes Wirtschaftswachstum,
- Mobilisierung des Lebens durch neue Verkehrsmittel, Migrationen, flexible Arbeitsverhältnisse usw.,
- Beschleunigung der Lebensverhältnisse,
- Globalisierung durch wachsende Verbindungen zwischen den Erdteilen,
- Individualisierung durch Heraustreten des Einzelnen aus sozialen Verbänden,
- Domestizierung des Menschen durch Verhaltenssteuerung und vor allem der Natur durch systematische Erschließung und Ausbeutung,
- Neudefinition der Geschlechterrollen,
- Rationalisierung des Lebens durch Orientierung an der Wissenschaft und das Verblassen religiöser Weltbilder,
- soziale Differenzierung der Gesellschaft in eine Vielzahl von sozialen Gruppen und Milieus,
- Institutionalisierung der Konfliktregelung,
- fortschreitende politische Partizipation durch Demokratisierung,
- Integration der auseinanderstrebenden modernen Gesellschaft etwa durch neuartige staatliche Maßnahmen.

Bilanz

Der Vorteil der Modernisierungstheorie besteht darin, den Blick auf die epochalen Veränderungen der letzten zwei Jahrhunderte zu lenken und die Besonderheit dieses weltgeschichtlichen Umbruchs herauszustellen. Allerdings besteht dabei die Gefahr, sich nur an der spezifischen Entwicklung in Nordamerika und Westeuropa zu orientieren und diese als vorbildhaft aufzufassen. Wenn man jedoch mit einem weiter gefassten Verständnis von Modernisierung und möglichst unvoreingenommen die spezifischen Entwicklungen in den einzelnen Ländern untersucht, hilft die Vorstellung eines übergreifenden Modernisierungsprozesses, der äußerst komplex und in sich selbst auch widersprüchlich ist, durchaus weiter.

1. **a)** ●●○ Suchen Sie in geeigneten Nachschlagewerken bzw. Internetressourcen nach Definitionen des Begriffs „Modernisierung" und erstellen Sie eine geeignete Übersicht über die gefundenen Merkmale.
b) ●●● Definieren Sie mit eigenen Worten den Begriff „Modernisierung".
→ Text, Internet

2. **a)** ●●○ Erläutern Sie, worin sich das enge und das weite Verständnis von „Modernisierung" unterscheiden.
b) ●●○ Formulieren Sie mit eigenen Worten die Einwände gegen die ursprüngliche Modernisierungstheorie.
c) ●●○ Erläutern Sie die einzelnen Aspekte des Modernisierungsprozesses mithilfe geeigneter Beispiele.
→ Text, Internet

3. **a)** ●●○ Erläutern Sie, warum Historikerinnen und Historiker Theorien wie die der Modernisierung benötigen.
b) ●●● Diskutieren Sie, ob der Ansatz der Modernisierungstheorie Ihrer Meinung nach überzeugend ist.
→ Text

4. **a)** ●●○ Der von Max Weber verwendete Zentralbegriff ist der „Rationalismus" der okzidentalen, d. h. westlichen Kultur. Erläutern Sie anhand des Textes M2, was er darunter versteht.
b) ●●○ Arbeiten Sie die Gründe heraus, die Weber dafür angibt, dass sich dieser Rationalismus ausgebildet hat.
c) ●●● Erörtern Sie anhand geeigneter Beispiele, ob der von Weber behauptete Rationalismus tatsächlich eine so große Bedeutung hat.
→ Text, M2

M2 Ein Klassiker der Modernisierungstheorie

Der deutsche Soziologe Max Weber charakterisiert in der Vorbemerkung zu seinen gesammelten Aufsätzen zur gesellschaftlichen Bedeutung der Religion die Besonderheit der historischen Entwicklung in Nordamerika und Europa (1920):

Der spezifisch moderne okzidentale Kapitalismus nun ist zunächst offenkundig in starkem Maße durch Entwicklungen von technischen Möglichkeiten mitbestimmt. Seine Rationalität ist heute wesenhaft bedingt durch Berechenbarkeit der technisch entscheidenden Faktoren: der Unterlagen exakter Kalkulation. Das heißt aber in Wahrheit: durch die Eigenart der abendländischen Wissenschaft, insbesondere der mathematisch und experimentell exakt und rational fundamentierten Naturwissenschaften. Die Entwicklung dieser Wissenschaften und der auf ihnen beruhenden Technik erhielt und erhält nun andererseits ihrerseits entscheidende Impulse von den kapitalistischen Chancen, die sich an ihre wirtschaftliche Verwertbarkeit als Prämien knüpfen. Zwar nicht die Entstehung der abendländischen Wissenschaft ist durch solche Chancen bestimmt worden. Gerechnet, mit Stellenzahlen gerechnet, Algebra getrieben haben auch die Inder, die Erfinder des Positionszahlensystems, welches erst in den Dienst des sich entwickelnden Kapitalismus im Abendland trat, in Indien aber keine moderne Kalkulation und Bilanzierung schuf. Auch die Entstehung der Mathematik und Mechanik war nicht durch kapitalistische Interessen bedingt. Wohl aber wurde die technische Verwendung wissenschaftlicher Erkenntnisse: dies für die Lebensordnung unsrer Massen Entscheidende, durch ökonomische Prämien bedingt, welche im Okzident gerade darauf gesetzt waren. Diese Prämien aber flossen aus der Eigenart der Sozialordnung des Okzidents. Es wird also gefragt werden müssen: aus welchen Bestandteilen dieser Eigenart, da zweifellos nicht alle gleich wichtig gewesen sein werden. Zu den unzweifelhaft wichtigen gehört die rationale Struktur des Rechts und der Verwaltung. Denn der moderne rationale Betriebskapitalismus bedarf, wie der berechenbaren technischen Arbeitsmittel, so auch des berechenbaren Rechts und der Verwaltung nach formalen Regeln, ohne welche zwar Abenteurer- und spekulativer Händlerkapitalismus und alle möglichen Arten von politisch bedingtem Kapitalismus, aber kein rationaler privatwirtschaftlicher Betrieb mit stehendem Kapital und sicherer Kalkulation möglich ist. Ein solches Recht und eine solche Verwaltung nun stellte der Wirtschaftsführung in dieser rechtstechnischen und formalistischen Vollendung nur der Okzident zur Verfügung.

[...]

Denn es handelt sich ja in all den angeführten Fällen von Eigenart offenbar um einen spezifisch gearteten „Rationalismus“ der okzidentalen Kultur. Nun kann unter diesem Wort höchst Verschiedenes verstanden werden – wie die späteren Darlegungen wiederholt verdeutlichen werden. Es gibt z.B. „Rationalisierungen“ der mystischen Kontemplation, also: von einem Verhalten, welches, von anderen Lebensgebieten her gesehen, spezifisch „irrational“ ist, ganz ebenso gut wie Rationalisierungen der Wirtschaft, der Technik, des wissenschaftlichen Arbeitens, der Erziehung, des Krieges, der Rechtspflege und Verwaltung. Man kann ferner jedes dieser Gebiete unter höchst verschiedenen letzten Gesichtspunkten und Zielrichtungen „rationalisieren“, und was von einem aus „rational“ ist, kann, vom andern aus betrachtet, „irrational“ sein. Rationalisierungen hat es daher auf den verschiedenen Lebensgebieten in höchst verschiedener Art in allen Kulturkreisen gegeben. Charakteristisch für deren kulturgeschichtlichen Unterschied ist erst: welche Sphären und in welcher Richtung sie rationalisiert wurden. Es kommt also zunächst wieder darauf an: die besondere Eigenart des okzidentalen und, innerhalb dieses, des modernen okzidentalen Rationalismus zu erkennen und in ihrer Entstehung zu erklären. Jeder solche Erklärungsversuch muss, der fundamentalen Bedeutung der Wirtschaft entsprechend, vor allem die ökonomischen Bedingungen berücksichtigen. Aber es darf auch der umgekehrte Kausalzusammenhang darüber nicht unbeachtet bleiben. Denn wie von rationaler Technik und rationalem Recht, so ist der ökonomische Rationalismus in seiner Entstehung auch von der Fähigkeit und Disposition der Menschen zu bestimmten Arten praktisch-rationaler Lebensführung überhaupt abhängig. Wo diese durch Hemmungen seelischer Art obstruiert [hier: behindert] war, da stieß auch die Entwicklung einer wirtschaftlich rationalen Lebensführung auf schwere innere Widerstände.

Max Weber, Gesammelte Aufsätze zur Religionssoziologie, Bd. 1, Tübingen: Mohr 1920, S. 10 ff.

akg-images GmbH, Berlin: Titel, 4.1, 8.1, 26.1, 27.1, 37.1, 39.1, 42.1, 51.1, 54.1, 100.1, 102.1, 102.2, 107.1, 109.1, 109.2, 114.1, 117.1, 123.2, 126.1, 126.2, 128.1, 130.1, 142.1, 143.1, 145.1; Lecat, L. 110.1; Lessing, Erich 115.1; Pictures From History 57.1; Pirozzi 132.1; © VG Bild-Kunst, Bonn 2023/ Gerasimov, Alexander Michailowitsch, Josef Stalin 91.1. |Alamy Stock Photo, Abingdon/Oxfordshire: GL Archive 34.1; Magite Historic 36.1; Pictorial Press Ltd 41.1; The History Collection 33.1, 35.1; World History Archive 28.1. |Alamy Stock Photo (RMB), Abingdon/Oxfordshire: funkyfood London/Williams, Paul 145.2; Heritage Image Partnership Ltd 8.2. |Bibliothèque nationale de France - Département de la reproduction, Paris Cedex 13: 120.1. |bpk-Bildagentur, Berlin: 40.1, 58.1, 59.1, 72.1, 98.1, 106.1, 146.1; Nikolaevic Deni, Viktor/,Andreevic Dolgorukov, Nikolaj 90.1; RMN/Lewandowski, H. 129.1; Scala 131.1. |Bridgeman Images, Berlin: 13.1; Galerie Dijol, Paris 101.1; Musee Carnavalet 105.1; Musee de la Ville de Paris 104.1; Privatsammlung, Pimenov, Yuri (Georgiy) Ivanovich/© VG Bild-Kunst, Bonn 2023 92.1. |Güttler, Peter - Freier Redaktions-Dienst (GEO), Berlin: 85.1. |Interfoto, München: Sammlung Rauch 123.1. |Karto-Grafik Heidolph, Dachau: 84.1, 122.1. |mauritius images GmbH, Mittenwald: Archive Collection/Alamy Stock Photos 81.1; Cinema-Legacy-Collection/ Battleship Potemkin, 1925/ directed by Sergei Eisenstein 44.2; Collection Christophel / United Artists/ Moderns Times 1936/ Charlie Chaplin 148.1; Moviestore Collection/ Alamy Stock Photos/BATTLESHIP POTEMKIN -1925/ directed by Sergei Eisenstein 44.1; Pictorial Press/Alamy Stock Photos 81.2; SuperStock / Fine Art Images 88.1; TopFoto 12.1; Waldkirch 133.2; World History Archive/Alamy Stock Photos/Battleship Potemkin, 1925/directed by Sergei Eisenstein 44.3, 44.4. |Picture-Alliance GmbH, Frankfurt a.M.: dpa/Burgi, Arno 124.1; dpa/Frank Kleefeldt 99.1; IMAGNO/Austrian Archives 19.1; ITAR-TASS 96.1; ITAR-TASS/Sindeyev Vladimir 94.1. |Staatliche Münzsammlung, München: 112.1. |Süddeutsche Zeitung - Photo, München: Sammlung Megele 50.1; Scherl 35.2. |Tonn, Dieter, Bovenden-Lenglern: 113.1. |ullstein bild, Berlin: 68.1, 89.1, 133.1; Archiv Gerstenberg 14.1, 53.1, 80.1; Archiv Gerstenberg/© VG Bild-Kunst, Bonn 2023/Vladimir Aleksandrovich Serov, Sturm auf das Winterpalais in St. Petersburg/ 60.1; Scherl 79.1; The Granger Collection 34.2. |VG BILD-KUNST, Bonn: © Estate of George Grosz, Princeton, N.J./ VG Bild-Kunst, Bonn 2023 73.1.